Rudolf Steiner Taschenbücher
aus dem Gesamtwerk

Rudolf Steiner

Wie erlangt man Erkenntnisse der höheren Welten?

(1. Teil)

RUDOLF STEINER VERLAG

Herausgegeben von der Rudolf Steiner Nachlassverwaltung

Erstmals erschienen in der Zeitschrift «Lucifer – Gnosis», Nr. 13–28, Berlin 1904/05

Ungekürzte Ausgabe nach dem gleichnamigen Band
der Rudolf Steiner Gesamtausgabe, Bibliographie-Nr. 10

24. Auflage, Dornach 1993

Taschenbuchausgabe
15. Auflage 2022

© 2022 Rudolf Steiner Verlag, Basel
© 1961 Rudolf Steiner Nachlassverwaltung, Dornach

Alle Rechte, auch die des auszugsweisen Nachdrucks, der
fotomechanischen und elektronischen Wiedergabe, vorbehalten.

Umschlaggestaltung: Verlag, nach einer Vorlage von Finken & Bumiller, Stuttgart

Textlayout: Finken & Bumiller, Stuttgart / Verlag

Satz: Verlag

Printed in Slovenia by Florjančič tisk, Maribor

ISBN 978-3-7274-6001-2

www.steinerverlag.com

INHALT

7	**VORREDE ZUR DRITTEN AUFLAGE** (erste Buchausgabe)
11	**VORREDE ZU FÜNFTEN AUFLAGE**
14	**VORREDE ZUM ACHTEN BIS ELFTEN TAUSEND**
15	**WIE ERLANGT MAN ERKENNTNISSE DER HÖHEREN WELTEN?**
15	Bedingungen
25	Innere Ruhe
36	**DIE STUFEN DER EINWEIHUNG**
37	1. Die Vorbereitung
45	2. Die Erleuchtung
49	Kontrolle der Gedanken und Gefühle
63	**DIE EINWEIHUNG**
76	**PRAKTISCHE GESICHTSPUNKTE**
86	**DIE BEDINGUNGEN ZUR GEHEIMSCHULUNG**
97	**ÜBER EINIGE WIRKUNGEN DER EINWEIHUNG**
133	**VERÄNDERUNGEN IM TRAUMLEBEN DES GEHEIMSCHÜLERS**
142	**DIE ERLANGUNG DER KONTINUITÄT DES BEWUSSTSEINS**
150	**DIE SPALTUNG DER PERSÖNLICHKEIT WÄHREND DER GEISTESSCHULUNG**
161	**DER HÜTER DER SCHWELLE**
170	**LEBEN UND TOD. DER GROSSE HÜTER DER SCHWELLE**

180	**NACHWORT ZUM ACHTEN BIS ELFTEN TAUSEND**
188	**HINWEISE DES HERAUSGEBERS**
190	Textkorrekturen
190	Hinweise zum Text
193	**NAMENREGISTER**
194	**LITERATURHINWEIS**
196	**RUDOLF STEINER – LEBEN UND WERK**
205	**RUDOLF STEINER GESAMTAUSGABE**

VORREDE ZUR DRITTEN AUFLAGE

Es erscheinen hiermit als Buch meine Ausführungen, welche ursprünglich als einzelne Aufsätze unter dem Titel «Wie erlangt man Erkenntnisse der höheren Welten?» abgedruckt waren. Zunächst wird dieser Band den ersten Teil bringen; ein folgender wird die Fortsetzung enthalten. Diese Arbeit über die Entwickelung des Menschen zum Erfassen der übersinnlichen Welten soll nicht in neuer Gestalt vor die Welt treten ohne einige Geleitworte, welche ihr hiermit vorgesetzt werden. Die in ihr enthaltenen Mitteilungen über die Seelenentwickelung des Menschen möchten verschiedenen Bedürfnissen dienen. Zunächst soll denjenigen Personen etwas gegeben werden, welche sich hingezogen fühlen zu den Ergebnissen der Geistesforschung und welche die Frage aufwerfen müssen: Ja, woher haben diejenigen ihr Wissen, welche behaupten, etwas über hohe Rätselfragen des Lebens sagen zu können? Die Geisteswissenschaft sagt über solche Rätsel etwas. Wer die Tatsachen beobachten will, welche zu diesen Aussagen führen, der muß zu übersinnlichen Erkenntnissen aufsteigen. Er muß den Weg gehen, welcher in dieser Schrift zu schildern versucht wird. Doch wäre es ein Irrtum, zu glauben, daß die Mitteilungen der Geisteswissenschaft für den wertlos seien, der nicht Neigung oder Möglichkeit hat, diesen Weg selbst zu gehen. Um die Tatsachen zu *erforschen,* muß man die Fähigkeit haben, in die übersinnlichen Welten hineinzutreten. Sind sie aber erforscht und werden sie mitgeteilt, so kann auch derjenige, welcher sie nicht selber wahrnimmt, sich eine hinreichende Überzeugung von der Wahrheit der Mitteilungen verschaffen. Ein großer Teil derselben ist ohne weiteres dadurch zu prüfen, daß man die gesunde Urteilskraft in wirklich unbefangener Weise auf sie anwendet. Man wird sich nur nicht in dieser Unbefangenheit stören lassen dürfen durch alle möglichen Vorurteile, die einmal im Menschenleben so zahlreich vorhanden sind. Es wird z. B. leicht vorkommen, daß jemand findet, dies oder jenes vertrage sich nicht mit gewissen wissenschaftlichen Ergebnissen der Gegenwart. In Wahrheit gibt es kein wissenschaftliches Ergebnis, welches der geistigen Forschung widerspricht. Doch kann man leicht *glauben,* daß dieses oder jenes wissenschaftliche Urteil zu den Mitteilungen über die höheren Welten nicht stimme, wenn man nicht allseitig und unbefangen die wissenschaftlichen Ergebnisse zu Rate zieht. Man wird finden, daß, je unbefangener man die Geisteswissenschaft gerade mit den positiven wissenschaftlichen Errungenschaften zusammenhält, um so schöner die volle Übereinstimmung erkannt werden kann. – Ein anderer Teil der geisteswissenschaftlichen Mitteilungen wird sich allerdings mehr oder weniger dem bloßen Verstandesurteile entziehen. Aber es wird unschwer derjenige ein rechtes Verhältnis auch zu diesem Teile gewinnen können, welcher einsieht, daß nicht nur der Verstand, sondern auch das *gesunde* Gefühl ein Richter über die Wahrheit sein kann. Und wo dieses Gefühl sich nicht durch Sympathie oder Antipathie für diese oder jene Meinung treiben läßt, sondern wirklich unbefangen die Erkenntnisse der übersinnlichen Welten auf sich wirken läßt, da wird sich auch ein entsprechendes Gefühlsurteil ergeben. – Und noch manch anderen Weg gibt es zur Bewahrheitung dieser Erkenntnisse für diejenigen Personen, welche den Pfad in die übersinnliche Welt nicht beschreiten können und wollen. Solche Menschen können aber gleichwohl fühlen, welchen Wert diese Erkenntnisse für das Leben haben, auch wenn sie sie nur aus den Mitteilungen der Geistesforscher erfahren. Ein schauender Mensch kann nicht ein jeder augenblicklich werden; eine rechte gesunde Lebensnahrung sind aber die Erkenntnisse des schauenden Menschen für jedermann. Denn anwenden im Leben kann sie jeder. Und wer es tut, wird bald einsehen, was das Leben mit ihnen auf allen Gebieten sein kann und was es entbehrt, wenn man sie ausschließt. Die Erkenntnisse der übersinnlichen Welten erweisen sich, richtig im Leben angewendet, nicht unpraktisch, sondern im höchsten Sinne praktisch. Wenn aber auch jemand den höheren Erkenntnispfad nicht selbst betreten will, so kann er doch, wenn er Neigung für die auf demselben beobachteten Tatsachen hat, fragen: Wie kommt der schauende Mensch zu diesen Tatsachen? Denjenigen Personen, welche ein Interesse an dieser Frage haben, möchte diese Schrift ein Bild von dem geben, was man unternehmen muß, um die übersinnliche Welt wirklich kennenzulernen. Sie möchte den Weg in dieselbe so darstellen, daß auch derjenige, der ihn nicht selbst geht, Vertrauen gewinnen kann zu dem, was ein solcher sagt, der ihn gegangen ist. Man kann ja auch, wenn man gewahr wird, was der Geistesforscher tut, dies richtig finden und sich sagen: die Schilderung des Pfades in die höheren Welten macht auf mich einen solchen Eindruck, daß ich verstehen kann, warum die mitgeteilten Tatsachen mir einleuchtend erscheinen. So soll also diese Schrift jenen dienen, welche in ihrem Wahrheitssinn und Wahrheitsgefühl für die übersinnliche Welt eine Stärkung und Sicherheit wünschen. Nicht minder möchte sie aber auch denjenigen etwas bieten, welche den Weg zu den übersinnlichen Erkenntnissen selbst suchen. Diejenigen Personen werden die Wahrheit des hier Dargestellten am besten erproben, welche sie in sich selbst verwirklichen. Wer solch eine Absicht hat, wird gut tun, sich immer wieder zu sagen, daß bei Darstellung der Seelenentwickelung mehr notwendig ist als ein solches Bekanntwerden mit dem Inhalte, wie es bei anderen Ausführungen oftmals angestrebt wird. Ein intimes Hineinleben in die Darstellung ist notwendig; die Voraussetzung soll man machen, daß man die *eine* Sache nicht nur durch das begreifen soll, was über sie selbst gesagt wird, sondern durch manches, was über ganz anderes mitgeteilt wird. Man wird so die Vorstellung erhalten, daß *nicht in einer* Wahrheit das Wesentliche liegt, sondern in dem Zusammenstimmen aller. Wer Übungen ausführen will, muß das ganz ernstlich bedenken. Eine Übung kann richtig verstanden, auch richtig ausgeführt sein; und dennoch kann sie unrichtig wirken, wenn nicht von dem Ausführenden ihr eine andere Übung hinzugefügt wird, welche die Einseitigkeit der ersten zu einer Harmonie der Seele auslöst. Wer diese Schrift intim liest, so daß ihm Lesen wie ein innerliches Erleben wird, der wird sich nicht nur mit dem Inhalte bekannt machen, sondern auch an dieser Stelle dieses, an einer anderen jenes Gefühl haben; und dadurch wird er erkennen, welches *Gewicht* für die Seelenentwickelung dem einen oder dem anderen zukommt. Er wird auch herausfinden, in welcher Form er diese oder jene Übung, nach seiner besonderen Individualität, gerade bei sich versuchen sollte. Wenn, wie hier, Beschreibungen in Betracht kommen von Vorgängen, welche *erlebt* werden sollen, so erweist sich als notwendig, daß man auf den Inhalt immer wieder zurückgreife; denn man wird sich überzeugen, daß man manches erst dann für sich selbst zu einem befriedigenden Verständnis bringt, wenn man es versucht hat und nach dem Versuche gewisse Feinheiten der Sache bemerkt, die einem früher entgehen mußten.

Auch solche Leser, welche den Weg, der vorgezeichnet ist, nicht zu gehen beabsichtigen, werden in der Schrift manches Brauchbare für das innere Leben finden: Lebensregeln, Hinweise, wie dies oder jenes sich aufklärt, was rätselhaft erscheint usw.

Und mancher, der durch seine Lebenserfahrung dieses oder jenes hinter sich hat, in mancher Beziehung eine Lebenseinweihung durchgemacht hat, wird eine gewisse Befriedigung finden können, wenn er im Zusammenhange geklärt findet, was ihm im einzelnen vorgeschwebt hat; was er schon wußte, ohne vielleicht dies Wissen bis zu einer für ihn selbst hinreichenden Vorstellung gebracht zu haben.

VORREDE ZUR FÜNFTEN AUFLAGE

Für diese Neuauflage von «Wie erlangt man Erkenntnisse der höheren Welten?» ist die vor mehr als zehn Jahren niedergeschriebene Darstellung in allen Einzelheiten wieder durchgearbeitet worden. Das Bedürfnis nach solcher Durcharbeitung entsteht naturgemäß bei Mitteilungen über Seelenerlebnisse und Seelenwege von der Art, wie sie in diesem Buche gegeben sind. Es kann ja keinen Teil innerhalb des Mitgeteilten geben, mit dem die Seele des Mitteilers nicht innig verbunden bliebe und der nicht etwas enthielte, das an dieser Seele fortdauernd arbeitet. Es ist wohl auch kaum anders möglich, als daß mit diesem seelischen Arbeiten sich ein Streben nach erhöhter Klarheit und Deutlichkeit der vor Jahren gegebenen Darstellung verbindet. Diesem Streben ist entsprungen, was ich für das Buch bei dieser Neuauflage zu tun bemüht war. Zwar sind alle *wesentlichen* Glieder der Auseinandersetzungen, alle Hauptsachen so geblieben, wie sie waren; und doch sind *wichtige Änderungen* vollzogen worden. Ich konnte für *eine genauere Charakterisierung im einzelnen* an vielen Stellen manches tun. Und dies schien mir wichtig. Will jemand das in dem Buche Mitgeteilte in dem eigenen Geistesleben anwenden, so ist es von Bedeutung, daß er die Seelenwege, von denen die Rede ist, in möglichst genauer Charakterisierung ins Auge zu fassen vermag. In einem viel höheren Maße als an die Schilderung der Tatsachen der physischen Welt können sich an diejenige innerer geistiger Vorgänge Mißverständnisse knüpfen. Das Bewegliche des Seelenlebens, die Notwendigkeit, diesem Leben gegenüber nie aus dem Bewußtsein zu verlieren, wie verschieden es ist von allem Leben in der physischen Welt, und vieles andere, machen solche Mißverständnisse möglich. Ich habe bei dieser Neuauflage die Aufmerksamkeit darauf gerichtet, die Stellen des Buches aufzufinden, wo solche Mißverständnisse entstehen können; und ich habe mich bemüht, bei der Abfassung ihrem Entstehen entgegenzuarbeiten.

Als ich die Aufsätze schrieb, aus welchen das Buch zusammengesetzt ist, mußte über manches auch aus dem Grunde anders gesprochen werden als gegenwärtig, weil ich auf den Inhalt dessen, was ich in den letzten zehn Jahren über Tatsachen der Erkenntnis geistiger Welten veröffentlicht habe, damals anders hinzudeuten hatte, als es jetzt, nach der Veröffentlichung, zu geschehen hat. In meiner «Geheimwissenschaft», in der «Führung des Menschen und der Menschheit», in «Ein Weg zur Selbsterkenntnis» und besonders in «An der Schwelle der geistigen Welt», auch in anderen meiner Schriften sind geistige Vorgänge geschildert, auf deren Vorhandensein dieses Buch vor mehr als zehn Jahren zwar schon hindeuten mußte, dies aber doch mit anderen Worten, als es gegenwärtig richtig scheint. Ich mußte damals von vielem, das in dem Buche noch nicht geschildert wurde, sagen, es könne durch «mündliche Mitteilung» erfahren werden. Gegenwärtig ist nun *vieles* von dem veröffentlicht, was mit solchen Hinweisen gemeint war. Es waren aber diese Hinweise, die irrtümliche Meinungen bei den Lesern vielleicht nicht völlig ausschlossen. Man könnte etwa in dem *persönlichen* Verhältnis zu diesem oder jenem Lehrer bei dem nach Geistesschulung Strebenden etwas viel Wesentlicheres sehen, als gesehen werden soll. Ich hoffe, daß es mir gelungen ist, in dieser neuen Auflage durch die Art der Darstellung mancher Einzelheiten schärfer zu betonen, wie es bei dem, der Geistesschulung sucht im Sinne der gegenwärtigen geistigen Bedingungen, viel mehr auf ein völlig *unmittelbares* Verhältnis zur objektiven Geisteswelt als auf ein Verhältnis zur Persönlichkeit eines Lehrers ankommt. Dieser wird auch in der Geistesschulung immer mehr die Stellung nur eines solchen Helfers annehmen, die der Lehrende, gemäß den neueren Anschauungen, in irgendeinem anderen Wissenszweige innehat. Ich glaube genügend darauf hingewiesen zu haben, daß des Lehrers Autorität und der Glaube an ihn in der Geistesschulung keine andere Rolle spielen sollten, als dies der Fall ist auf irgendeinem anderen Gebiete des Wissens und Lebens. Mir scheint viel darauf anzukommen, daß immer richtiger beurteilt werde gerade dieses Verhältnis des Geistesforschers zu Menschen, die Interesse entwickeln für die Ergebnisse seines Forschens. So glaube ich das Buch verbessert zu haben, wo ich das Verbesserungsbedürftige nach zehn Jahren zu finden in der Lage war.

An diesen ersten Teil soll sich ein zweiter anschließen. Dieser soll weitere Ausführungen über die Seelenverfassung bringen, welche den Menschen zum Erleben der höheren Welten führt.

Die Neuauflage des Buches lag fertig gedruckt vor, als der große Krieg begann, den die Menschheit gegenwärtig erlebt. Diese Vorbemerkungen habe ich zu schreiben, während meine Seele tief bewegt ist von dem schicksaltragenden Ereignisse.

Berlin, 7. September 1914   Rudolf Steiner

VORREDE ZUM ACHTEN BIS ELFTEN TAUSEND

An dem Inhalte dieser Neuauflage des vorliegenden Buches schienen mir beim neuerlichen Durcharbeiten nur geringe Änderungen notwendig. Dagegen habe ich dieser Ausgabe ein «Nachwort» hinzugefügt, durch das ich mich bemüht habe, manches deutlicher als früher zu sagen, was die seelischen Grundlagen betrifft, auf welche die Mitteilungen des Buches gestellt werden müssen, damit sie ohne Mißverständnis entgegengenommen werden. Ich glaube, daß der Inhalt dieses Nachwortes auch geeignet sein könnte, manchen Gegner der anthroposophischen Geisteswissenschaft darüber aufzuklären, daß er sein Urteil nur dadurch aufrechterhalten kann, weil er sich unter dieser Geisteswissenschaft etwas ganz anderes vorstellt, als sie ist; während er, was sie ist, gar nicht ins Auge faßt.

Mai 1918   Rudolf Steiner

WIE ERLANGT MAN ERKENNTNISSE DER HÖHEREN WELTEN?

Bedingungen

Es schlummern in *jedem* Menschen Fähigkeiten, durch die er sich Erkenntnisse über höhere Welten erwerben kann. Der Mystiker, der Gnostiker, der Theosoph sprachen stets von einer Seelen- und einer Geisterwelt, die für sie ebenso vorhanden sind wie diejenige, die man mit physischen Augen sehen, mit physischen Händen betasten kann. Der Zuhörer darf sich in jedem Augenblicke sagen: wovon dieser spricht, kann ich auch erfahren, wenn ich gewisse Kräfte in mir entwickele, die heute noch in mir schlummern. Es kann sich nur darum handeln, wie man es anzufangen hat, um solche Fähigkeiten in sich zu entwickeln. Dazu können nur diejenigen Anleitung geben, die schon in sich solche Kräfte haben. Es hat, seit es ein Menschengeschlecht gibt, auch immer eine Schulung gegeben, durch die solche, die höhere Fähigkeiten hatten, denen Anleitung gaben, die ebensolche Fähigkeiten suchten. Man nennt solche Schulung *Geheimschulung;* und der Unterricht, welcher da empfangen wird, heißt geheimwissenschaftlicher oder okkulter Unterricht. Eine solche Bezeichnung erweckt naturgemäß Mißverständnis. Wer sie hört, kann leicht zu dem Glauben verführt werden, daß diejenigen, die für solche Schulung tätig sind, eine besonders bevorzugte Menschenklasse darstellen wollen, die willkürlich ihr Wissen den Mitmenschen vorenthält. Ja, man denkt wohl auch, daß vielleicht überhaupt nichts Erhebliches hinter solchem Wissen stecke. Denn, wenn es ein wahres Wissen wäre – so ist man versucht zu denken –, so brauchte man daraus kein Geheimnis zu machen: man könnte es öffentlich mitteilen und die Vorteile davon allen Menschen zugänglich machen.

Diejenigen, welche in die Natur des Geheimwissens eingeweiht sind, wundern sich nicht im geringsten darüber, daß die

Uneingeweihten so denken. Worin das Geheimnis der Einweihung besteht, kann nur derjenige verstehen, der selbst diese Einweihung in die höheren Geheimnisse des Daseins bis zu einem gewissen Grade erfahren hat. Nun kann man fragen: wie soll denn der Uneingeweihte überhaupt irgendein menschliches Interesse an dem sogenannten Geheimwissen unter solchen Umständen erlangen? Wie und warum soll er etwas suchen, von dessen Natur er sich doch gar keine Vorstellung machen kann? Aber schon einer solchen Frage liegt eine ganz irrtümliche Vorstellung von dem Wesen des Geheimwissens zugrunde. In Wahrheit verhält es sich mit dem Geheimwissen nämlich doch nicht anders als mit allem übrigen Wissen und Können des Menschen. Dieses Geheimwissen ist für den Durchschnittsmenschen in keiner anderen Beziehung ein Geheimnis, als warum das Schreiben für den ein Geheimnis ist, der es nicht gelernt hat. Und wie jeder schreiben lernen kann, der die rechten Wege dazu wählt, so kann jeder ein Geheimschüler, ja ein Geheimlehrer werden, der die entsprechenden Wege dazu sucht. Nur in einer Hinsicht liegen die Verhältnisse hier noch anders als beim äußeren Wissen und Können. Es kann jemandem durch Armut, durch die Kulturverhältnisse, in die er hineingeboren ist, die Möglichkeit fehlen, sich die Kunst des Schreibens anzueignen; für die Erlangung von Wissen und Können in den höheren Welten gibt es kein Hindernis für denjenigen, der diese ernstlich sucht.

Viele glauben, man müsse die Meister des höheren Wissens da und dort aufsuchen, um von ihnen Aufschlüsse zu erhalten. Aber zweierlei ist richtig. Erstens wird derjenige, der ernstlich nach höherem Wissen trachtet, keine Mühe, kein Hindernis scheuen, um einen Eingeweihten aufzusuchen, der ihn in die höheren Geheimnisse der Welt einführen kann. Aber anderseits kann auch jeder sich klar darüber sein, daß ihn die Einweihung unter allen Umständen finden wird, wenn ernstes und würdiges Streben nach Erkenntnis vorliegt. Denn es gibt ein natürliches Gesetz für alle

Eingeweihten, das sie dazu veranlaßt, keinem suchenden Menschen ein ihm gebührendes Wissen vorzuenthalten. Aber es gibt ein ebenso natürliches Gesetz, welches besagt, daß niemandem irgend etwas von dem Geheimwissen ausgeliefert werden kann, zu dem er nicht berufen ist. Und ein Eingeweihter ist um so vollkommener, je strenger er diese beiden Gesetze beobachtet. Das geistige Band, das alle Eingeweihten umfaßt, ist kein äußeres, aber die beiden genannten Gesetze bilden feste Klammern, durch welche die Bestandteile dieses Bandes zusammengehalten werden. Du magst in intimer Freundschaft mit einem Eingeweihten leben: du bist doch so lange von seinem Wesen getrennt, bis du selbst ein Eingeweihter geworden bist. Du magst das Herz, die Liebe eines Eingeweihten im vollsten Sinne genießen: sein Geheimnis wird er dir erst anvertrauen, wenn du reif dazu bist. Du magst ihm schmeicheln, du magst ihn foltern: nichts kann ihn bestimmen, dir irgend etwas zu verraten, von dem er weiß, daß es dir nicht verraten werden darf, weil du auf der Stufe deiner Entwickelung dem Geheimnis noch nicht den rechten Empfang in deiner Seele zu bereiten verstehst.

Die Wege, die den Menschen reif zum Empfange eines Geheimnisses machen, sind genau bestimmte. Ihre Richtung ist mit unauslöschbaren, ewigen Buchstaben vorgezeichnet in den Geisteswelten, in denen die Eingeweihten die höheren Geheimnisse behüten. In alten Zeiten, die vor unserer «Geschichte» liegen, waren die Tempel des Geistes auch äußerlich sichtbar; heute, wo unser Leben so ungeistig geworden ist, sind sie nicht in der Welt vorhanden, die dem äußeren Auge sichtbar ist. Aber sie sind geistig *überall* vorhanden; und jeder, der sucht, kann sie finden.

Nur in seiner eigenen Seele kann der Mensch die Mittel finden, die ihm den Mund der Eingeweihten öffnen. Gewisse Eigenschaften muß er in sich bis zu einem bestimmten hohen Grade entwickeln, dann können ihm die höchsten Geistesschätze zuteil werden.

Eine gewisse Grundstimmung der Seele muß den Anfang bilden. Der Geheimforscher nennt diese Grundstimmung den *Pfad der Verehrung,* der Devotion gegenüber der Wahrheit und Erkenntnis. Nur wer diese Grundstimmung hat, kann Geheimschüler werden. Wer Erlebnisse auf diesem Gebiete hat, der weiß, welche Anlagen bei denen schon in der Kindheit zu bemerken sind, welche später Geheimschüler werden. Es gibt Kinder, die mit heiliger Scheu zu gewissen von ihnen verehrten Personen emporblicken. Sie haben eine Ehrfurcht vor ihnen, die ihnen im tiefsten Herzensgrunde verbietet, irgendeinen Gedanken aufkommen zu lassen von Kritik, von Opposition. Solche Kinder wachsen zu Jünglingen und Jungfrauen heran, denen es wohltut, wenn sie zu irgend etwas Verehrungsvollem aufsehen können. Aus den Reihen dieser Menschenkinder gehen viele Geheimschüler hervor. Hast du einmal vor der Türe eines verehrten Mannes gestanden und hast du bei diesem deinem ersten Besuche eine heilige Scheu empfunden, auf die Klinke zu drücken, um in das Zimmer zu treten, das für dich ein «Heiligtum» ist, so hat sich in dir ein Gefühl geäußert, das der Keim sein kann für deine spätere Geheimschülerschaft. Es ist ein Glück für jeden heranwachsenden Menschen, solche Gefühle als Anlagen in sich zu tragen. Man glaube nur ja nicht, daß solche Anlagen den Keim zur Unterwürfigkeit und Sklaverei bilden. Es wird später die erst kindliche Verehrung gegenüber Menschen zur Verehrung gegenüber *Wahrheit* und *Erkenntnis.* Die Erfahrung lehrt, daß diejenigen Menschen auch am besten verstehen, das Haupt frei zu tragen, die verehren gelernt haben da, wo Verehrung am Platze ist. Und am Platze ist sie überall da, wo sie aus den Tiefen des Herzens entspringt.

Wenn wir nicht das tiefgründige Gefühl in uns entwickeln, daß es etwas Höheres gibt, als wir sind, werden wir auch nicht in uns die Kraft finden, uns zu einem Höheren hinaufzuentwickeln. Der Eingeweihte hat sich nur dadurch die Kraft errungen, sein Haupt zu den Höhen der Erkenntnis zu erheben, daß er sein Herz in die

Tiefen der Ehrfurcht, der Devotion geführt hat. Höhe des Geistes kann nur erklommen werden, wenn durch das Tor der Demut geschritten wird. Ein rechtes Wissen kannst du nur erlangen, wenn du gelernt hast, dieses Wissen zu achten. Der Mensch hat gewiß das Recht, sein Auge dem Lichte entgegenzuhalten; aber er muß dieses Recht erwerben. Im geistigen Leben gibt es ebenso Gesetze wie im materiellen. Streiche eine Glasstange mit einem entsprechenden Stoffe, und sie wird elektrisch, das heißt: sie erhält die Kraft, kleine Körper anzuziehen. Dies entspricht einem Naturgesetz. Hat man ein wenig Physik gelernt, so weiß man dies. Und ebenso weiß man, wenn man die Anfangsgründe der Geheimwissenschaft kennt, daß jedes in der Seele entwickelte Gefühl von *wahrer* Devotion eine Kraft entwickelt, die in der Erkenntnis früher oder später weiter führen kann.

Wer in seinen Anlagen die devotionellen Gefühle hat, oder wer das Glück hat, sie durch eine entsprechende Erziehung eingepflanzt zu erhalten, der bringt vieles mit, wenn er im späteren Leben den Zugang zu höheren Erkenntnissen sucht. Wer eine solche Vorbereitung nicht mitbringt, dem erwachsen schon auf der ersten Stufe des Erkenntnispfades Schwierigkeiten, wenn er nicht durch Selbsterziehung die devotionelle Stimmung energisch in sich zu erzeugen unternimmt. In unserer Zeit ist es ganz besonders wichtig, daß auf diesen Punkt die volle Aufmerksamkeit gelenkt wird. Unsere Zivilisation neigt mehr zur Kritik, zum Richten, zum Aburteilen und wenig zur Devotion, zur hingebungsvollen Verehrung. Unsere Kinder schon kritisieren viel mehr, als sie hingebungsvoll verehren. Aber jede Kritik, jedes richtende Urteil vertreiben ebensosehr die Kräfte der Seele zur höheren Erkenntnis, wie jede hingebungsvolle Ehrfurcht sie entwickelt. Damit soll gar nichts gegen unsere Zivilisation gesagt sein. Es handelt sich hier gar nicht darum, Kritik an dieser unserer Zivilisation zu üben. Gerade der Kritik, dem selbstbewußten menschlichen Urteil, dem «Prüfet alles und das Beste behaltet», verdanken wir die Größe unserer Kultur. Nimmermehr hätte der Mensch die Wissenschaft, die Industrie, den Verkehr, die Rechtsverhältnisse unserer Zeit erlangt, wenn er nicht überall Kritik geübt, überall den Maßstab seines Urteils angelegt hätte. Aber was wir dadurch an äußerer Kultur gewonnen haben, mußten wir mit einer entsprechenden Einbuße an *höherer* Erkenntnis, an spirituellem Leben bezahlen. Betont muß werden, daß es sich beim höheren Wissen *nicht* um Verehrung von Menschen, sondern um eine solche gegenüber *Wahrheit* und *Erkenntnis* handelt.

Nur das eine muß freilich sich jeder klarmachen, daß derjenige, der ganz in der veräußerlichten Zivilisation unserer Tage darinnen steckt, es sehr schwer hat, zur Erkenntnis der höheren Welten vorzudringen. Er kann es nur, wenn er energisch an sich arbeitet. In einer Zeit, in der die Verhältnisse des materiellen Lebens einfache waren, war auch geistiger Aufschwung leichter zu erreichen. Das Verehrungswürdige, das Heiligzuhaltende hob sich mehr von den übrigen Weltverhältnissen ab. Die Ideale werden in einem kritischen Zeitalter herabgezogen. Andere Gefühle treten an die Stelle der Verehrung, der Ehrfurcht, der Anbetung und Bewunderung. Unser Zeitalter drängt diese Gefühle immer mehr zurück, so daß sie durch das alltägliche Leben dem Menschen nur noch in sehr geringem Grade zugeführt werden. Wer höhere Erkenntnis sucht, muß sie in sich erzeugen. Er muß sie selbst seiner Seele einflößen. Das kann man nicht durch Studium. Das kann man nur durch das Leben. Wer Geheimschüler werden will, muß sich daher energisch zur devotionellen Stimmung erziehen. Er muß überall in seiner Umgebung, in seinen Erlebnissen dasjenige aufsuchen, was ihm Bewunderung und Ehrerbietung abzwingen kann. Begegne ich einem Menschen und tadle ich seine Schwächen, so raube ich mir höhere Erkenntniskraft; suche ich liebevoll mich in seine Vorzüge zu vertiefen, so sammle ich solche Kraft. Der Geheimjünger muß fortwährend darauf bedacht sein, diese Anleitung zu befolgen. Erfahrene Geheimforscher wissen, was sie für eine Kraft dem Umstande verdanken, daß sie immer wieder allen Dingen gegenüber auf das Gute sehen und mit dem richtenden Urteile zurückhalten. Aber dies darf nicht eine äußerliche Lebensregel bleiben. Sondern es muß von dem Innersten unsrer Seele Besitz ergreifen. Der Mensch hat es in seiner Hand, sich selbst zu vervollkommnen, sich mit der Zeit ganz zu verwandeln. Aber es muß sich diese Umwandlung in seinem Innersten, in seinem Gedankenleben vollziehen. Es genügt nicht, daß ich äußerlich in meinem Verhalten Achtung gegenüber einem Wesen zeige. Ich muß diese Achtung in meinen Gedanken haben. Damit muß der Geheimschüler beginnen, daß er die Devotion in sein Gedankenleben aufnimmt. Er muß auf die Gedanken der Unehrerbietung, der abfälligen Kritik in seinem Bewußtsein achten. Und er muß geradezu suchen, in sich Gedanken der Devotion zu pflegen.

Jeder Augenblick, in dem man sich hinsetzt, um gewahr zu werden in seinem Bewußtsein, was in einem steckt an abfälligen, richtenden, kritischen Urteilen über Welt und Leben: – jeder solcher Augenblick bringt uns der höheren Erkenntnis näher. Und wir steigen rasch auf, wenn wir in solchen Augenblicken unser Bewußtsein nur erfüllen mit Gedanken, die uns mit Bewunderung, Achtung, Verehrung gegenüber Welt und Leben erfüllen. Wer in diesen Dingen Erfahrung hat, der weiß, daß in jedem solchen Augenblicke Kräfte in dem Menschen erweckt werden, die sonst schlummernd bleiben. Es werden *dadurch* dem Menschen die geistigen Augen geöffnet. Er fängt dadurch an, Dinge um sich herum zu sehen, die er früher nicht hat sehen können. Er fängt an zu begreifen, daß er vorher nur einen Teil der ihn umgebenden Welt gesehen hat. Der Mensch, der ihm gegenübertritt, zeigt ihm jetzt eine ganz andere Gestalt als vorher. Zwar wird er durch *diese* Lebensregel noch nicht imstande sein, schon das zu sehen, was z. B. als die menschliche Aura beschrieben wird. Denn dazu ist eine noch höhere Schulung nötig. Aber eben zu dieser höheren Schulung kann er aufsteigen, wenn er vorher eine *energische* Schulung in Devotion durchgemacht hat.*

Geräuschlos und unbemerkt von der äußeren Welt vollzieht sich das Betreten des «Erkenntnispfades» durch den Geheimschüler. Niemand braucht an ihm eine Veränderung wahrzunehmen. Er tut seine Pflichten wie vorher; er besorgt seine Geschäfte wie ehedem. Die Verwandlung geht lediglich mit der inneren Seite der Seele vor sich, die dem äußeren Auge entzogen ist. Zunächst überstrahlt das ganze Gemütsleben des Menschen die eine Grundstimmung der Devotion gegenüber allem wahrhaft Ehrwürdigen. In diesem *einen* Grundgefühle findet sein ganzes Seelenleben den Mittelpunkt. Wie die Sonne durch ihre Strahlen alles Lebendige belebt, so belebt beim Geheimschüler die Verehrung alle Empfindungen der Seele.

Es wird dem Menschen anfangs nicht leicht, zu glauben, daß Gefühle wie Ehrerbietung, Achtung usw. etwas mit seiner Erkenntnis zu tun haben. Dies rührt davon her, daß man geneigt ist, die Erkenntnis als eine Fähigkeit für sich hinzustellen, die mit dem in keiner Verbindung steht, was sonst in der Seele vorgeht. Man bedenkt dabei aber nicht, daß die *Seele* es ist, welche erkennt. Und für die Seele sind Gefühle das, was für den Leib die Stoffe sind, welche seine Nahrung ausmachen. Wenn man dem Leibe Steine statt Brot gibt, so erstirbt seine Tätigkeit. Ähnlich ist es mit der Seele. Für sie sind Verehrung, Achtung, Devotion nährende Stoffe, die sie *gesund,* kräftig machen; vor allem kräftig zur Tätigkeit des Erkennens. Mißachtung, Antipathie, Unterschätzung des Anerkennenswerten bewirken Lähmung und Ersterben der erkennenden Tätigkeit. – Für den Geistesforscher ist diese Tatsache an

---

* In übersichtlicher Art findet man den «Pfad der Erkenntnis» im letzten Abschnitt meiner eben in 19. Aufl. erscheinenden «Theosophie. Einführung in übersinnliche Weltanschauung und Menschenbestimmung» (Der kommende Tag, Stuttgart). Hier sollen im einzelnen praktische Gesichtspunkte angegeben werden.

der *Aura* ersichtlich. Eine Seele, die sich verehrende, devotionelle Gefühle aneignet, bewirkt eine Veränderung ihrer Aura. Gewisse als gelbrote, braunrote zu bezeichnende geistige Farbentöne verschwinden und werden durch blaurote ersetzt. Dadurch aber öffnet sich das Erkenntnisvermögen; es empfängt Kunde von Tatsachen in seiner Umgebung, von denen es vorher keine Ahnung hatte. Die Verehrung weckt eine sympathische Kraft in der Seele, und durch diese werden Eigenschaften der uns umgebenden Wesen von uns angezogen, die sonst verborgen bleiben.

Wirksamer noch wird das, was durch die Devotion zu erreichen ist, wenn eine andere Gefühlsart hinzukommt. Sie besteht darinnen, daß der Mensch lernt, sich immer weniger den Eindrücken der Außenwelt hinzugeben, und dafür ein reges Innenleben entwickelt. Ein Mensch, der von einem Eindruck der Außenwelt zu dem andern jagt, der stets nach «Zerstreuung» sucht, findet nicht den Weg zur Geheimwissenschaft. Nicht abstumpfen soll sich der Geheimschüler für die Außenwelt; aber sein *reiches Innenleben* soll ihm die Richtung geben, in der er sich ihren Eindrücken hingibt. Wenn ein gefühlsreicher und gemütstiefer Mensch durch eine schöne Gebirgslandschaft geht, erlebt er anderes als ein gefühlsarmer. Erst was wir im Innern erleben, gibt uns den Schlüssel zu den Schönheiten der Außenwelt. Der eine fährt über das Meer, und nur wenig innere Erlebnisse ziehen durch seine Seele; der andere empfindet dabei die ewige Sprache des Weltgeistes; ihm enthüllen sich geheime Rätsel der Schöpfung. Man muß gelernt haben, mit seinen eigenen Gefühlen, Vorstellungen umzugehen, wenn man ein inhaltvolles Verhältnis zur Außenwelt entwickeln will. Die Außenwelt ist in allen ihren Erscheinungen erfüllt von göttlicher Herrlichkeit; aber man muß das Göttliche erst in seiner Seele selbst erlebt haben, wenn man es in der Umgebung finden will. – Der Geheimschüler wird darauf verwiesen, sich Augenblicke in seinem Leben zu schaffen, in denen er still und einsam sich in sich selbst versenkt. Nicht den Angelegenheiten seines eigenen Ich aber soll er sich in solchen Augenblicken hingeben. Das würde das Gegenteil von dem bewirken, was beabsichtigt ist. Er soll vielmehr in solchen Augenblicken in aller Stille nachklingen lassen, was er erlebt hat, was ihm die äußere Welt gesagt hat. Jede Blume, jedes Tier, jede Handlung wird ihm in solchen stillen Augenblicken ungeahnte Geheimnisse enthüllen. Und er wird vorbereitet dadurch, neue Eindrücke der Außenwelt mit ganz anderen Augen zu sehen als vorher. Wer nur Eindruck nach Eindruck *genießen* will, stumpft sein Erkenntnisvermögen ab. Wer, nach dem Genusse, sich von dem Genusse etwas *offenbaren* läßt, der pflegt und erzieht sein Erkenntnisvermögen. Er muß sich nur daran gewöhnen, nicht etwa nur den Genuß nachklingen zu lassen, sondern, mit *Verzicht* auf weiteren Genuß, das Genossene durch innere Tätigkeit zu *verarbeiten.* Die Klippe ist hier eine sehr große, die Gefahr bringt. Statt in sich zu arbeiten, kann man leicht in das Gegenteil verfallen und den Genuß nur hinterher noch völlig ausschöpfen wollen. Man unterschätze nicht, daß sich hier unabsehbare Quellen des Irrtums für den Geheimschüler eröffnen. Er muß ja hindurch zwischen einer Schar von Verführern seiner Seele. Sie alle wollen sein «Ich» verhärten, in sich selbst verschließen. Er aber soll es aufschließen für die Welt. Er *muß* ja den Genuß suchen; denn nur durch ihn kommt die Außenwelt an ihn heran. Stumpft er sich gegen den Genuß ab, so wird er wie eine Pflanze, die aus ihrer Umgebung keine Nahrungsstoffe mehr an sich ziehen kann. Bleibt er aber beim Genusse stehen, so verschließt er sich in sich selbst. Er wird nur etwas *für sich,* nichts für die Welt bedeuten. Mag er in sich dann noch so sehr leben, mag er sein «Ich» noch so stark pflegen: die Welt scheidet ihn aus. Für sie ist er tot. Der Geheimschüler betrachtet den *Genuß* nur als ein *Mittel,* um sich *für die Welt* zu veredeln. Der Genuß ist ihm ein Kundschafter, der ihn unterrichtet über die Welt; aber er schreitet nach dem Unterricht durch den Genuß zur *Arbeit* vorwärts. Er lernt nicht, um das Gelernte als *seine* Wissensschätze aufzuhäufen, sondern um das Gelernte in den Dienst der Welt zu stellen.

Es ist ein Grundsatz in aller Geheimwissenschaft, der nicht übertreten werden darf, wenn irgendein Ziel erreicht werden soll. Jede Geheimschulung muß ihn dem Schüler einprägen. Er heißt: *Jede Erkenntnis, die du suchst, nur um dein Wissen zu bereichern, nur um Schätze in dir anzuhäufen, führt dich ab von deinem Wege; jede Erkenntnis aber, die du suchst, um reifer zu werden auf dem Wege der Menschenveredelung und der Weltentwickelung, die bringt dich einen Schritt vorwärts.* Dieses Gesetz fordert unerbittlich seine Beobachtung. Und man ist nicht früher Geheimschüler, ehe man dieses Gesetz zur Richtschnur seines Lebens gemacht hat. Man kann diese Wahrheit der geistigen Schulung in den kurzen Satz zusammenfassen: *Jede Idee, die dir nicht zum Ideal wird, ertötet in deiner Seele eine Kraft; jede Idee, die aber zum Ideal wird, erschafft in dir Lebenskräfte.*

Innere Ruhe

Auf den Pfad der *Verehrung* und auf die Entwickelung des *inneren Lebens* wird der Geheimschüler im Anfange seiner Laufbahn gewiesen. Die Geisteswissenschaft gibt nun auch *praktische Regeln* an die Hand, durch deren Beobachtung der Pfad betreten, das innere Leben entwickelt werden kann. Diese praktischen Regeln entstammen nicht der Willkür. Sie beruhen auf uralten Erfahrungen und uraltem Wissen. Sie werden überall in der gleichen Art gegeben, wo die Wege zur höheren Erkenntnis gewiesen werden. Alle wahren Lehrer des geistigen Lebens stimmen in bezug auf den Inhalt dieser Regeln überein, wenn sie dieselben auch nicht immer in die gleichen Worte kleiden. Die untergeordnete, eigentlich nur scheinbare Verschiedenheit rührt von Tatsachen her, welche hier nicht zu besprechen sind.

Kein Lehrer des Geisteslebens will durch solche Regeln eine Herrschaft über andere Menschen ausüben. Er will niemand in seiner Selbständigkeit beeinträchtigen. Denn es gibt keine besseren Schätzer und Hüter der menschlichen Selbständigkeit als die Geheimforscher. Es ist (im ersten Teile in dieser Schrift) gesagt worden, das Band, das alle Eingeweihten umfaßt, sei ein geistiges, und zwei naturgemäße Gesetze bilden die Klammern, welche die Bestandteile dieses Bandes zusammenhalten. Tritt nun der Eingeweihte aus seinem umschlossenen Geistgebiet heraus, vor die Öffentlichkeit: dann kommt für ihn sogleich ein drittes Gesetz in Betracht. Es ist dieses: Richte jede deiner Taten, jedes deiner Worte so ein, daß durch dich in keines Menschen freien Willensentschluß eingegriffen wird.

Wer durchschaut hat, daß ein wahrer Lehrer des Geisteslebens ganz von dieser Gesinnung durchdrungen ist, der kann auch wissen, daß er nichts von seiner Selbständigkeit einbüßt, wenn er den praktischen Regeln folgt, die ihm geboten werden.

Eine der ersten dieser Regeln kann nun etwa in die folgenden Worte der Sprache gekleidet werden: «Schaffe dir Augenblicke innerer *Ruhe* und lerne in diesen Augenblicken *das Wesentliche von dem Unwesentlichen unterscheiden.*» – Es wird hier gesagt, diese praktische Regel laute so in «Worte der Sprache gefaßt». Ursprünglich werden nämlich alle Regeln und Lehren der Geisteswissenschaft in einer sinnbildlichen Zeichensprache gegeben. Und wer ihre ganze Bedeutung und Tragweite kennenlernen will, der muß erst diese sinnbildliche Sprache sich zum Verständnis bringen. Dieses Verständnis ist davon abhängig, daß der Betreffende bereits die ersten Schritte in der Geheimwissenschaft getan hat. Diese Schritte aber kann er durch die genaue Beobachtung solcher Regeln gehen, wie sie hier gegeben werden. *Jedem* steht der Weg offen, der ernstliches Wollen hat.

Einfach ist die obige Regel bezüglich der Augenblicke der inneren Ruhe. Und einfach ist auch ihre Befolgung. Aber zum Ziele führt sie nur, wenn sie ebenso *ernst* und *streng* angefaßt wird, wie sie einfach ist. – Ohne Umschweife soll daher hier auch gesagt werden, wie diese Regel zu befolgen ist.

Der Geheimschüler hat sich eine kurze Zeit von seinem täglichen Leben auszusondern, um sich in dieser Zeit mit etwas ganz anderem zu befassen, als die Gegenstände seiner täglichen Beschäftigung sind. Und auch die Art seiner Beschäftigung muß eine ganz andere sein als diejenige, mit der er den übrigen Tag ausfüllt. Das ist aber nicht so zu verstehen, als ob dasjenige, was er in dieser ausgesonderten Zeit vollbringt, nichts zu tun habe mit dem Inhalt seiner täglichen Arbeit. Im Gegenteil: der Mensch, der solche abgesonderten Augenblicke in der *rechten* Art sucht, wird bald bemerken, daß er durch sie erst die volle Kraft zu seiner Tagesaufgabe erhält. Auch darf nicht geglaubt werden, daß die Beobachtung dieser Regel jemandem wirklich Zeit von seiner Pflichtenleistung entziehen könne. *Wenn jemand wirklich nicht mehr Zeit zur Verfügung haben sollte,* so genügen *fünf Minuten* jeden Tag. Es kommt darauf an, wie diese fünf Minuten angewendet werden.

In dieser Zeit soll der Mensch sich vollständig herausreißen aus seinem Alltagsleben. Sein Gedanken-, sein Gefühlsleben soll da eine andere Färbung erhalten, als sie sonst haben. Er soll seine Freuden, seine Leiden, seine Sorgen, seine Erfahrungen, seine Taten vor seiner Seele vorbeiziehen lassen. Und er soll sich dabei so stellen, daß er alles das, was er sonst erlebt, von einem höheren Gesichtspunkte aus ansieht. Man denke nur einmal daran, wie man im gewöhnlichen Leben etwas ganz anders ansieht, was ein anderer erlebt oder getan hat, als was man selbst erlebt oder getan hat. Das kann nicht anders sein. Denn mit dem, was man selbst erlebt oder tut, ist man verwoben; das Erlebnis oder die Tat eines anderen *betrachtet* man nur. Was man in den ausgesonderten Augenblicken anzustreben hat, ist nun, die eigenen Erlebnisse und Taten so anzuschauen, so zu beurteilen, als ob man sie nicht selbst, sondern als ob sie ein anderer erlebt oder getan hätte. Man stelle sich einmal vor: jemand habe einen schweren Schicksalsschlag erlebt. Wie anders steht er dem gegenüber als einem ganz gleichen Schicksalsschlage bei seinem Mitmenschen? Niemand kann das für unberechtigt halten. Es liegt in der menschlichen Natur. Und ähnlich wie in solchen außergewöhnlichen Fällen ist es in den alltäglichen Angelegenheiten des Lebens. Der Geheimschüler muß die Kraft suchen, sich selbst in gewissen Zeiten wie ein Fremder gegenüberzustehen. Mit der *inneren Ruhe* des Beurteilers muß er sich selbst entgegentreten. Erreicht man das, dann zeigen sich einem die eigenen Erlebnisse in einem neuen Lichte. Solange man in sie verwoben ist, solange man in ihnen steht, hängt man mit dem Unwesentlichen ebenso zusammen wie mit dem Wesentlichen. Kommt man zur *inneren Ruhe* des Überblicks, dann sondert sich das Wesentliche von dem Unwesentlichen. Kummer und Freude, jeder Gedanke, jeder Entschluß erscheinen anders, wenn man sich so selbst gegenübersteht. – Es ist, wie wenn man den ganzen Tag hindurch in einem Orte sich aufgehalten hat und das Kleinste ebenso nahe gesehen hat wie das Größte; dann des Abends auf einen benachbarten Hügel steigt und den ganzen Ort auf einmal überschaut. Da erscheinen die Teile dieses Ortes in anderen gegenseitigen Verhältnissen, als wenn man darinnen ist. Mit gegenwärtig erlebten Schicksalsfügungen wird und braucht dies nicht zu gelingen; mit länger vergangenen muß es vom Schüler des Geisteslebens erstrebt werden. – Der Wert solcher inneren, ruhigen Selbstschau hängt viel weniger davon ab, *was* man dabei erschaut, als vielmehr davon, daß man in sich die *Kraft* findet, die solche innere Ruhe entwickelt.

Denn jeder Mensch trägt neben seinem – wir wollen ihn so nennen – Alltagsmenschen in seinem Innern noch einen *höheren Menschen*. Dieser höhere Mensch bleibt so lange verborgen, bis er geweckt wird. Und jeder kann diesen höheren Menschen nur *selbst* in sich erwecken. Solange aber dieser höhere Mensch nicht erweckt ist, so lange bleiben auch die in jedem Menschen schlummernden höheren Fähigkeiten verborgen, die zu übersinnlichen Erkenntnissen führen.

Solange jemand die Frucht der inneren Ruhe nicht fühlt, muß er sich eben sagen, daß er in der ernsten strengen Befolgung der angeführten Regel fortfahren muß. Für jeden, der so verfährt, kommt der Tag, wo es um ihn herum geistig hell wird, wo sich einem Auge, das er bis dahin in sich nicht gekannt hat, eine ganz neue Welt erschließen wird.

Und nichts braucht sich im äußeren Leben des Geheimschülers zu ändern dadurch, daß er anfängt, diese Regel zu befolgen. Er geht seinen Pflichten nach wie vorher; er erduldet dieselben Leiden und erlebt dieselben Freuden zunächst wie vorher. In keiner Weise kann er dadurch dem «Leben» entfremdet werden. Ja, er kann um so voller den übrigen Tag hindurch diesem «Leben» nachgehen, weil er in seinen ausgesonderten Augenblicken ein «höheres Leben» sich aneignet. Nach und nach wird dieses «höhere Leben» schon seinen Einfluß auf das gewöhnliche geltend machen. Die Ruhe der ausgesonderten Augenblicke wird ihre Wirkung auch auf den Alltag haben. Der ganze Mensch wird ruhiger werden, wird Sicherheit bei all seinen Handlungen gewinnen, wird nicht mehr aus der Fassung gebracht werden können durch alle möglichen Zwischenfälle. Allmählich wird sich solch angehender Geheimschüler sozusagen immer mehr selbst leiten und weniger von den Umständen und äußeren Einflüssen leiten lassen. Ein solcher Mensch wird bald bemerken, was für eine Kraftquelle solche ausgesonderte Zeitabschnitte für ihn sind. Er wird anfangen, sich über Dinge nicht mehr zu ärgern, über die er sich vorher geärgert hat; unzählige Dinge, die er vorher gefürchtet hat, hören auf, ihm Befürchtungen zu machen. Eine ganz neue Lebensauffassung eignet er sich an. Vorher ging er vielleicht zaghaft an diese oder jene Verrichtung. Er sagte sich: O, meine Kraft reicht nicht aus, dies so zu machen, wie ich es gerne gemacht hätte. Jetzt kommt ihm nicht mehr dieser Gedanke, sondern vielmehr ein ganz anderer. Nunmehr sagt er sich nämlich: Ich will alle Kraft zusammennehmen, um meine Sache so gut zu machen, als ich nur irgend kann. Und den Gedanken, der ihn zaghaft machen könnte, unterdrückt er. Denn er weiß, daß ihn eben die Zaghaftigkeit zu einer schlechteren Leistung veranlassen könnte, daß jedenfalls diese Zaghaftigkeit nichts beitragen kann zur Verbesserung dessen, was ihm obliegt. Und so ziehen Gedanke nach Gedanke in die Lebensauffassung des Geheimschülers ein, die fruchtbar, förderlich sind für sein Leben. Sie treten an die Stelle von solchen, die ihm hinderlich, schwächend waren. Er fängt an, sein Lebensschiff einen sicheren, festen Gang zu führen innerhalb der Wogen des Lebens, während es vorher von diesen Wogen hin und her geschlagen worden ist.

Und solche Ruhe und Sicherheit wirken auch auf das ganze menschliche Wesen zurück. Der innere Mensch wächst dadurch. Und mit ihm wachsen jene inneren Fähigkeiten, welche zu den höheren Erkenntnissen führen. Denn durch seine in dieser Richtung gemachten Fortschritte gelangt der Geheimschüler allmählich dahin, daß er selbst bestimmt, *wie* die Eindrücke der Außenwelt auf ihn einwirken dürfen. Er hört z. B. ein Wort, durch das ein anderer ihn verletzen oder ärgern will. Vor seiner Geheimschülerschaft wäre er auch verletzt worden oder hätte sich geärgert. Da er nun den Pfad der Geheimschülerschaft betreten hat, ist er imstande, dem Worte seinen verletzenden oder ärgerlichen Stachel zu nehmen, bevor es den Weg zu seinem Innern gefunden hat. Oder ein anderes Beispiel. Ein Mensch wird leicht ungeduldig, wenn er warten soll. Er betritt den Pfad des Geheimschülers. Er durchdringt sich in seinen Augenblicken der Ruhe so sehr mit dem Gefühl von der Zwecklosigkeit vieler Ungeduld, daß er fortan bei jeder *erlebten* Ungeduld sofort dieses Gefühl gegenwärtig hat. Die Ungeduld, die sich schon einstellen wollte, verschwindet, und eine Zeit, die sonst verlorengegangen wäre unter den Vorstellungen der Ungeduld, wird vielleicht ausgefüllt von einer nützlichen Beobachtung, die während des Wartens gemacht werden kann.

Nun muß man sich nur die Tragweite von alledem vergegenwärtigen. Man bedenke, daß der «höhere Mensch» im Menschen in fortwährender Entwickelung ist. Durch die beschriebene Ruhe und Sicherheit wird ihm aber allein eine gesetzmäßige Entwickelung ermöglicht. Die Wogen des äußeren Lebens zwängen den inneren Menschen von allen Seiten ein, wenn der Mensch nicht dieses Leben beherrscht, sondern von ihm beherrscht wird. Ein solcher Mensch ist wie eine Pflanze, die sich in einer Felsspalte entwickeln soll. Sie verkümmert so lange, bis man ihr Raum schafft. Dem inneren Menschen können keine äußeren Kräfte Raum schaffen. Das vermag nur die *innere Ruhe,* die er seiner Seele schafft. Äußere Verhältnisse können *nur* seine äußere Lebenslage ändern; den «geistigen Menschen» in ihm können sie nie und nimmer erwecken. – In sich selbst muß der Geheimschüler einen neuen, einen höheren Menschen gebären.

Dieser «höhere Mensch» wird dann der «innere Herrscher», der mit sicherer Hand die Verhältnisse des äußeren Menschen führt. Solange der äußere Mensch die Oberhand und Leitung hat, ist dieser «innere» sein Sklave und kann daher seine Kräfte nicht entfalten. Hängt es von etwas anderem als von mir ab, ob ich mich ärgere oder nicht, so bin ich nicht Herr meiner selbst, oder – noch besser gesagt –: ich habe den «Herrscher in mir» noch nicht gefunden. Ich muß in mir die Fähigkeit entwickeln, die Eindrücke der Außenwelt nur in einer durch mich selbst bestimmten Weise an mich herankommen zu lassen; dann kann ich erst Geheimschüler werden. – Und nur insoweit der Geheimschüler ernstlich nach dieser Kraft sucht, kann er zum Ziel kommen. Es kommt nicht darauf an, wie weit es einer in einer bestimmten Zeit bringt; sondern allein darauf, daß er ernstlich *sucht.* Schon manchen hat es gegeben, der jahrelang sich angestrengt hat, ohne an sich einen merklichen Fortschritt zu bemerken; viele von denen aber, die nicht verzweifelt, sondern unerschütterlich geblieben sind, haben dann ganz plötzlich den «inneren Sieg» errungen.

Es gehört gewiß in mancher Lebenslage eine große Kraft dazu, sich Augenblicke innerer Ruhe zu schaffen. Aber je größer die notwendige Kraft, desto bedeutender ist auch das, was erreicht wird. Alles hängt in bezug auf die Geheimschülerschaft davon ab, daß man energisch, mit innerer Wahrheit und rückhaltloser Aufrichtigkeit sich selbst, mit allen seinen Handlungen und Taten, als ein völlig Fremder gegenüberstehen kann.

Aber nur eine Seite der inneren Tätigkeit des Geheimschülers ist durch diese Geburt des *eigenen* höheren Menschen gekennzeichnet. Es muß dazu noch etwas anderes kommen. Wenn sich nämlich der Mensch auch selbst als ein Fremder gegenübersteht, so betrachtet er doch nur *sich selbst;* er sieht auf diejenigen Erlebnisse und Handlungen, mit denen er durch seine besondere Lebenslage verwachsen ist. Er muß darüber hinauskommen. Er muß sich erheben zu einem *rein* Menschlichen, das nichts mehr mit seiner besonderen Lage zu tun hat. Er muß zu einer Betrachtung derjenigen Dinge übergehen, die ihn als Mensch etwas angingen, auch wenn er unter ganz anderen Verhältnissen, in einer ganz anderen Lage lebte. Dadurch lebt in ihm etwas auf, was über das Persönliche hinausragt. Er richtet damit den Blick *in höhere Welten,* als diejenigen sind, mit denen ihn der Alltag zusammenführt. Und damit beginnt der Mensch zu fühlen, zu erleben, daß er solchen höheren Welten angehört. Es sind das Welten, über die ihm seine Sinne, seine alltägliche Beschäftigung nichts sagen können. So erst verlegt er den Mittelpunkt seines Wesens in sein Inneres. Er hört auf die Stimmen in seinem Innern, die in den Augenblicken der Ruhe zu ihm sprechen; er pflegt im Innern Umgang mit der geistigen Welt. Er ist dem Alltag entrückt. Der Lärm dieses Alltags ist für ihn verstummt. Es ist *um ihn herum* still geworden. Er weist alles ab, was um ihn herum ist; ja er weist auch alles ab, was ihn an solche Eindrücke von außen erinnert. Die *ruhige Beschaulichkeit* im Innern, die Zwiesprache mit der rein geistigen Welt füllt seine ganze Seele aus. – Ein natürliches Lebensbedürfnis muß dem Geheimschüler solche stille Beschaulichkeit werden. Er ist zunächst ganz in eine Gedankenwelt versenkt. Er muß für diese stille Gedankentätigkeit ein *lebendiges Gefühl* entwickeln. Er muß *lieben* lernen, was ihm der Geist da zuströmt. Bald hört er dann auch auf, diese Gedankenwelt als etwas zu empfinden, was Unwirklicher sei als die Dinge des Alltags, die ihn umgeben. Er fängt an, mit seinen Gedanken umzugehen wie mit den Dingen im Raume. Und dann naht für ihn auch der Augenblick, in dem er das, was sich ihm in der Stille innerer Gedankenarbeit offenbart, als viel höher, wirklicher zu fühlen beginnt als die Dinge im Raume. Er erfährt, daß sich *Leben* in dieser Gedankenwelt ausspricht. Er sieht ein, daß sich in Gedanken nicht bloße Schattenbilder ausleben, sondern, daß durch sie verborgene *Wesenheiten* zu ihm sprechen. Es fängt an, aus der Stille heraus zu ihm zu sprechen. Vorher hat es nur durch sein Ohr zu ihm getönt; jetzt tönt es durch seine Seele. Eine innere Sprache – ein inneres Wort – hat sich ihm erschlossen. Beseligt im höchsten Grade fühlt sich der Geheimschüler, wenn er diesen Augenblick zum ersten Male erlebt. Über seine ganze äußere Welt ergießt sich ein inneres Licht. Ein zweites Leben beginnt für ihn. Der Strom einer göttlichen, einer gottbeseligenden Welt ergießt sich durch ihn.

Solches Leben der Seele in Gedanken, das sich immer mehr erweitert zu einem Leben in geistiger Wesenheit, nennt die Gnosis, die Geistwissenschaft *Meditation* (beschauliches Nachdenken). Diese Meditation ist das Mittel zu übersinnlicher Erkenntnis. – Aber nicht schwelgen in Gefühlen soll der Geheimschüler in solchen Augenblicken. Er soll nicht unbestimmte Empfindungen in seiner Seele haben. Das würde ihn nur hindern, zu wahrer geistiger Erkenntnis zu kommen. Klar, scharf, bestimmt sollen sich seine Gedanken gestalten. Dazu wird er einen Anhalt finden, wenn er sich nicht blind an die Gedanken hält, die ihm aufsteigen. Er soll sich vielmehr mit den hohen Gedanken durchdringen, welche vorgeschrittene, schon vom Geist erfaßte Menschen in solchen Augenblicken gedacht haben. Er soll zum Ausgangspunkte die Schriften nehmen, die selbst solcher Offenbarung in der Meditation entsprossen sind. In der mystischen, in der gnostischen, in der geisteswissenschaftlichen Literatur von heute findet der Geheimschüler solche Schriften. Da ergeben sich ihm die Stoffe zu seiner

Meditation. Die Geistsucher haben selbst in solchen Schriften die Gedanken der göttlichen Wissenschaft niedergelegt; der Geist hat durch seine Boten sie der Welt verkündigen lassen.

Durch solche Meditation geht eine völlige Verwandlung mit dem Geheimschüler vor. Er fängt an, über die Wirklichkeit ganz neue Vorstellungen sich zu bilden. Alle Dinge erhalten für ihn einen anderen Wert. Immer wieder muß es gesagt werden: nicht weltfremd wird der Geheimschüler durch solche Wandelung. Er wird auf keinen Fall seinem alltäglichen Pflichtenkreis entfremdet. Denn er lernt einsehen, daß die geringste Handlung, die er zu vollbringen hat, das geringste Erlebnis, das sich ihm darbietet, im Zusammenhang stehen mit den großen Weltwesenheiten und Weltereignissen. Wird ihm dieser Zusammenhang durch seine beschaulichen Augenblicke erst klar, dann geht er mit neuer vollerer Kraft an seinen täglichen Wirkungskreis. Denn jetzt weiß er: was er arbeitet, was er leidet, das arbeitet, leidet er um eines großen, geistigen Weltzusammenhanges willen. *Kraft* zum Leben, nicht Lässigkeit quillt aus der Meditation.

Mit sicherem Schritt geht der Geheimschüler durch das Leben. Was es ihm auch bringen mag, läßt ihn aufrecht schreiten. Vorher hat er nicht gewußt, warum er arbeitet, warum er leidet: jetzt weiß er dies. Einzusehen ist, daß solche Meditationstätigkeit besser zum Ziele führt, wenn sie unter Anleitung erfahrener Menschen geschieht. Solchen Menschen, die von sich aus wissen, wie alles am besten zu machen ist. Man sehe daher den Rat, die Anweisung solcher Menschen sich an. Man verliert dadurch wahrlich nicht seine Freiheit. Was sonst nur unsicheres Tappen sein kann, wird durch solche Anleitung zum zielsicheren Arbeiten. Wer sich um solche kümmert, die in dieser Richtung Wissen, Erfahrung haben, wird niemals vergeblich anklopfen. Er sei sich nur bewußt, daß er nichts anderes sucht als den Rat eines Freundes, nicht die Übermacht eines solchen, der herrschen will. Man wird immer finden, daß diejenigen, die wirklich wissen, die bescheidensten Menschen sind, und daß ihnen nichts ferner liegt als dasjenige, was die Menschen Machtgelüste nennen.

Wer sich durch die Meditation erhebt zu dem, was den Menschen mit dem Geist verbindet, der beginnt in sich das zu beleben, was ewig in ihm ist, was nicht durch Geburt und Tod begrenzt ist. Nur diejenigen können zweifeln an einem solchen Ewigen, die es nicht selbst erlebt haben. So ist die Meditation der Weg, der den Menschen auch zur Erkenntnis, zur Anschauung seines ewigen, unzerstörbaren Wesenskernes führt. Und nur durch sie kann der Mensch zu solcher Anschauung kommen. Gnosis, Geistwissenschaft sprechen von der Ewigkeit dieses Wesenskernes, von der Wiederverkörperung desselben. Oft wird gefragt, warum weiß der Mensch nichts von seinen Erlebnissen, die jenseits von Geburt und Tod liegen? Aber nicht so sollte gefragt werden. Sondern vielmehr so: wie gelangt man zu solchem Wissen? In der richtigen Meditation eröffnet sich der Weg. Durch sie lebt die Erinnerung auf an Erlebnisse, die jenseits von Geburt und Tod liegen. Jeder kann dieses Wissen erwerben; in jedem liegen die Fähigkeiten, selbst zu erkennen, selbst zu schauen, was echte Mystik, Geistwissenschaft, Anthroposophie und Gnosis lehren. Er muß nur die richtigen Mittel wählen. Nur ein Wesen, das Ohren und Augen hat, kann Töne und Farben wahrnehmen. Und auch das Auge kann nichts wahrnehmen, wenn das Licht fehlt, das die Dinge sichtbar macht. In der Geheimwissenschaft sind die Mittel gegeben, die geistigen Ohren und Augen zu entwickeln und das geistige Licht zu entzünden. Als drei Stufen können die Mittel der geistigen Schulung bezeichnet werden: 1. *Die Vorbereitung.* Sie entwickelt die geistigen Sinne. 2. *Die Erleuchtung.* Sie zündet das geistige Licht an. 3. *Die Einweihung.* Sie eröffnet den *Verkehr* mit den höheren Wesenheiten des Geistes.

DIE STUFEN DER EINWEIHUNG

Die folgenden Mitteilungen sind Glieder einer geistigen Schulung, über deren Namen und Wesenheit jeder sich klar wird, der sie richtig anwendet. Sie beziehen sich auf die drei Stufen, durch welche die Schule des geistigen Lebens zu einem gewissen Grade der Einweihung führt. Aber nur so viel von diesen Auseinandersetzungen wird man hier finden, als eben öffentlich gesagt werden kann. Es sind dies Andeutungen, welche aus einer noch viel tieferen, intimen Lehre herausgeholt sind. In der Geheimschulung selbst wird ein ganz bestimmter Lehrgang befolgt. Gewisse Verrichtungen dienen dazu, die Seele des Menschen zum bewußten Verkehr mit der geistigen Welt zu bringen. Diese Verrichtungen verhalten sich etwa zu dem, was im folgenden mitgeteilt wird, wie der Unterricht, den man jemandem in einer höheren streng geregelten Schule gibt, zu der Unterweisung, die man ihm gelegentlich auf einer vorbereitenden Schule zuteil werden läßt. Doch kann die *ernste* und beharrliche Verfolgung dessen, was man hier angedeutet findet, zur wirklichen Geheimschulung führen. Allerdings, das ungeduldige Probieren, ohne Ernst und Beharrlichkeit, kann zu gar nichts führen. – Von Erfolg kann das Geheimstudium nur sein, wenn dasjenige zunächst eingehalten wird, was bereits gesagt worden ist, und auf dieser Grundlage fortgeschritten wird.

Die Stufen, welche die angedeutete Überlieferung angibt, sind die folgenden drei: 1. Die Vorbereitung, 2. die Erleuchtung, 3. die Einweihung. Es ist nicht durchaus notwendig, daß diese drei Stufen sich so folgen, daß man die erste *ganz* durchgemacht hat, bevor die zweite, und diese, bevor die dritte an die Reihe kommen. Man kann in bezug auf gewisse Dinge schon der Erleuchtung, ja der Einweihung teilhaftig werden, wenn man in bezug auf andere sich noch in der Vorbereitung befindet. Doch wird man eine gewisse Zeit in Vorbereitung zu verbringen haben, bevor überhaupt eine

Erleuchtung beginnen kann. Und wenigstens für einiges wird man erleuchtet sein müssen, wenn der Anfang mit der Einweihung gemacht werden soll. In der Beschreibung aber müssen, der Einfachheit wegen, die drei Stufen hintereinander folgen.

1. Die Vorbereitung

Die Vorbereitung besteht in einer ganz bestimmten Pflege des Gefühls- und Gedankenlebens. Durch diese Pflege werden Seelen- und Geistesleib mit höheren Sinneswerkzeugen und Tätigkeitsorganen begabt, wie die Naturkräfte den physischen Leib aus unbestimmter lebendiger Materie mit Organen ausgerüstet haben.

Der Anfang muß damit gemacht werden, die Aufmerksamkeit der Seele auf gewisse Vorgänge in der uns umgebenden Welt zu lenken. Solche Vorgänge sind das sprießende, wachsende und gedeihende Leben einerseits, und alle Erscheinungen, die mit Verblühen, Verwelken, Absterben zusammenhängen, anderseits. Überall, wohin der Mensch die Augen wendet, sind solche Vorgänge gleichzeitig vorhanden. Und überall rufen sie naturgemäß auch in dem Menschen Gefühle und Gedanken hervor. Aber nicht genug gibt sich, unter gewöhnlichen Verhältnissen, der Mensch diesen Gefühlen und Gedanken hin. Dazu eilt er viel zu rasch von einem Eindruck zum anderen. Es handelt sich darum, daß er intensiv die Aufmerksamkeit ganz bewußt auf diese Tatsachen lenke. Er muß, wo er Blühen und Gedeihen einer ganz bestimmten Art wahrnimmt, alles andere aus seiner Seele verbannen und sich kurze Zeit ganz allein *diesem einen* Eindrucke überlassen. Er wird sich bald überzeugen, daß ein Gefühl, das in einem solchen Falle durch seine Seele früher nur durchgehuscht ist, anschwillt, daß es eine kräftige und energische Form annimmt. Diese Gefühlsform muß er dann ruhig in sich nachklingen lassen. Er muß dabei ganz still in seinem Innern werden. Er muß sich abschließen von der übrigen Außenwelt und ganz allein dem folgen, was seine Seele zu der Tatsache des Blühens und Gedeihens sagt.

Dabei soll man nur ja nicht glauben, daß man weit kommt, wenn man seine *Sinne* etwa stumpf macht gegen die Welt. Erst schaue man so lebhaft, so genau, als es nur irgend möglich ist, die Dinge an. *Dann* erst gebe man sich dem in der Seele auflebenden Gefühle, dem aufsteigenden Gedanken hin. Worauf es ankommt, ist, daß man auf *beides,* im völligen inneren Gleichgewicht, die Aufmerksamkeit richte. Findet man die nötige Ruhe und gibt man sich dem hin, was in der Seele auflebt, dann wird man, nach entsprechender Zeit, das Folgende *erleben.* Man wird neue Arten von Gefühlen und Gedanken in seinem Innern aufsteigen sehen, die man vorher nicht gekannt hat. Je öfter man in einer solchen Weise die Aufmerksamkeit auf etwas Wachsendes, Blühendes und Gedeihendes und damit abwechselnd auf etwas Welkendes, Absterbendes lenkt, desto lebhafter werden diese Gefühle werden. Und aus den Gefühlen und Gedanken, die so entstehen, bauen sich die Hellseherorgane ebenso auf, wie sich durch Naturkräfte aus belebtem Stoffe Augen und Ohren des physischen Körpers aufbauen. Eine ganz bestimmte Gefühlsform knüpft sich an das Wachsen und Werden; eine andere ganz bestimmte an das Verwelken und Absterben. Aber nur dann, wenn die Pflege dieser Gefühle auf die beschriebene Art angestrebt wird. Es ist möglich, annähernd richtig zu beschreiben, wie diese Gefühle sind. Eine vollständige Vorstellung kann sich davon jeder selbst verschaffen, indem er diese inneren Erlebnisse durchmacht. Wer oft die Aufmerksamkeit auf den Vorgang des Werdens, des Gedeihens, des Blühens gelenkt hat, der wird etwas fühlen, was der Empfindung bei einem Sonnenaufgang *entfernt ähnlich* ist. Und aus dem Vorgang des Welkens, Absterbens wird sich ihm ein Erlebnis ergeben, das in ebensolcher Art mit dem langsamen Aufsteigen des Mondes im Gesichtskreis zu vergleichen ist. Diese beiden Gefühle sind zwei Kräfte, die bei gehöriger Pflege, bei immer lebhafter werdender Ausbildung zu den bedeutsamsten geistigen Wirkungen führen. Wer sich immer wieder und wieder planmäßig, mit Vorsatz, solchen Gefühlen überläßt, dem eröffnet sich eine neue Welt. Die Seelenwelt, der sogenannte astrale Plan, beginnt vor ihm aufzudämmern. Wachsen und Vergehen bleiben für ihn nicht mehr Tatsachen, die ihm solch unbestimmte Eindrücke machen wie vorher. Sie formen sich vielmehr zu geistigen Linien und Figuren, von denen er vorher nichts ahnte. Und diese Linien und Figuren haben für die verschiedenen Erscheinungen auch verschiedene Gestalten. Eine blühende Blume zaubert vor seine Seele eine ganz bestimmte Linie, ebenso ein im Wachsen begriffenes Tier oder ein im Absterben befindlicher Baum. Die Seelenwelt (der astrale Plan) breitet sich langsam vor ihm aus. Nichts Willkürliches liegt in diesen Linien und Figuren. Zwei Geheimschüler, die sich auf der entsprechenden Stufe der Ausbildung befinden, werden bei dem gleichen Vorgange stets dieselben Linien und Figuren sehen. So gewiß zwei richtig sehende Menschen einen runden Tisch rund sehen, und nicht einer rund und der andere viereckig, so gewiß stellt sich vor zwei Seelen beim Anblicke einer blühenden Blume dieselbe geistige Gestalt. – So wie die Gestalten der Pflanzen und Tiere in der gewöhnlichen Naturgeschichte beschrieben werden, so beschreibt oder zeichnet der Kenner der Geheimwissenschaft die geistigen Gestalten der Wachstums- und Absterbensvorgänge nach Gattungen und Arten.

Wenn der Schüler so weit ist, daß er solch geistige Gestalten von Erscheinungen sehen kann, die sich seinem äußeren Auge auch physisch zeigen: dann wird er auch nicht weit entfernt sein von der Stufe, Dinge zu sehen, die kein physisches Dasein haben, die also dem ganz verborgen (okkult) bleiben müssen, der keine Unterweisung in der Geheimlehre erhalten hat.

Zu betonen ist, daß der Geheimforscher sich nicht in ein Nachsinnen verlieren soll, was dieses oder jenes Ding *bedeutet*. Durch solche Verstandesarbeit bringt er sich nur von dem rechten Wege ab. Er soll frisch, mit gesundem Sinne, mit scharfer Beobachtungsgabe in die Sinnenwelt sehen und dann sich seinen Gefühlen überlassen. Was die Dinge bedeuten, das soll nicht er mit spekulierendem Verstande ausmachen wollen, sondern er soll es sich von den Dingen selbst sagen lassen.*

Ein Weiteres, worauf es ankommt, ist das, was die Geheimwissenschaft die *Orientierung* in den höheren Welten nennt. Man gelangt dazu, wenn man sich ganz von dem Bewußtsein durchdringt, daß Gefühle und Gedanken *wirkliche Tatsachen* sind, genau so wie Tische und Stühle in der physisch-sinnlichen Welt. In der seelischen und in der Gedankenwelt wirken Gefühle und Gedanken aufeinander wie in der physischen die sinnlichen Dinge. Solange jemand nicht lebhaft von diesem Bewußtsein durchdrungen ist, wird er nicht glauben, daß ein verkehrter Gedanke, den er hegt, auf andere Gedanken, die den Gedankenraum beleben, so verheerend wirken kann wie eine blindlings losgeschossene Flintenkugel für die physischen Gegenstände, die sie trifft. Ein solcher wird sich vielleicht niemals erlauben, eine physisch-sichtbare Handlung zu begehen, die er für sinnlos hält. Er wird aber nicht davor zurückschrecken, verkehrte Gedanken oder Gefühle zu hegen. Denn diese erscheinen ihm ungefährlich für die übrige Welt. In der Geheimwissenschaft kann man aber nur vorwärtskommen, wenn man auf seine Gedanken und Gefühle ebenso achtet, wie man auf seine Schritte in der physischen Welt achtet. Wenn jemand eine Wand sieht, so versucht er nicht, geradewegs durch dieselbe durchzurennen; er lenkt seine Schritte seitwärts. Er richtet sich eben nach den Gesetzen der physischen Welt. – Solche Gesetze gibt es nun auch für die Gefühls- und Gedankenwelt. Nur können sie dem Menschen da nicht von außen sich aufdrängen. Sie müssen aus dem Leben seiner Seele selbst fließen. Man gelangt dazu, wenn man sich jederzeit verbietet, verkehrte Gefühle und Gedanken zu hegen.

* Bemerkt soll werden, daß *künstlerisches* Empfinden, gepaart mit einer stillen, in sich versenkten Natur, die beste Vorbedingung für die Entwickelung der geistigen Fähigkeiten ist. Dieses Empfinden dringt ja durch die Oberfläche der Dinge hindurch und gelangt dadurch zu deren Geheimnissen.

Alles willkürliche Hin- und Hersinnen, alles spielerische Phantasieren, alle zufällig auf- und abwogenden Gefühle muß man sich in dieser Zeit verbieten. Man macht sich dadurch nicht gefühlsarm. Man wird nämlich bald finden, daß man reich an Gefühlen, schöpferisch in wahrer Phantasie erst wird, wenn man in solcher Art sein Inneres regelt. An die Stelle kleinlicher Gefühlsschwelgerei und spielerischer Gedankenverknüpfung treten bedeutsame Gefühle und fruchtbare Gedanken. Und diese Gefühle und Gedanken führen den Menschen dazu, sich in der geistigen Welt zu *orientieren.* Er kommt in richtige Verhältnisse zu den Dingen der Geisteswelt. Eine ganz bestimmte Wirkung tritt für ihn ein. Wie er als physischer Mensch seinen Weg findet zwischen den physischen Dingen, so führt ihn jetzt sein Pfad zwischen *Wachsen* und *Absterben,* die er ja auf dem oben bezeichneten Weg kennenlernt, hindurch. Er folgt dann allem Wachsenden, Gedeihenden und auch anderseits allem Verwelkenden und Absterbenden so, wie es zu seinem und der Welt Gedeihen erforderlich ist.

Eine weitere Pflege hat der Geheimschüler der Welt der *Töne* angedeihen zu lassen. Man unterscheide da zwischen dem Tone, der durch das sogenannte *Leblose* (einen fallenden Körper, eine Glocke oder ein Musikinstrument) hervorgebracht wird, und dem, welcher von Lebendigem (einem Tiere oder Menschen) stammt. Wer eine Glocke hört, wird den Ton wahrnehmen und ein angenehmes Gefühl daran knüpfen; wer den Schrei eines Tieres hört, wird außer diesem Gefühl in dem Tone noch die Offenbarung eines inneren Erlebnisses des Tieres, Lust oder Schmerz, verspüren. Bei der letzteren Art von Tönen hat der Geheimschüler einzusetzen. Er soll seine ganze Aufmerksamkeit darauf lenken, daß der Ton ihm etwas verkündet, was außer der eigenen Seele liegt. Und er soll sich versenken in dieses Fremde. Er soll sein Gefühl innig verbinden mit dem Schmerz oder der Lust, die ihm durch den Ton verkündet werden. Er soll darüber hinweg sich setzen, was *für ihn* der Ton ist, ob er ihm angenehm oder unangenehm ist, wohlbehaglich oder mißfällig; nur das soll seine Seele erfüllen, was in dem Wesen vorgeht, von dem der Ton kommt. Wer planmäßig und mit Vorbedacht solche Übungen macht, der wird sich dadurch die Fähigkeit aneignen, mit einem Wesen, sozusagen, zusammenzufließen, von dem der Ton ausgeht. Einem musikalisch empfindenden Menschen wird solche Pflege seines Gemütslebens leichter sein als einem unmusikalischen. Doch darf niemand glauben, daß der musikalische Sinn schon diese Pflege ersetzt. Man muß, als Geheimschüler, in dieser Art der *ganzen Natur* gegenüber empfinden lernen. – Und dadurch senkt sich in Gefühls- und Gedankenwelt eine neue Anlage. Die ganze Natur fängt an, dem Menschen durch ihr Ertönen Geheimnisse zuzuraunen. Was vorher seiner Seele unverständlicher Schall war, wird dadurch sinnvolle *Sprache der Natur*. Und wobei er vorher nur Ton gehört hat, beim Erklingen des sogenannten Leblosen, vernimmt er jetzt eine neue Sprache der Seele. Schreitet er in solcher Pflege seiner Gefühle vorwärts, dann wird er bald gewahr, daß er *hören* kann, wovon er vorher nichts vermutet hat. Er fängt an, *mit der Seele* zu hören.

Dazu muß dann noch etwas anderes kommen, um zum Gipfel zu gelangen, der auf diesem Gebiete zu erreichen ist. – Was für die Ausbildung des Geheimschülers ganz besonders wichtig ist, das ist die Art, wie er anderen Menschen beim Sprechen *zuhört*. Er muß sich daran gewöhnen, dies so zu tun, daß dabei sein eigenes Innere vollkommen *schweigt*. Wenn jemand eine Meinung äußert, und ein anderer hört zu, so wird sich im Innern des letzteren im allgemeinen Zustimmung oder Widerspruch regen. Viele Menschen werden wohl auch sofort sich gedrängt fühlen, ihre zustimmende und namentlich ihre widersprechende Meinung zu äußern. Alle solche Zustimmung und allen solchen Widerspruch muß der Geheimschüler zum Schweigen bringen. Es kommt dabei nicht darauf an, daß er plötzlich seine Lebensart so ändere, daß er solch inneres, gründliches Schweigen fortwährend zu erreichen sucht. Er wird damit den Anfang machen müssen, daß er es in einzelnen Fällen tut, die er sich mit Vorsatz auswählt. Dann wird sich ganz langsam und allmählich, wie von selbst, diese ganz neue Art des Zuhörens in seine Gewohnheiten einschleichen. – In der Geistesforschung wird solches planmäßig geübt. Die Schüler fühlen sich verpflichtet, übungsweise zu gewissen Zeiten sich die entgegengesetztesten Gedanken anzuhören und dabei alle Zustimmung und namentlich alles abfällige Urteilen vollständig zum Verstummen zu bringen. Es kommt darauf an, daß dabei nicht nur alles verstandesmäßige Urteilen schweige, sondern auch alle Gefühle des Mißfallens, der Ablehnung oder auch Zustimmung. Insbesondere muß sich der Schüler stets sorgfältig beobachten, ob nicht solche Gefühle, wenn auch nicht an der Oberfläche, so doch im intimsten Innern seiner Seele vorhanden seien. Er muß sich z. B. die Aussprüche von Menschen anhören, die in irgendeiner Beziehung weit unter ihm stehen, und muß dabei *jedes* Gefühl des Besserwissens oder der Überlegenheit unterdrücken. – Nützlich ist es für jeden, in solcher Art Kindern zuzuhören. Auch der Weiseste kann unermeßlich viel von Kindern lernen. – So bringt es der Mensch dazu, die Worte des anderen ganz *selbstlos* zu hören, mit vollkommener Ausschaltung seiner eigenen Person, deren Meinung und Gefühlsweise. Wenn er sich so übt, kritiklos zuzuhören, auch dann, wenn die völlig entgegengesetzte Meinung vorgebracht wird, wenn das «Verkehrteste» sich vor ihm abspielt, dann lernt er nach und nach mit dem Wesen eines anderen vollständig zu verschmelzen, ganz in dasselbe aufzugehen. Er hört dann durch die Worte hindurch in des anderen Seele hinein. Durch anhaltende Übung solcher Art wird erst der Ton das rechte Mittel, um Seele und Geist wahrzunehmen. Allerdings gehört dazu die allerstrengste Selbstzucht. Aber diese führt zu einem hohen Ziele. Wenn diese Übungen nämlich in Verbindung mit den anderen getrieben werden, die angegeben worden sind bezüglich des Tönens in der Natur, so erwächst der Seele ein neuer Hörsinn. Sie wird imstande, Kundgebungen aus der geistigen Welt wahrzunehmen, die nicht ihren Ausdruck finden in äußeren Tönen, die für das physische Ohr wahrnehmbar sind. Die Wahrnehmung des «inneren Wortes» erwacht. Dem Geheimschüler offenbaren sich allmählich von der Geisteswelt aus Wahrheiten. Er hört auf geistige Art zu sich sprechen.* – Alle höheren Wahrheiten werden durch solches «inneres Einsprechen» erreicht. Und was man aus dem Munde eines wahren Geheimforschers hören kann, das hat er durch diese Art in Erfahrung gebracht. – Damit aber soll nicht gesagt sein, daß es unnötig sei, sich mit geheimwissenschaftlichen Schriften zu befassen, bevor man selbst in solcher Weise «inneres Einsprechen» vernehmen kann. Im Gegenteil: das Lesen solcher Schriften, das Anhören der Geheimforscherlehren sind selbst Mittel, auch zu eigener Erkenntnis zu gelangen. Jeder Satz der Geheimwissenschaft, den der Mensch hört, ist geeignet, den Sinn dahin zu lenken, wohin er gelangen muß, soll die Seele wahren Fortschritt erleben. Zu all dem Gesagten muß vielmehr eifriges Studium dessen treten, was die Geheimforscher der Welt mitteilen. Bei aller Geheimschulung gehört solches Studium zur Vorbereitung. Und wer alle sonstigen Mittel anwenden wollte, er käme zu keinem Ziele, wenn er nicht die Lehren der Geheimforscher in sich aufnähme. Denn weil diese Lehren aus dem lebendigen «inneren Worte», aus der «lebendigen Einsprechung» geschöpft sind, haben sie selbst geistiges Leben. Sie sind nicht bloß Worte. Sie sind lebendige Kräfte. Und während du den Worten eines Geheimkundigen folgst, während du ein Buch liest, das einer wirklichen inneren Erfahrung entstammt, wirken in deiner Seele *Kräfte,* welche dich ebenso *hellsehend* machen, wie die Naturkräfte aus lebendigem Stoffe deine Augen und Ohren gebildet haben.

---

* Nur wer durch selbstloses Zuhören es dahin bringt, daß er wirklich von innen aufnehmen kann, still, ohne Regung einer persönlichen Meinung oder eines persönlichen Gefühls, zu dem können die höheren Wesenheiten sprechen, von denen man in der Geheimwissenschaft spricht. Solange man noch irgendeine Meinung, irgendein Gefühl dem zu Hörenden entgegenschleudert, schweigen die Wesenheiten der Geisteswelt.

2. Die Erleuchtung

Die Erleuchtung geht von sehr einfachen Vorgängen aus. Auch dabei handelt es sich darum, gewisse Gefühle und Gedanken zu entwickeln, die in jedem Menschen schlummern und die erwachen müssen. Nur wer mit voller Geduld, streng und anhaltend die einfachen Vorgänge durchnimmt, den können sie zur Wahrnehmung der inneren Lichterscheinungen führen. Der erste Anfang wird damit gemacht, in einer bestimmten Art verschiedene Naturwesen zu betrachten, und zwar zum Beispiele: einen durchsichtigen, schön geformten Stein (Kristall), eine Pflanze und ein Tier. Man suche zuerst seine ganze Aufmerksamkeit auf einen Vergleich des Steines mit dem Tier in folgender Art zu lenken. Die Gedanken, die hier angeführt werden, müssen, von lebhaften Gefühlen begleitet, durch die Seele ziehen. Und kein anderer Gedanke, kein anderes Gefühl dürfen sich einmischen und die intensiv aufmerksame Betrachtung stören. Man sage sich: «Der Stein hat eine Gestalt; das Tier hat auch Gestalt. Der Stein bleibt *ruhig* an seinem Ort. Das Tier verändert seinen Ort. Es ist der Trieb (die Begierde), welcher das Tier veranlaßt, seinen Ort zu ändern. Und die Triebe sind es auch, denen die Gestalt des Tieres dient. Seine Organe, seine Werkzeuge sind diesen Trieben gemäß ausgebildet. Die Gestalt des Steins ist nicht nach Begierden, sondern durch begierdelose Kraft gebildet.»* Wenn man sich intensiv in diese Gedanken versenkt und dabei mit gespannter Aufmerksamkeit Stein und Tier betrachtet: dann leben in der Seele zwei ganz verschiedene Gefühlsarten auf. Aus dem Stein strömt die eine Art des

---

* Die hier gemeinte Tatsache, insofern sie sich auf Kristallbeobachtung bezieht, ist von solchen, die nur in äußerlicher Weise (exoterisch) davon gehört haben, in mancherlei Art verdreht worden, woraus Verrichtungen wie «Kristallsehen» usw. entstanden sind. Derlei Manipulationen beruhen auf Mißverständnissen. Sie sind in vielen Büchern beschrieben worden. Aber sie bilden niemals den Gegenstand wahren (esoterischen) Geheimunterrichtes.

Gefühls, aus dem Tiere die andere Art in unsere Seele. Die Sache wird wahrscheinlich im Anfange nicht gelingen: aber nach und nach, bei wirklicher geduldiger Übung, werden sich diese Gefühle einstellen. Man muß nur immerfort und fort üben. Erst sind die Gefühle nur so lange vorhanden, als die Betrachtung dauert, später wirken sie nach. Und dann werden sie zu etwas, was in der Seele lebendig bleibt. Der Mensch braucht sich dann nur zu besinnen: und die beiden Gefühle steigen immer, auch ohne Betrachtung eines äußeren Gegenstandes, auf. – Aus diesen Gefühlen und den mit ihnen verbundenen Gedanken bilden sich *Hellseherorgane.* – Tritt dann in der Betrachtung noch die Pflanze hinzu, so wird man bemerken, daß das von ihr ausgehende Gefühl, seiner Beschaffenheit und auch seinem Grade nach, in der Mitte liegt zwischen dem vom Stein und dem vom Tier ausströmenden. Die Organe, welche sich auf solche Art bilden, sind *Geistesaugen.* Man lernt mit ihnen allmählich etwas wie seelische und geistige Farben zu sehen. Solange man nur das sich angeeignet hat, was als «Vorbereitung» beschrieben worden ist, bleibt die geistige Welt mit ihren Linien und Figuren dunkel; durch die Erleuchtung wird sie hell. – Auch hier muß bemerkt werden, daß die Worte «dunkel» und «hell» sowie die anderen gebrauchten Ausdrücke nur annähernd aussprechen, was gemeint ist. Will man sich aber der gebräuchlichen Sprache bedienen, so ist nichts anderes möglich. Diese Sprache ist ja nur für die physischen Verhältnisse geschaffen. – Die Geheimwissenschaft bezeichnet nun das, was für das Hellseherorgan vom Stein ausströmt, als «blau» oder «blaurot». Dasjenige, was vom Tier empfunden wird, als «rot» oder «rotgelb». In der Tat sind es Farben «geistiger Art», die da gesehen werden. Die von der Pflanze ausgehende Farbe ist «grün», das nach und nach in ein helles ätherisches Rosarot übergeht. Die Pflanze ist nämlich dasjenige Naturwesen, welches in höheren Welten in einer gewissen Beziehung ihrer Beschaffenheit in der physischen Welt gleicht. Nicht dasselbe ist aber bei Stein und Tier der Fall. – Nun muß man sich klar sein, daß mit den oben genannten Farben nur die Hauptschattierungen des Stein-, Pflanzen- und Tierreiches angegeben sind. In Wirklichkeit sind alle möglichen Zwischenschattierungen vorhanden. Jeder Stein, jede Pflanze, jedes Tier hat seine ganz bestimmte Farbennuance. Dazu kommen die Wesen der höheren Welten, die niemals sich physisch verkörpern, mit ihren oft wundervollen, oft auch gräßlichen Farben. In der Tat ist der Farbenreichtum in diesen höheren Welten unermeßlich viel größer als in der physischen Welt.

Hat der Mensch einmal die Fähigkeit erworben, mit «Geistesaugen» zu sehen, so begegnet er auch, über kurz oder lang, den genannten höheren, zum Teil auch tieferen Wesen, als der Mensch ist, die niemals die physische Wirklichkeit betreten.

Hat der Mensch es so weit gebracht, wie hier beschrieben ist, so stehen ihm die Wege zu vielem offen. Aber es ist keinem anzuraten, noch weiter zu gehen ohne sorgfältige Beachtung des vom Geistesforscher Gesagten oder sonst von ihm Mitgeteilten. Und auch für das schon Gesagte ist eine Beachtung solcher kundigen Führerschaft das Allerbeste. Hat übrigens der Mensch in sich die Kraft und Ausdauer, es so weit zu bringen, wie es den angegebenen elementaren Stufen der Erleuchtung entspricht, so wird er ganz gewiß auch die rechte Führung suchen und finden.

Eine Vorsicht ist aber unter allen Umständen notwendig, und wer sie nicht anwenden will, der soll am besten alle Schritte in die Geheimwissenschaft unterlassen. Es ist notwendig, daß der Mensch, der Geheimschüler wird, nichts verliere von seinen Eigenschaften als edler, guter und für alles physisch Wirkliche empfänglicher Mensch. Er muß im Gegenteile seine moralische Kraft, seine innere Lauterkeit, seine Beobachtungsgabe während der Geheimschülerschaft fortwährend steigern. Um ein Einzelnes zu erwähnen: Während der elementaren Erleuchtungsübungen muß der Geheimschüler dafür sorgen, daß er sein Mitgefühl für die Menschen- und Tierwelt, seinen Sinn für Schönheit der Natur immerfort vergrößere. Sorgt er nicht dafür, so stumpfen sich jenes Gefühl und dieser Sinn durch solche Übungen fortwährend ab. Das Herz würde hart, der Sinn stumpf. Und das müßte zu gefährlichen Ergebnissen führen.

Wie sich die Erleuchtung gestaltet, wenn man im Sinne der obigen Übungen über Stein, Pflanze und Tier zum Menschen heraufsteigt, und wie, nach der Erleuchtung, der Zusammenschluß der Seele mit der geistigen Welt unter allen Umständen sich einmal einstellt und zur Einweihung hingeleitet: davon wird in den nächsten Abschnitten gesprochen werden, soweit das sein kann.

Es wird in unserer Zeit von vielen Menschen der Weg zur Geheimwissenschaft gesucht. Auf mancherlei Art wird das getan; und viele gefährliche, ja verwerfliche Prozeduren werden probiert. Deshalb sollen diejenigen, die etwas Wahrhaftes von diesen Dingen zu wissen meinen, anderen die Möglichkeit geben, einiges aus der Geheimschulung kennenzulernen. Nur soviel ist hier mitgeteilt worden, als solcher Möglichkeit entspricht. Es ist notwendig, daß etwas von dem Wahren bekannt werde, damit nicht das Irrtümliche großen Schaden anrichte. Durch die hier vorgezeichneten Wege kann niemand Schaden nehmen, der nichts forciert. Nur das eine muß beobachtet werden: niemand darf mehr Zeit und Kraft auf solche Übungen verwenden, als ihm nach seiner Lebensstellung, nach seinen Pflichten zur Verfügung stehen. Niemand darf durch den Geheimpfad irgend etwas in seinen äußeren Lebensverhältnissen augenblicklich ändern. Will man wirkliche Ergebnisse, dann muß man *Geduld* haben; man muß nach wenigen Minuten der Übung aufhören können und ruhig seiner Tagesarbeit nachgehen. Und nichts darf sich von Gedanken an die Übungen in die Tagesarbeit mischen. Wer nicht im höchsten und besten Sinne *warten* gelernt hat, der taugt nicht zum Geheimschüler und wird auch niemals zu Ergebnissen kommen, die einen erheblichen Wert haben.

Kontrolle der Gedanken und Gefühle

Wenn jemand die Wege zur Geheimwissenschaft in der Art sucht, wie es in dem vorhergehenden Kapitel beschrieben worden ist, dann darf er nicht versäumen, sich während der ganzen Arbeit durch *einen* fortwirkenden Gedanken zu stärken. Er muß sich nämlich stets vor Augen halten, daß er nach einiger Zeit schon ganz erhebliche Fortschritte gemacht haben kann, ohne daß sie sich ihm in der Weise zeigen, wie er es vielleicht erwartet hat. Wer dies nicht bedenkt, wird leicht die Beharrlichkeit verlieren und nach kurzer Zeit alle Versuche aufgeben. Die Kräfte und Fähigkeiten, welche man zu entwickeln hat, sind anfänglich von sehr zarter Art. Und ihre Wesenheit ist etwas ganz anderes als das, wovon sich der Mensch vorher Vorstellungen gemacht hat. Er war ja nur gewohnt, sich mit der physischen Welt zu beschäftigen. Die geistige und seelische entzog sich seinen Blicken und auch seinen Begriffen. Es ist daher gar nicht zu verwundern, daß er jetzt, wo sich in ihm geistige und seelische Kräfte entwickeln, diese nicht sogleich bemerkt. – Darinnen liegt die Möglichkeit einer Beirrung für den, welcher sich, ohne sich an die Erfahrungen zu halten, welche kundige Forscher gesammelt haben, auf den Geheimpfad begibt. Der Geheimforscher kennt die Fortschritte, welche der Schüler macht, lange bevor dieser sich selbst ihrer bewußt wird. Er weiß, wie die zarten geistigen Augen sich heranbilden, ehe der Schüler etwas davon weiß. Und ein großer Teil der Anweisungen dieses Geheimforschers besteht eben darinnen, das zum Ausdrucke zu bringen, was bewirkt, daß der Schüler das Vertrauen, die Geduld, die Ausdauer nicht verliere, bevor er zur eigenen Erkenntnis seiner Fortschritte gelangt. *Geben* kann ja der Geheimkundige seinem Zögling nichts, was in diesem nicht – auf verborgene Art – schon liegt. Er kann nur anleiten zur Entwickelung von schlummernden Fähigkeiten. Aber, was er aus seinen Erfahrungen mitteilt, wird eine Stütze sein dem, der sich aus dem Dunkel zum Lichte durchringen will.

Gar viele verlassen den Pfad zur Geheimwissenschaft bald, nachdem sie ihn betreten haben, weil ihnen ihre Fortschritte nicht sogleich bemerklich werden. Und selbst, wenn die ersten für den Zögling wahrnehmbaren höheren Erfahrungen auftreten, so betrachtet sie dieser oft als Illusionen, weil er sich ganz andere Vorstellungen von dem gemacht hat, was er erleben soll. Er verliert den Mut, weil er entweder die ersten Erfahrungen für wertlos hält oder weil sie ihm doch so unscheinbar vorkommen, daß er nicht glaubt, sie könnten ihn in absehbarer Zeit zu irgend etwas Erheblichem führen. *Mut* und *Selbstvertrauen* sind aber zwei Lichter, die auf dem Wege zur Geheimwissenschaft nicht erlöschen dürfen. Wer es nicht über sich bringen kann, eine Übung, die scheinbar unzähligemal mißglückt ist, immer wieder und wieder geduldig fortzusetzen, der kann nicht weit kommen.

Viel früher als eine deutliche Wahrnehmung von den Fortschritten tritt ein dunkles Gefühl auf, daß man auf dem rechten Wege sei. Und dieses Gefühl sollte man hegen und pflegen. Denn es kann zu einem sicheren Führer werden. Vor allem muß man den Glauben ausrotten, als ob es ganz absonderliche, geheimnisvolle Verrichtungen sein müßten, durch die man zu höheren Erkenntnissen gelangt. Man muß sich klarmachen, daß von den Gefühlen und Gedanken ausgegangen werden muß, mit denen der Mensch ja fortwährend lebt, und daß er diesen Gefühlen und Gedanken nur eine andere Richtung geben muß, als die gewohnte ist. Ein jeder sage sich zunächst: in meiner eigenen Gefühls- und Gedankenwelt liegen die höchsten Geheimnisse verborgen: ich habe sie bisher nur noch nicht wahrgenommen. Alles beruht schließlich darauf, daß der Mensch fortwährend Leib, Seele und Geist mit sich herumträgt, daß er sich aber nur seines Leibes im ausgesprochenen Sinne *bewußt* ist, nicht seiner Seele und seines Geistes. Und der Geheimschüler wird sich der Seele und des Geistes bewußt, wie sich der gewöhnliche Mensch seines Leibes bewußt ist.

Deshalb kommt es darauf an, die Gefühle und Gedanken in die rechte Richtung zu bringen. Dann entwickelt man die Wahrnehmungen für das im gewöhnlichen Leben Unsichtbare. Hier soll einer der Wege angegeben werden, wie man das macht. Eine einfache Sache ist es wieder, wie fast alles, was bisher mitgeteilt worden ist. Aber von den größten Wirkungen ist sie, wenn sie beharrlich durchgeführt wird und wenn der Mensch vermag, mit der nötigen intimen Stimmung sich ihr hinzugeben.

Man lege ein kleines Samenkorn einer Pflanze vor sich hin. Es kommt darauf an, sich vor diesem unscheinbaren Ding die rechten Gedanken intensiv zu machen und durch diese Gedanken gewisse Gefühle zu entwickeln. Zuerst mache man sich klar, was man wirklich mit Augen sieht. Man beschreibe für sich Form, Farbe und alle sonstigen Eigenschaften des Samens. Dann überlege man folgendes. Aus diesem Samenkorn wird eine vielgestaltige Pflanze entstehen, wenn es in die Erde gepflanzt wird. Man vergegenwärtige sich diese Pflanze. Man baue sie sich in der Phantasie auf. Und dann denke man: Was ich mir jetzt in meiner Phantasie vorstelle, das werden die Kräfte der Erde und des Lichtes später wirklich aus dem Samenkorn hervorlocken. Wenn ich ein künstlich geformtes Ding vor mir hätte, das ganz täuschend dem Samenkorn nachgeahmt wäre, so daß es meine Augen nicht von einem wahren unterscheiden könnten, so würde keine Kraft der Erde und des Lichtes aus diesem eine Pflanze hervorlocken. Wer sich diesen Gedanken ganz klar macht, wer ihn innerlich erlebt, der wird sich auch den folgenden mit dem *richtigen Gefühle* bilden können. Er wird sich sagen: in dem Samenkorn ruht schon auf verborgene Art – als *Kraft* der ganzen Pflanze – das, was später aus ihm herauswächst. In der künstlichen Nachahmung ruht diese Kraft nicht. Und doch sind *für meine Augen* beide gleich. In dem wirklichen Samenkorn ist also etwas *unsichtbar* enthalten, was in der Nachahmung nicht ist. Auf dieses Unsichtbare lenke man nun Gefühl und Gedanken.* Man stelle sich vor: dieses Unsichtbare wird sich später in die sichtbare Pflanze verwandeln, die ich in Gestalt und Farbe vor mir haben werde. Man hänge dem Gedanken nach: *das Unsichtbare wird sichtbar werden*. Könnte ich nicht *denken,* so könnte sich mir auch nicht schon jetzt ankündigen, was erst später sichtbar werden wird.

Besonders deutlich sei es betont: Was man da denkt, muß man auch intensiv *fühlen*. Man muß in *Ruhe,* ohne alle störenden Beimischungen anderer Gedanken, den einen oben angedeuteten in sich *erleben*. Und man muß sich Zeit lassen, so daß sich der Gedanke und das Gefühl, das sich an ihn knüpft, gleichsam in die Seele einbohren. – Bringt man das in der rechten Weise zustande, dann wird man nach einiger Zeit – vielleicht erst nach vielen Versuchen – eine Kraft in sich verspüren. Und diese Kraft wird eine neue Anschauung erschaffen. Das Samenkorn wird wie in einer kleinen Lichtwolke eingeschlossen erscheinen. Es wird auf sinnlich-geistige Weise als eine Art *Flamme* empfunden werden. Gegenüber der Mitte dieser Flamme empfindet man so, wie man beim Eindruck der Farbe *Lila* empfindet; gegenüber dem Rande, wie man der Farbe *Bläulich* gegenüber empfindet. – Da erscheint das, was man vorher nicht gesehen hat und was die Kraft des Gedankens und der Gefühle geschaffen hat, die man in sich erregt hat. Was sinnlich unsichtbar war, die Pflanze, die erst später sichtbar werden wird, das offenbart sich da auf geistig-sichtbare Art.

Es ist begreiflich, daß mancher Mensch das alles für Illusion halten wird. Viele werden sagen: «Was sollen mir solche Gesichte, solche Phantasmen?» Und manche werden abfallen und den Pfad nicht fortsetzen. Aber gerade darauf kommt es an: in diesen

---

* Wer da einwenden wollte, daß bei einer genaueren mikroskopischen Untersuchung sich ja doch die Nachahmung von dem wirklichen Samenkorn unterscheide, der zeigte nur, daß er nicht erfaßt hat, worauf es ankommt. Es handelt sich nicht darum, was man genau wirklich in sinnenfälliger Weise vor sich hat, sondern darum, daß man daran seelisch-geistige Kräfte entwickele.

schwierigen Punkten der menschlichen Entwickelung nicht Phantasie und geistige Wirklichkeit miteinander zu verwechseln. Und ferner darauf, den Mut zu haben, vorwärts zu dringen und nicht furchtsam und kleinmütig zu werden. Auf der anderen Seite aber muß allerdings betont werden, daß der *gesunde* Sinn, der Wahrheit und Täuschung unterscheidet, fortwährend gepflegt werden muß. Der Mensch darf während all dieser Übungen nie die volle *bewußte* Herrschaft über sich selbst verlieren. So sicher, wie er über die Dinge und Vorgänge des Alltagslebens denkt, so muß er auch hier denken. Schlimm wäre es, wenn er in Träumerei verfiele. Verstandesklar, um nicht zu sagen: nüchtern, muß er in jedem Augenblicke bleiben. Und der größte Fehler wäre gemacht, wenn der Mensch durch solche Übungen sein Gleichgewicht verlöre, wenn er abgehalten würde, so gesund und klar über die Dinge des Alltagslebens zu urteilen, wie er das vorher getan hat. Immer wieder soll sich der Geheimschüler daher prüfen, ob er nicht etwa aus seinem Gleichgewicht herausgefallen ist, ob er *derselbe* geblieben ist innerhalb der Verhältnisse, in denen er lebt. Festes Ruhen in sich selbst, klarer Sinn für alles, das muß er sich bewahren. Allerdings ist streng zu beachten, daß man sich nicht jeder beliebigen Träumerei hingeben soll, sich nicht allen möglichen Übungen überlassen soll. Die Gedankenrichtungen, die hier angegeben werden, sind seit Urzeiten in den Geheimschulen erprobt und geübt. Und nur *solche* werden hier mitgeteilt. Wer solche anderer Art anwenden wollte, die er sich selbst bildet oder von denen er da oder dort hört und liest, der muß in die Irre gehen und wird sich bald auf dem Pfade uferloser Phantastik befinden.

Eine weitere Übung, die sich an die beschriebene anzuschließen hat, ist die folgende. Man stelle sich einer Pflanze gegenüber, die sich auf der Stufe der vollen Entwickelung befindet. Nun erfülle man sich mit dem Gedanken, daß die Zeit kommen werde, wo diese Pflanze abstirbt. Nichts wird von dem mehr sein, was ich jetzt vor mir sehe. Aber diese Pflanze wird dann Samenkörner aus sich entwickelt haben, die wieder zu neuen Pflanzen werden. Wieder werde ich gewahr, daß in dem, was ich sehe, etwas verborgen ruht, was ich nicht sehe. Ich erfülle mich ganz mit dem Gedanken: diese Pflanzengestalt mit ihren Farben wird künftig nicht mehr sein. Aber die Vorstellung, daß sie Samen bildet, lehrt mich, daß sie nicht in Nichts verschwinden werde. Was sie vor dem Verschwinden bewahrt, kann ich jetzt ebensowenig mit Augen sehen, wie ich früher die Pflanze im Samenkorn habe sehen können. *Es gibt also in ihr etwas, was ich nicht mit Augen sehe.* Lasse ich diesen Gedanken in mir leben und verbindet sich das entsprechende *Gefühl* in mir mit ihm, dann entwickelt sich wieder, nach angemessener Zeit, in meiner Seele eine Kraft, die zur *neuen Anschauung* wird. Aus der Pflanze wächst wieder eine Art von geistiger *Flammenbildung* heraus. Diese ist natürlich entsprechend größer als die vorhin geschilderte. Die Flamme kann etwa in ihrem mittleren Teile grünlichblau und an ihrem äußeren Rande gelblichrot empfunden werden.

Es muß ausdrücklich betont werden, daß man, was hier als «Farben» bezeichnet wird, *nicht* so sieht, wie physische Augen die Farben sehen, sondern daß man durch die *geistige* Wahrnehmung Ähnliches empfindet, wie wenn man einen physischen Farbeneindruck hat. Geistig «blau» wahrnehmen heißt etwas empfinden oder erfühlen, was ähnlich dem ist, was man empfindet, wenn der Blick des physischen Auges auf der Farbe «Blau» ruht. Dies muß berücksichtigen, wer allmählich wirklich zu geistigen Wahrnehmungen aufsteigen will. Er erwartet sonst, im Geistigen nur eine Wiederholung des Physischen zu finden. Das müßte ihn auf das bitterste beirren.

Wer es dahin gebracht hat, solches geistig zu sehen, hat viel gewonnen. Denn die Dinge enthüllen sich ihm nicht nur im gegenwärtigen *Sein,* sondern auch in ihrem Entstehen und Vergehen. Er fängt an, überall den Geist zu schauen, von dem die sinnlichen Augen nichts wissen können. Und damit hat er die ersten

Schritte dazu getan, um allmählich durch eigene Anschauung hinter das Geheimnis von *Geburt und Tod* zu kommen. Für die äußeren Sinne entsteht ein Wesen bei der Geburt; es vergeht im Tode. Dies ist aber nur deshalb, weil diese Sinne den verborgenen Geist des Wesens nicht wahrnehmen. Für den Geist sind Geburt und Tod nur eine Verwandlung, wie das Hervorsprießen der Blume aus der Knospe eine Verwandlung ist, die sich vor den sinnlichen Augen abspielt. Will man das aber durch eigene Anschauung kennenlernen, so muß man in der angedeuteten Art erst den geistigen Sinn dafür erwecken.

Um gleich noch einen Einwand hinwegzunehmen, den manche Menschen machen könnten, die einige seelische (psychische) Erfahrung haben, sei dieses gesagt. Es soll gar nicht bestritten werden, daß es kürzere, einfachere Wege gibt, daß manche aus eigener Anschauung die Erscheinungen von Geburt und Tod kennenlernen, ohne erst alles das, was hier beschrieben wird, durchgemacht zu haben. Es gibt eben Menschen, welche bedeutende psychische Anlagen haben, die nur eines kleinen Anstoßes bedürfen, um entwickelt zu werden. Aber das sind Ausnahmen. Der hier angegebene Weg ist jedoch ein allgemeiner und sicherer. Man kann sich ja auch einige chemische Kenntnisse auf einem ausnahmsweisen Weg erwerben; will man aber Chemiker werden, dann muß man den allgemeinen und sicheren Weg gehen.

Ein folgenschwerer Irrtum würde sich ergeben, wenn jemand glauben wollte, er könne, um bequemer zum Ziele zu gelangen, sich das besprochene Samenkörnchen oder die Pflanze *bloß* vorstellen, bloß in der Phantasie vorhalten. Wer dies tut, kann wohl auch zum Ziele kommen, doch nicht so sicher wie auf die angegebene Art. Die Anschauung, zu der man kommt, wird in den meisten Fällen nur ein Blendwerk der Phantasie sein. Bei ihr müßte dann die Umwandlung in geistige Anschauung erst abgewartet werden. Denn darauf kommt es an, daß nicht *ich* in bloßer Willkür mir Anschauungen schaffe, sondern darauf, daß die Wirklichkeit sie *in mir* erschafft. Aus den Tiefen meiner eigenen Seele muß die Wahrheit hervorquellen; aber nicht mein gewöhnliches Ich darf selbst der Zauberer sein, der die Wahrheit hervorlocken will, sondern die Wesen müssen dieser Zauberer sein, deren geistige Wahrheit ich schauen will.

Hat der Mensch durch solcherlei Übungen in sich die ersten Anfänge zu geistigen Anschauungen gefunden, so darf er aufsteigen zur Betrachtung des Menschen selbst. Einfache Erscheinungen des menschlichen Lebens müssen zunächst gewählt werden. – Bevor man aber dazu schreitet, ist es notwendig, besonders ernstlich an der vollen Lauterkeit seines moralischen Charakters zu arbeiten. Man muß jeden Gedanken daran entfernen, daß man etwa auf diese Art erlangte Erkenntnis zum persönlichen Eigennutz anwenden werde. Man muß mit sich darüber einig sein, daß man *niemals* eine Macht über seine Mitmenschen, die man etwa erlangen werde, im Sinne des Bösen ausnutzen werde. Deshalb muß jeder, der Geheimnisse über die menschliche Natur durch eigene Anschauung sucht, die *goldene* Regel der wahren Geheimwissenschaften befolgen. Und diese goldene Regel ist: wenn du *einen* Schritt vorwärts zu machen versuchst in der Erkenntnis geheimer Wahrheiten, so mache zugleich *drei* vorwärts in der Vervollkommnung deines Charakters zum Guten. – Wer diese Regel befolgt, der kann solche Übungen machen, wie nunmehr eine beschrieben werden soll.

Man vergegenwärtige sich einen Menschen, von dem man einmal beobachtet hat, wie er nach irgendeiner Sache *verlangt* hat. Auf die *Begierde* soll die Aufmerksamkeit gerichtet werden. Am besten ist es, den Zeitpunkt in der Erinnerung wachzurufen, in dem die Begierde am lebhaftesten war und in dem es ziemlich unentschieden war, ob der Mensch das Verlangte erhalten werde oder nicht. Und nun gebe man sich der Vorstellung an das, was man in der Erinnerung beobachtet, ganz hin. Man stelle die denkbar größte innere Ruhe der eigenen Seele her. Man versuche so viel, als nur möglich ist, blind und taub zu sein für alles andere, was ringsherum vorgeht. Und man achte besonders darauf, daß durch die angeregte Vorstellung in der Seele ein *Gefühl* erwache. Dieses Gefühl lasse man in sich heraufziehen, wie eine Wolke, die an dem sonst ganz leeren Horizont heraufzieht. Es ist ja nun natürlich, daß in der Regel die Beobachtung dadurch unterbrochen wird, daß man den Menschen, auf den man die Aufmerksamkeit lenkt, nicht lange genug in dem geschilderten Seelenzustand beobachtet hat. Man wird wahrscheinlich Hunderte und Aberhunderte von vergeblichen Versuchen anstellen. Man darf eben die Geduld nicht verlieren. Nach vielen Versuchen wird man es dahin bringen, daß man in der eigenen Seele ein Gefühl erlebt, das dem Seelenzustand des beobachteten Menschen entspricht. Dann wird man aber auch nach einiger Zeit bemerken, daß durch dieses Gefühl in der eigenen Seele eine Kraft erwächst, die zur *geistigen Anschauung* des Seelenzustandes des anderen wird. Im Gesichtsfelde wird ein Bild auftreten, das man wie etwas Leuchtendes empfindet. Und dieses geistig leuchtende Bild ist die sogenannte astrale Verkörperung des beobachteten Seelenzustandes der Begierde. Wieder als flammenähnlich empfunden kann dieses Bild beschrieben werden. Es wird in der Mitte wie gelbrot sein und am Rande wie rötlichblau oder lila empfunden werden. – Viel kommt darauf an, daß man mit solcher geistigen Anschauung zart umgehe. Man tut am besten, wenn man zunächst zu niemand davon spricht als nur etwa zu seinem Lehrer, wenn man einen solchen hat. Denn versucht man eine solche Erscheinung durch ungeschickte Worte zu beschreiben, so gibt man sich meistens argen Täuschungen hin. Man gebraucht die gewöhnlichen Worte, die doch für solche Dinge nicht bestimmt und daher für sie zu grob und schwerfällig sind. Die Folge ist dann, daß man durch den eigenen Versuch, die Sache in Worte zu kleiden, verführt wird, sich in die wahren Anschauungen allerlei Phantasieblendwerke hineinzumischen. Wieder ist eine wichtige Regel für den Geheimschüler: Verstehe über deine geistigen Gesichte zu *schweigen.* Ja, schweige sogar vor dir selber darüber. Versuche nicht, was du im Geiste erschaust, in Worte zu kleiden oder mit dem ungeschickten Verstande zu ergrübeln. Gib dich unbefangen deiner geistigen Anschauung hin und störe sie dir nicht durch vieles Nachdenken darüber. Denn du mußt bedenken, daß dein Nachdenken anfangs ganz und gar nicht deinem Schauen gewachsen ist. Dieses Nachdenken hast du dir in deinem bisherigen, bloß auf die physisch-sinnliche Welt beschränkten Leben erworben; und was du dir jetzt erwirbst, geht darüber hinaus. Suche also nicht, an das neue Höhere den Maßstab des alten anzulegen. Nur wer schon einige Festigkeit hat im Beobachten innerer Erfahrungen, der kann darüber reden, um durch solches Reden seine Mitmenschen anzuregen.

Zu der beschriebenen Übung mag eine ergänzende kommen. Man beobachte in der gleichen Art, wie einem Menschen die Befriedigung irgendeines Wunsches, die Erfüllung einer Erwartung zuteil geworden ist. Gebraucht man dabei dieselben Regeln und Vorsichten, die eben für den anderen Fall angegeben worden sind, so wird man auch da zu einer geistigen Anschauung gelangen. Man wird eine geistige Flammenbildung bemerken, die in der Mitte als gelb sich fühlt und die wie mit einem grünlichen Rande empfunden wird.

Leicht kann der Mensch durch solche Beobachtung seiner Mitmenschen in einen moralischen Fehler verfallen. Er kann lieblos werden. Daß dies nicht der Fall sei, muß eben mit allen nur erdenkbaren Mitteln angestrebt werden. Beobachtet man so, dann soll man eben durchaus schon auf der Höhe stehen, in der es einem zur völligen Gewißheit geworden ist, daß *Gedanken* wirkliche Dinge sind. Man darf sich da nicht mehr gestatten, über seinen Mitmenschen so zu *denken,* daß die Gedanken mit der höchsten Achtung der Menschenwürde und der Menschenfreiheitnicht verträglich wären. Daß ein Mensch nur ein Beobachtungsobjekt für uns sein könnte: dieser Gedanke darf uns nicht einen Augenblick erfüllen.

Hand in Hand mit jeder Geheimbeobachtung über die menschliche Natur muß die Selbsterziehung dahin gehen, die volle Selbstgeltung eines jeden Menschen uneingeschränkt zu schätzen und das als etwas Heiliges, von uns Unantastbares – auch in Gedanken und Gefühlen – zu betrachten, was in dem Menschen wohnt. Ein Gefühl von heiliger Scheu vor allem Menschlichen, selbst wenn es nur als Erinnerung gedacht wird, muß uns erfüllen.

Nur an den zwei Beispielen sollte vorläufig hier gezeigt werden, wie man sich zur Erleuchtung über die menschliche Natur durchringt. Daran konnte aber wenigstens der Weg gezeigt werden, der zu betreten ist. Wer die notwendige innere Stille und Ruhe findet, die zu solcher Beobachtung gehören, dessen Seele wird schon dadurch eine große Verwandlung durchmachen. Das wird bald so weit gehen, daß die innere Bereicherung, die sein Wesen erfährt, ihm Sicherheit und Ruhe gibt auch in seinem äußeren Verhalten. Und dieses verwandelte äußere Verhalten wird wieder zurückwirken auf seine Seele. Und so wird er sich weiter helfen. Er wird Mittel und Wege finden, immer mehr von der menschlichen Natur zu entdecken, was den äußeren Sinnen verborgen ist; und er wird dann auch reif werden, einen Einblick zu tun in die geheimnisvollen Zusammenhänge zwischen der Menschennatur und all dem, was sonst noch im Weltall vorhanden ist. – Und auf diesem Wege naht sich der Mensch immer mehr dem Zeitpunkte, wo er die ersten Schritte der *Einweihung* bewerkstelligen kann. Bevor diese aber getan werden können, ist noch eines notwendig. Es ist dies etwas, dessen Notwendigkeit der Geheimschüler zunächst vielleicht am wenigsten einsehen wird. Später aber wird er dies.

Was nämlich der Einzuweihende mitbringen muß, ist ein in gewisser Beziehung ausgebildeter *Mut* und *Furchtlosigkeit*. Der Geheimschüler muß geradezu die Gelegenheiten aufsuchen, durch welche diese Tugenden ausgebildet werden. In der Geheimschulung sollten sie ganz systematisch herangebildet werden. Aber auch das Leben selbst ist namentlich nach dieser Richtung hin eine gute Geheimschule; vielleicht die beste. Einer Gefahr ruhig ins Auge schauen, Schwierigkeiten ohne Zagen überwinden wollen: solches muß der Geheimschüler können. Er muß z. B. einer Gefahr gegenüber sich sofort zu der Empfindung aufraffen: meine Angst nützt nach gar keiner Seite; ich darf sie gar nicht haben; ich muß nur an das denken, was zu tun ist. Und er muß es so weit bringen, daß für Gelegenheiten, in denen er vorher ängstlich war, «Angsthaben», «Mutloswerden» für ihn wenigstens im eigentlichen innersten Empfinden unmögliche Dinge werden. Durch die Selbsterziehung nach dieser Richtung entwickelt nämlich der Mensch in sich ganz bestimmte Kräfte, die er braucht, wenn er in höhere Geheimnisse eingeweiht werden soll. So wie der physische Mensch Nervenkraft braucht, um seine physischen Sinne zu benutzen, so bedarf der seelische Mensch jener Kraft, die nur entwickelt wird in mutvollen und furchtlosen Naturen. – Wer zu den höheren Geheimnissen vordringt, der sieht nämlich Dinge, welche dem gewöhnlichen Menschen durch die Täuschungen der Sinne verborgen bleiben. Denn, wenn die physischen Sinne uns auch die höhere Wahrheit nicht schauen lassen, so sind sie eben dadurch auch des Menschen Wohltäter. Durch sie verbergen sich für ihn Dinge, welche ihn, unvorbereitet, in maßlose Bestürzung versetzen müßten, deren Anblick er nicht ertragen könnte. Diesem Anblick muß der Geheimschüler gewachsen werden. Er verliert gewisse Stützen in der Außenwelt, die er eben dem Umstande verdankte, daß er in Täuschung befangen war. Es ist wirklich und buchstäblich so, wie wenn man jemand auf eine Gefahr aufmerksam machte, in der er schon lange geschwebt hat, von der er aber nichts gewußt hat. Vorher hatte er keine Angst: jetzt aber, nachdem er weiß, überkommt ihn die Angst, obwohl die Gefahr durch sein Wissen nicht größer geworden ist.

Die Kräfte der Welt sind zerstörende und aufbauende: das Schicksal der äußeren Wesenheiten ist Entstehen und Vergehen. In das Wirken dieser Kräfte, in den Gang dieses Schicksales soll der Wissende blicken. Der Schleier, der im gewöhnlichen Leben vor den geistigen Augen liegt, soll entfernt werden. Der Mensch selbst aber ist mit diesen Kräften, mit diesem Schicksal verwoben. In seiner eigenen Natur sind zerstörende und aufbauende Kräfte. So unverhüllt die anderen Dinge vor das sehende Auge des Wissenden treten, so unverhüllt zeigt die eigene Seele sich selbst. Solcher Selbsterkenntnis gegenüber darf der Geheimschüler nicht die Kraft verlieren. Und sie wird ihm nur dann nicht fehlen, wenn er einen Überschuß an ihr mitbringt. Damit dieses der Fall sei, muß er lernen, in schwierigen Lebensverhältnissen die innere Ruhe und Sicherheit zu bewahren; er muß in sich ein starkes Vertrauen in die guten Mächte des Daseins erziehen. Er muß darauf gefaßt sein, daß manche Triebfedern ihn nicht mehr leiten werden; die ihn bisher geleitet haben. Er wird ja einsehen müssen, daß er bisher manches nur getan und gedacht hat, weil er in Unwissenheit befangen war. Solche Gründe, wie er sie bisher gehabt, werden wegfallen. Er hat manches aus Eitelkeit getan; er wird sehen, wie unsäglich wertlos alle Eitelkeit für den Wissenden ist. Er hat manches aus Habsucht getan; er wird gewahr werden, wie zerstörend alle Habsucht ist. Ganz neue Triebfedern zum Handeln und Denken wird er entwickeln müssen. Und eben dazu gehören Mut und Furchtlosigkeit.

Vorzüglich handelt es sich darum, im tiefsten Innern des Gedankenlebens selbst diesen Mut und diese Furchtlosigkeit zu pflegen. Der Geheimschüler muß lernen, über einen Mißerfolg nicht zu verzagen. Er muß zu dem Gedanken fähig sein: «Ich will vergessen, daß mir diese Sache schon wieder mißglückt ist, und aufs neue versuchen, wie wenn nichts gewesen wäre.» So ringt er sich durch zu der Überzeugung, daß die Kraftquellen in der Welt, aus denen er schöpfen kann, unversieglich sind. Er strebt immer wieder nach dem Geistigen, das ihn heben und tragen wird, wie oft auch sein Irdisches sich als kraftlos und schwach erwiesen haben mag. Er muß fähig sein, der Zukunft entgegenzuleben, und in diesem Streben sich durch keine Erfahrung der Vergangenheit stören lassen. – Hat der Mensch die geschilderten Eigenschaften bis zu einem gewissen Grade, dann ist er reif, die *wahren Namen* der Dinge zu erfahren, die der Schlüssel zu dem höheren Wissen sind. Denn darin besteht die *Einweihung,* daß man lernt, die Dinge der Welt bei demjenigen Namen zu benennen, die sie im Geiste ihrer göttlichen Urheber haben. In diesen ihren Namen liegen die Geheimnisse der Dinge. Deshalb sprechen die Eingeweihten eine andere Sprache als Uneingeweihte, weil die ersteren die Bezeichnung der Wesen nennen, durch welche diese selbst gemacht sind. – Soweit von der Einweihung (Initiation) selbst gesprochen werden kann, soll das im nächsten Kapitel folgen.

DIE EINWEIHUNG

Die *Einweihung* ist die höchste der Stufen einer Geheimschulung, über welche in einer Schrift noch *Andeutungen* gegeben werden können, die allgemein verständlich sind. Über alles, was darüber liegt, sind Mitteilungen schwer verständlich. Aber auch dazu findet jeder den Weg, der durch die Vorbereitung, Erleuchtung und Einweihung bis zu den niederen Geheimnissen vorgedrungen ist.

Das Wissen und Können, das einem Menschen durch die Einweihung zuteil wird, könnte er ohne eine solche erst in einer sehr fernen Zukunft – nach vielen Verkörperungen – auf einem ganz anderen Wege und auch in einer ganz anderen Form erwerben. Wer heute eingeweiht wird, erfährt etwas, was er sonst viel später, unter ganz anderen Verhältnissen, erfahren würde.

Ein Mensch kann von den Geheimnissen des Daseins nur so viel wirklich erfahren, als dem Grade seiner Reife entspricht. Nur deshalb gibt es Hindernisse zu den höheren Stufen des Wissens und Könnens. Der Mensch soll ein Schießgewehr nicht früher gebrauchen, als bis er genügende Erfahrung hat, um durch den Gebrauch nicht Unheil anzurichten. – Würde heute jemand ohne weiteres eingeweiht, so würde ihm die Erfahrung fehlen, die er durch die Verkörperungen in der Zukunft noch machen wird, bis ihm die entsprechenden Geheimnisse im regelmäßigen Verlauf seiner Entwickelung zuteil werden. Deshalb müssen an der Pforte der Einweihung die Erfahrungen durch etwas anderes ersetzt sein. In einem Ersatz für künftige Erfahrungen bestehen daher die ersten Unterweisungen des Einweihungskandidaten. Es sind das die sogenannten «Proben», die er durchzumachen hat und die sich als regelmäßige Folge des Seelenlebens ergeben, wenn Übungen, wie die in den vorhergehenden Kapiteln geschilderten, richtig fortgesetzt werden.

Von diesen «Proben» wird ja auch in Büchern oft gesprochen. Aber es ist nur natürlich, daß von ihrer Natur durch solche Besprechungen in der Regel ganz falsche Vorstellungen hervorgerufen werden müssen. Denn wer nicht durch die Vorbereitung und Erleuchtung hindurchgegangen ist, hat ja nichts von diesen Proben jemals erfahren. Ein solcher kann sie auch nicht sachgemäß beschreiben.

Dem Einzuweihenden müssen sich gewisse Dinge und Tatsachen ergeben, die den höheren Welten angehören. Er kann sie aber nur sehen und hören, wenn er die geistigen Wahrnehmungen wie Figuren, Farben, Töne usw. empfinden kann, von denen bei Besprechung der «Vorbereitung» und «Erleuchtung» berichtet worden ist.

Die erste «Probe» besteht darinnen, daß er eine wahrere *Anschauung* erlangt von den leiblichen Eigenschaften der leblosen Körper, dann der Pflanzen, der Tiere und des Menschen, als sie der Durchschnittsmensch besitzt. Damit ist aber nicht das gemeint, was man heute wissenschaftliche Erkenntnis nennt. Denn nicht um Wissenschaft, sondern um *Anschauung* handelt es sich. – In der Regel ist der Vorgang so, daß der Einzuweihende erkennen lernt, wie sich die Naturdinge und Lebewesen für das geistige Ohr und geistige Auge kundgeben. In einer gewissen Weise stehen diese Dinge dann unverhüllt – nackt – vor dem Beschauer. Dem sinnlichen Auge und dem sinnlichen Ohre verbergen sich die Eigenschaften, die man da hört und sieht. Sie sind für dieses sinnliche Anschauen wie mit einem Schleier verhüllt. Daß dieser Schleier für den Einzuweihenden wegfällt, beruht auf einem Vorgang, den man als «geistigen Verbrennungsprozeß» bezeichnet. Deshalb wird diese erste Probe die *«Feuerprobe»* genannt.

Für manche Menschen ist das gewöhnliche Leben selbst schon ein mehr oder weniger unbewußter Einweihungsprozeß durch die Feuerprobe. Es sind das diejenigen, welche durch reiche Erfahrungen von solcher Art durchgehen, daß ihr Selbstvertrauen, ihr Mut und ihre Standhaftigkeit in *gesunder* Weise groß werden und daß sie Leid, Enttäuschung, Mißlingen von Unternehmungen mit Seelengröße und namentlich mit Ruhe und in ungebrochener Kraft ertragen lernen. Wer Erfahrungen in dieser Art durchgemacht hat, der ist oft schon, ohne daß er es deutlich weiß, ein Eingeweihter; und es bedarf dann nur eines wenigen, um ihm geistige Ohren und Augen zu öffnen, so daß er ein Hellsehender wird. Denn das ist festzuhalten: es handelt sich bei einer wahren «Feuerprobe» nicht darum, daß die Neugierde des Kandidaten befriedigt werde. Gewiß, er lernt außergewöhnliche Tatsachen kennen, von denen andere Menschen keine Ahnung haben. Aber dieses Kennenlernen ist nicht das Ziel, sondern nur das Mittel zum Ziel. Das Ziel aber ist, daß sich der Kandidat durch die Erkenntnis der höheren Welten größeres und wahreres Selbstvertrauen, höheren Mut und eine ganz andere Seelengröße und Ausdauer erwerbe, als sie in der Regel innerhalb der niederen Welt erlangt werden können.

Nach der «Feuerprobe» kann jeder Kandidat noch umkehren. Er wird gestärkt in physischer und seelischer Beziehung dann sein Leben fortsetzen und wohl erst in einer nächsten Verkörperung die Einweihung fortsetzen. In seiner gegenwärtigen aber wird er ein brauchbareres Glied der menschlichen Gesellschaft sein, als er vorher war. In welcher Lage er sich auch befinden mag: seine Festigkeit, seine Umsicht, sein günstiger Einfluß auf seine Mitmenschen, seine Entschlossenheit werden zugenommen haben.

Will der Kandidat nach vollbrachter Feuerprobe die Geheimschulung fortsetzen, so muß ihm nunmehr ein bestimmtes Schriftsystem enthüllt werden, wie solche in der Geheimschulung üblich sind. In diesen Schriftsystemen offenbaren sich die eigentlichen Geheimlehren. Denn dasjenige, was in den Dingen wirklich «verborgen» (okkult) ist, kann weder mit den Worten der gewöhnlichen Sprache unmittelbar ausgesprochen, noch kann es mit den gewöhnlichen Schriftsystemen aufgezeichnet werden. Diejenigen, welche von den Eingeweihten gelernt haben, *übersetzen* die Lehren der Geheimwissenschaft in die gewöhnliche Sprache, so gut das geht. Die okkulte Schrift offenbart sich der Seele, wenn diese die geistige Wahrnehmung erlangt hat. Denn diese Schrift steht in der geistigen Welt immer geschrieben. Man lernt sie nicht so, wie man eine künstliche Schrift lesen lernt. Man wächst vielmehr in sachgemäßer Weise der hellsichtigen Erkenntnis entgegen, und während dieses Wachsens entwickelt sich wie eine seelische Fähigkeit die Kraft, welche die vorhandenen Geschehnisse und Wesenheiten der geistigen Welt wie die Charaktere einer Schrift zu entziffern sich gedrängt fühlt. Es könnte sein, daß diese Kraft und mit ihr das Erleben der entsprechenden «Probe» mit der fortschreitenden Seelenentwickelung wie von selbst erwachen. Doch sicherer gelangt man zum Ziele, wenn man die Anweisungen der erfahrenen Geheimforscher befolgt, die Gewandtheit haben im Entziffern der okkulten Schrift.

Die Zeichen der Geheimschrift sind nicht willkürlich ersonnen, sondern sie entsprechen den Kräften, welche in der Welt wirksam sind. Man lernt durch diese Zeichen die Sprache der Dinge. Dem Kandidaten zeigt sich alsbald, daß die Zeichen, die er kennenlernt, den Figuren, Farben, Tönen usw. entsprechen, die er während der Vorbereitung und Erleuchtung wahrzunehmen gelernt hat. Es zeigt sich ihm, daß alles Vorhergehende nur wie ein Buchstabieren war. Jetzt erst fängt er an, in der höheren Welt zu lesen. In einem großen Zusammenhang erscheint ihm alles, was vorher nur vereinzelte Figur, Ton, Farbe war. Jetzt erst gewinnt er die rechte Sicherheit im Beobachten der höheren Welten. Vorher konnte er nie mit Bestimmtheit wissen, ob die Dinge, die er gesehen hat, auch richtig gesehen waren. Und jetzt erst kann eine geregelte Verständigung zwischen dem Kandidaten und dem Eingeweihten auf den Gebieten des höheren Wissens stattfinden. Denn wie auch das Zusammenleben eines Eingeweihten mit einem anderen Menschen im gewöhnlichen Leben gestaltet sein mag: von dem höheren Wissen *in unmittelbarer*

Gestalt kann der Eingeweihte nur in der erwähnten Zeichensprache etwas mitteilen.

Durch diese Sprache wird der Geheimschüler auch bekannt mit gewissen Verhaltungsmaßregeln für das Leben. Er lernt gewisse Pflichten kennen, von denen er vorher nichts gewußt hat. Und wenn er diese Verhaltungsmaßregeln kennengelernt hat, so kann er Dinge vollbringen, die eine Bedeutung haben, wie sie niemals die Taten eines Uneingeweihten haben können. Er handelt von den höheren Welten aus. Die Anweisungen zu solchen Handlungen können nur in der angedeuteten Schrift verstanden werden.

Es muß aber betont werden, daß es Menschen gibt, die solche Handlungen *unbewußt* auszuführen vermögen, trotzdem sie nicht eine Geheimschulung durchgemacht haben. Solche «Helfer der Welt und Menschheit» schreiten segnend und wohltuend durchs Leben. Ihnen sind durch Gründe, die hier nicht zu erörtern sind, Gaben verliehen worden, die übernatürlich erscheinen. Was sie von dem Geheimschüler unterscheidet, ist lediglich das, daß dieser mit *Bewußtsein,* mit voller Einsicht in den ganzen Zusammenhang handelt. Er erringt eben durch Schulung, was jenen von höheren Mächten zum Heile der Welt beschert worden ist. Die Gottbegnadeten kann man aufrichtig verehren; aber deswegen darf man die Arbeit der Schulung nicht für überflüssig halten.

Hat der Geheimschüler die erwähnte Zeichenschrift gelernt, dann beginnt für ihn eine weitere «Probe». Durch diese muß sich erweisen, ob er sich frei und sicher in der höheren Welt bewegen kann. Im gewöhnlichen Leben wird der Mensch durch Antriebe von außen zu seinen Handlungen bewogen. Er arbeitet dieses oder jenes, weil ihm die Verhältnisse diese oder jene Pflichten auferlegen. – Es braucht wohl kaum erwähnt zu werden, daß der Geheimschüler keine seiner Pflichten im gewöhnlichen Leben versäumen darf, *weil* er in höheren Welten lebt. *Keine* Pflicht in einer höheren Welt kann jemanden zwingen, eine einzige seiner Pflichten in der gewöhnlichen außer acht zulassen. Der Familienvater bleibt ebenso guter Familienvater, die Mutter ebenso gute Mutter, der Beamte wird von nichts abgehalten, ebensowenig der Soldat oder ein anderer, wenn sie Geheimschüler werden. Im Gegenteil: alle die Eigenschaften, die den Menschen im Leben tüchtig machen, steigern sich bei dem Geheimschüler in einem Maße, von dem sich der Uneingeweihte keinen Begriff machen kann. Und wenn das dem Uneingeweihten auch oft – nicht immer, sogar selten – nicht so erscheint, dann rührt das nur davon her, daß er den Eingeweihten nicht immer richtig zu beurteilen vermag. Was letzterer tut, ist manchmal dem anderen nicht sogleich durchsichtig. Aber auch das ist, wie gesagt, nur in besonderen Fällen zu bemerken.

Für den auf der genannten Stufe der Einweihung Angelangten gibt es nun Pflichten, zu denen kein *äußerer* Anstoß vorhanden ist. Er wird in diesen Dingen nicht durch äußere Verhältnisse, sondern nur durch jene Maßregeln veranlaßt, welche ihm in der «verborgenen» Sprache offenbar werden. Nun muß er durch die zweite «Probe» zeigen, daß er geführt von einer solchen Maßregel, ebenso sicher und fest handelt, wie etwa ein Beamter seine ihm obliegenden Pflichten vollführt. – Zu diesem Zwecke wird durch die Geheimschulung der Kandidat sich vor eine bestimmte Aufgabe gestellt fühlen. Dieser soll eine Handlung ausführen infolge von Wahrnehmungen, die er macht auf Grund dessen, was er auf der Vorbereitungs- und Erleuchtungsstufe gelernt hat. Und was er auszuführen hat, das muß er erkennen durch die gekennzeichnete Schrift, die er sich angeeignet hat. Erkennt er seine Pflicht und handelt er richtig, dann hat er die Probe bestanden. Man erkennt den Erfolg an der Veränderung, die sich mit den als Figuren, Farben und Tönen empfundenen Wahrnehmungen der Geistesohren und -augen durch die Handlung vollzieht. In den Fortschritten der Geheimschulung wird ganz genau angegeben, wie diese Figuren usw. nach der Handlung aussehen, empfunden werden. Und der Kandidat muß wissen, wie er eine solche Veränderung hervorzubringen vermag. – Man nennt diese Probe die «Wasserprobe», weil bei der Tätigkeit in diesen höheren Gebieten dem Menschen die Stütze durch die äußeren Verhältnisse so fehlt, wie beim Bewegen im Wasser, dessen Grund man nicht erreicht, die Stütze fehlt. – Der Vorgang muß so oft wiederholt werden, bis der Kandidat völlige Sicherheit hat.

Auch bei dieser Probe handelt es sich um das Erwerben einer Eigenschaft; und durch die Erfahrungen in der höheren Welt bildet der Mensch diese Eigenschaft in kurzer Zeit in einem solch hohen Grade aus, daß er im gewöhnlichen Verlaufe der Entwickelung wohl durch viele Verkörperungen hindurchgehen müßte, um ihn zu erreichen. Worauf es nämlich ankommt, ist das Folgende. Der Kandidat darf, um die angegebene Veränderung auf dem höheren Gebiet des Daseins hervorzubringen, lediglich dem folgen, was sich ihm auf Grund seiner höheren Wahrnehmung und als Folge seines Lesens der verborgenen Schrift ergibt. Würde er während seiner Handlung irgend etwas von seinen Wünschen, Meinungen usw. einmischen, folgte er nur einen Augenblick nicht den Gesetzen, die er als richtig erkannt hat, sondern seiner Willkür: dann würde etwas ganz anderes geschehen, als geschehen soll. In diesem Falle verlöre der Kandidat sofort die Richtung auf sein Ziel der Handlung, und Verwirrung träte ein. – Daher hat der Mensch durch diese Probe in reichlichstem Maße Gelegenheit, seine *Selbstbeherrschung* auszubilden. Und darauf kommt es an. – Wieder kann daher diese Probe von denen leichter bestanden werden, die vor der Einweihung durch ein Leben gegangen sind, das ihnen die Erwerbung der Selbstbeherrschung gebracht hat. Wer sich die Fähigkeit erworben hat, hohen Grundsätzen und Idealen mit Hintansetzung der persönlichen Laune und Willkür zu folgen, wer versteht, die Pflicht auch immer da zu erfüllen, wo die Neigungen und Sympathien gar zu gerne von dieser Pflicht ablenken wollen: der ist *unbewußt* schon mitten im gewöhnlichen Leben ein Eingeweihter. Und nur ein Geringes wird notwendig sein, damit er die geschilderte Probe bestehe. Ja, es muß sogar gesagt werden, daß ein gewisser schon im Leben unbewußt erlangter Grad von Einweihung in der Regel durchaus notwendig sein wird, um die zweite Probe zu bestehen. Denn wie es vielen Menschen, die in der Jugend nicht richtig schreiben gelernt haben, schwer wird, dies nachzuholen, wenn sie einmal die volle Lebensreife erlangt haben, so wird es auch schwer, den notwendigen Grad von *Selbstbeherrschung* beim Einblicke in die höheren Welten auszubilden, wenn man nicht schon vorher darinnen einen gewissen Grad im alltäglichen Leben sich angeeignet hat. Die Dinge der physischen Welt ändern sich nicht, was wir auch wünschen, begehren, was immer wir auch für Neigungen haben. In den höheren Welten aber sind unsere Wünsche, Begierden und Neigungen von *Wirkung* für die Dinge. Wollen wir da auf die Dinge in entsprechender Weise wirken, so müssen wir uns ganz in unserer Gewalt haben, müssen lediglich den richtigen Maßregeln folgen und keinerlei Willkür unterworfen sein.

Eine Eigenschaft des Menschen, die auf dieser Stufe der Einweihung ganz besonders in Betracht kommt, ist eine unbedingt gesunde und *sichere Urteilskraft*. Auf die Heranbildung einer solchen muß schon auf allen früheren Stufen gesehen werden; und auf dieser muß es sich erweisen, ob der Kandidat sie so handhabt, daß er für den wahren Erkenntnispfad geeignet ist. Er kann nur dann weiterkommen, wenn er Illusion, wesenlose Phantasiegebilde, Aberglauben und alle Art von Blendwerk von der wahren Wirklichkeit unterscheiden kann. Und auf den höheren Stufen des Daseins ist das zunächst schwieriger als auf den niederen. Da muß jedes Vorurteil, jede liebgewordene Meinung schwinden in bezug auf die Dinge, auf die es ankommt; und einzig und allein die *Wahrheit* muß Richtschnur sein. Vollkommene Bereitschaft muß vorhanden sein, einen Gedanken, eine Ansicht, eine Neigung sofort aufzugeben, wenn das logische Denken solches fordert. Gewißheit in höheren Welten ist nur zu erlangen, wenn man nie die eigene Meinung schont.

Menschen mit einer Denkungsart, die zur Phantastik, zum Aberglauben neigt, können auf dem Geheimpfade keinen Fortschritt machen. Ein kostbares Gut soll ja der Geheimjünger erringen. Alle *Zweifel* an den höheren Welten werden von ihm genommen. Diese enthüllen sich in ihren Gesetzen vor seinen Blicken. Aber er kann dieses Gut nicht erringen, solange er sich von Blendwerken und Illusionen täuschen läßt. Schlimm wäre es für ihn, wenn seine Phantasie, seine Vorurteile mit seinem Verstande durchgingen. Träumer und Phantasten sind für den Geheimpfad ebenso ungeeignet wie abergläubische Personen. Das alles kann nicht genug betont werden. Denn in Träumerei, Phantastik und Aberglauben lauern die schlimmsten Feinde auf dem Wege zu Erkenntnissen in höheren Welten. Es braucht aber auch niemand zu glauben, daß dem Geheimjünger die Poesie des Lebens, die Begeisterungsfähigkeit verlorengehe, weil über dem Tore, das zur zweiten Probe der Einweihung führt, die Worte stehen: «Alle Vorurteile müssen von dir fallen», und weil er an der Eingangspforte zur ersten Probe bereits lesen muß: «Ohne gesunden Menschenverstand sind alle deine Schritte vergebens.»

Ist der Kandidat in dieser Art weit genug vorgeschritten, so wartet die dritte «Probe» auf ihn. Bei dieser wird ihm kein Ziel fühlbar. Es ist alles in seine eigene Hand gelegt. Er befindet sich in einer Lage, wo ihn nichts zum Handeln veranlaßt. Er muß ganz allein aus sich seinen Weg finden. Dinge oder Personen, die ihn zu etwas bewegen, sind nicht da. Nichts und niemand kann ihm jetzt die Kraft geben, die er braucht, als nur er selbst. Fände er diese Kraft nicht in sich selbst, so stände er sehr bald wieder da, wo er vorher gestanden hat. Doch muß man sagen, daß nur wenige von denen, welche die vorigen Proben bestanden haben, hier diese Kraft nicht finden werden. Man bleibt entweder schon vorher zurück, oder man besteht auch hier. Alles, was nötig ist, das besteht darinnen, rasch mit sich selbst zurecht zu kommen. Denn man muß hier sein «höheres Selbst» im wahrsten Sinne des Wortes finden. Man muß sich rasch entschließen, auf die Eingebung des Geistes in allen Dingen zu hören. Zeit zu irgendwelchen Bedenken, Zweifeln usw. hat man hier nicht mehr. Jede Minute Zögerung würde nur beweisen, daß man noch nicht reif ist. Was abhält, auf den Geist zu hören, muß kühn überwunden werden. Es kommt darauf an, *Geistesgegenwart* in dieser Lage zu beweisen. Und das ist auch die Eigenschaft, auf deren vollkommene Ausbildung es auf dieser Entwickelungsstufe abgesehen ist. Alle Verlockungen zum Handeln, ja selbst zum Denken, an die ein Mensch vorher gewöhnt war, hören auf. Um nicht untätig zu bleiben, darf der Mensch *sich selbst nicht verlieren*. Denn nur in sich selbst kann er den einzigen festen Punkt finden, an den er sich zu halten vermag. Niemand, der dies hier liest, ohne weiter mit den Sachen vertraut zu sein, sollte eine Antipathie empfinden gegen dieses Zurückgewiesensein auf sich selbst. Denn es bedeutet für den Menschen die schönste Glückseligkeit, wenn er die geschilderte Probe besteht.

Und nicht weniger als in den anderen Fällen ist auch für diesen Punkt das gewöhnliche Leben für viele Menschen schon eine Geheimschule. Personen, die es dahin gebracht haben, daß sie, vor plötzlich an sie herantretende Lebensaufgaben gestellt, ohne Zögern, ohne viel Bedenken eines raschen Entschlusses fähig sind, ihnen ist das Leben eine solche Schulung. Die geeigneten Lagen sind diejenigen, wo ein erfolgreiches Handeln sofort unmöglich wird, wenn der Mensch nicht rasch eingreift. Wer rasch bei der Hand ist, zuzugreifen, wenn ein Unglück in Sicht ist, während durch einige Augenblicke Zögerung das Unglück bereits geschehen wäre, und wer eine solche rasche Entschlußfähigkeit zu einer bleibenden Eigenschaft bei sich gemacht hat, der hat unbewußt die Reife für die dritte «Probe» erworben. Denn auf die Heranbildung der unbedingten *Geistesgegenwart* kommt es bei ihr an. – Man nennt sie in den Geheimschulen die «Luftprobe», weil der Kandidat bei ihr sich weder auf den festen Boden der äußeren Veranlassungen stützen kann noch auf dasjenige, was sich aus den Farben, Formen usw. ergibt, die er durch Vorbereitung und Erleuchtung kennengelernt hat, sondern ausschließlich auf sich selbst.

Hat der Geheimjünger diese Probe bestanden, dann darf er den «Tempel der höheren Erkenntnisse» betreten. – Was darüber weiter zu sagen ist, kann nur die allerspärlichste Andeutung sein. – Was jetzt zu leisten ist wird oft so ausgedrückt, daß man sagt: der Geheimjünger habe einen «Eid» zu leisten, nichts von den Geheimlehren zu «verraten». Doch sind die Ausdrücke «Eid» und «verraten» keineswegs sachgemäß und sogar zunächst irreführend. Es handelt sich um keinen «Eid» im gewöhnlichen Sinne des Wortes. Man macht vielmehr auf dieser Stufe der Entwickelung eine *Erfahrung*. Man lernt, wie man die Geheimlehre anwendet, wie man sie in den Dienst der Menschheit stellt. Man fängt an, die Welt erst recht zu verstehen. Nicht auf das «Verschweigen» der höheren Wahrheiten kommt es da an, sondern vielmehr auf die rechte Art, den entsprechenden Takt, sie zu vertreten. Worüber man «schweigen» lernt, das ist etwas ganz anderes. Man eignet sich diese herrliche Eigenschaft nämlich in bezug auf vieles an, worüber man vorher geredet hat, namentlich auf die Art, wie man geredet hat. Ein schlechter Eingeweihter wäre der, welcher nicht die erfahrenen Geheimnisse in den Dienst der Welt stellte, sogut und soweit dies nur möglich ist. Es gibt kein anderes Hindernis für die Mitteilung auf diesem Gebiete als allein das Nichtverstehen von seiten dessen, der empfangen soll. Zum beliebigen Reden darüber eignen sich allerdings die höheren Geheimnisse nicht. Aber es ist niemandem etwas «verboten» zu sagen, der die beschriebene Stufe der Entwickelung erlangt hat. Kein anderer Mensch und kein Wesen legt ihm einen dahingehenden «Eid» auf. Alles ist in seine eigene Verantwortlichkeit gestellt. Was er lernt, ist, in jeder Lage ganz durch sich selbst zu finden, was er zu tun hat. Und der «Eid» bedeutet nichts, als daß der Mensch reif geworden ist, eine solche Verantwortung tragen zu können.

Ist der Kandidat reif geworden zu dem Beschriebenen, dann erhält er dasjenige, was man sinnbildlich als den «Vergessenheitstrunk» bezeichnet. Er wird nämlich in das Geheimnis eingeweiht, wie man wirken kann, ohne sich durch das niedere Gedächtnis fortwährend stören zu lassen. Das ist für den Eingeweihten notwendig. Denn er muß stets das volle Vertrauen in die unmittelbare Gegenwart haben. Er muß die Schleier der Erinnerung zerstören können, die sich in jedem Augenblick des Lebens um den Menschen ausbreiten. Wenn ich etwas, was mir heute begegnet, nach dem beurteile, was ich gestern erfahren habe, so bin ich vielfachen Irrtümern unterworfen. Natürlich ist damit nicht gemeint, daß man seine im Leben gewonnene Erfahrung verleugne. Man soll sich sie immer gegenwärtig halten, so gut man kann. Aber man muß als Eingeweihter die Fähigkeit haben, jedes neue Erlebnis ganz aus sich selbst zu beurteilen, es ungetrübt durch alle Vergangenheit auf sich wirken zu lassen. Ich muß in jedem Augenblicke darauf gefaßt sein, daß mir ein jegliches Ding oder Wesen eine ganz neue Offenbarung bringen kann. Beurteile ich das Neue nach dem Alten, so bin ich dem Irrtum unterworfen. Gerade dadurch wird mir die Erinnerung an alte Erfahrungen am nützlichsten, daß sie mich befähigt, Neues zu *sehen*. Hätte ich eine bestimmte Erfahrung nicht, so würde ich die Eigenschaft eines Dinges oder eines Wesens, die mir entgegentreten, vielleicht gar nicht *sehen*. Aber eben zum *Sehen* des Neuen, nicht zur Beurteilung des Neuen nach dem Alten soll die Erfahrung dienen. In dieser Beziehung erlangt der Eingeweihte ganz bestimmte Fähigkeiten. Dadurch enthüllen sich ihm viele Dinge, die dem Uneingeweihten verborgen bleiben.

Der zweite «Trank», der dem Eingeweihten verabreicht wird, ist der «Gedächtnistrank». Durch ihn erlangt er die Fähigkeit, höhere Geheimnisse stets im Geiste gegenwärtig zu haben. Dazu würde das gewöhnliche Gedächtnis nicht ausreichen. Man muß ganz eins werden mit den höheren Wahrheiten. Man muß sie nicht nur wissen, sondern ganz *selbstverständlich* in lebendigem Tun handhaben, wie man als gewöhnlicher Mensch ißt und trinkt. Übung, Gewöhnung, Neigung müssen sie werden. Man muß gar nicht über sie in gewöhnlichem Sinne nachzudenken brauchen; sie müssen sich durch den Menschen selbst darstellen, durch ihn fließen wie die Lebensfunktionen seines Organismus. So macht er sich in geistigem Sinne immer mehr zu dem, wozu ihn im physischen die Natur gemacht hat.

PRAKTISCHE GESICHTSPUNKTE

Wenn der Mensch seine Ausbildung in bezug auf Gefühle, Gedanken und Stimmungen so durchmacht, wie dies in den Kapiteln über Vorbereitung, Erleuchtung und Einweihung beschrieben worden ist, so bewirkt er in seiner Seele und in seinem Geist eine ähnliche Gliederung, wie sie die Natur in seinem physischen Leibe bewirkt hat. Vor dieser Ausbildung sind Seele und Geist ungegliederte Massen. Der Hellseher nimmt sie wahr als ineinandergreifende, spiralige Nebelwirbel, die vorzugsweise wie rötliche und rötlichbraune oder auch rötlichgelbe Farben matt glimmend empfunden werden; nach der Ausbildung beginnen sie wie die gelblichgrünen, grünlichblauen Farben geistig zu erglänzen und zeigen einen regelmäßigen Bau. Der Mensch gelangt zu solcher Regelmäßigkeit und damit zu höheren Erkenntnissen, wenn er in seine Gefühle, Gedanken und Stimmungen solche Ordnung bringt, wie sie die Natur in seine körperlichen Verrichtungen gebracht hat, so daß er sehen, hören, verdauen, atmen, sprechen usw. kann. – Mit der Seele atmen und sehen usw., mit dem Geiste hören und sprechen usw. lernt der Geheimschüler allmählich.

Es sollen hier nur noch einige *praktische* Gesichtspunkte genauer ausgeführt werden, die zur höheren Seelen- und Geisteserziehung gehören. Es sind solche, die im Grunde jeder, ohne auf andere Regeln Rücksicht zu nehmen, befolgen kann und durch die er in der Geheimwissenschaft eine Strecke weit gelangt.

Eine besondere Ausbildung muß man in der *Geduld* anstreben. Jede Regung der Ungeduld wirkt lähmend, ja ertötend auf die im Menschen schlummernden höheren Fähigkeiten. Man soll nicht verlangen, daß sich von heute auf morgen unermeßliche Einblicke in die höheren Welten eröffnen. Denn dann kommen sie in der Regel ganz gewiß nicht; Zufriedenheit mit dem Geringsten, das man erreicht, Ruhe und Gelassenheit sollen sich der Seele immer mehr bemächtigen. – Es ist ja begreiflich, daß der Lernende ungeduldig die Ergebnisse erwartet. Dennoch erlangt er nichts, solange er diese Ungeduld nicht bemeistert. Es nützt auch nichts, wenn man diese Ungeduld nur in gewöhnlichem Sinne des Wortes bekämpft. Dann wird sie nur um so stärker. Man täuscht sich dann über sie hinweg, und in den Tiefen der Seele sitzt sie nur um so stärker. Nur wenn man sich einem ganz bestimmten Gedanken immer wieder hingibt, ihn ganz sich zu eigen macht, erreicht man etwas. Dieser Gedanke ist: «Ich muß zwar alles tun zu meiner Seelen- und Geistesausbildung; aber *ich werde* ganz ruhig *warten,* bis ich von höheren Mächten für würdig befunden werde zu bestimmter Erleuchtung.» Wird dieser Gedanke im Menschen so mächtig, daß er zur Charakteranlage sich gestaltet, dann ist man auf dem rechten Wege. Schon im Äußerlichen prägt sich dann diese Charakteranlage aus. Der Blick des Auges wird ruhig, die Bewegungen sicher, die Entschlüsse bestimmt, und alles, was man Nervosität nennt, weicht allmählich von dem Menschen. Scheinbar unbedeutende, kleine Regeln kommen dabei in Betracht. Z. B. es fügt uns jemand eine Beleidigung zu. Vor unserer Geheimerziehung wenden wir unser Gefühl gegen den Beleidiger. Ärger wallt in unserem Innern auf. In dem Geheimschüler aber steigt sofort bei einer solchen Gelegenheit der Gedanke auf: «Eine solche Beleidigung ändert nichts an meinem Werte»; und er tut dann, was gegen die Beleidigung zu unternehmen ist, mit Ruhe und Gelassenheit, nicht aus dem Ärger heraus. Es kommt natürlich nicht darauf an, etwa jede Beleidigung einfach hinzunehmen, sondern darauf, daß man so ruhig und sicher in der Ahndung einer Beleidigung der eigenen Person gegenüber ist, wie man wäre, wenn die Beleidigung einem anderen zugefügt worden wäre, bei dem man das Recht hat, sie zu ahnden. – Immer muß berücksichtigt werden, daß sich die Geheimschulung nicht in groben äußeren Vorgängen, sondern in feinen, stillen Umwandlungen des Gefühls- und Gedankenlebens vollzieht.

Geduld wirkt anziehend auf die Schätze des höheren Wissens. Ungeduld wirkt auf sie abstoßend. In Hast und Unruhe kann nichts auf den höheren Gebieten des Daseins erlangt werden. Vor allen Dingen müssen *Verlangen* und *Begierde* schweigen. Das sind Eigenschaften der Seele, vor denen sich alles höhere Wissen scheu zurückzieht. So wertvoll auch alle höhere Erkenntnis ist: man darf sie nicht verlangen, wenn sie zu uns kommen soll. Wer sie haben will um seiner selbst willen, der erlangt sie nie. – Und das erfordert vor allem, daß man in tiefster Seele *wahr* gegen sich selbst sei. Man darf sich in nichts über sich selbst täuschen. Man muß seinen eigenen Fehlern, Schwächen und Untauglichkeiten mit innerer Wahrhaftigkeit ins Antlitz schauen. – In dem Augenblicke, wo du irgendeine deiner Schwächen vor dir selbst entschuldigst, hast du dir einen Stein hingelegt auf den Weg, der dich aufwärts führen soll. Solche Steine kannst du nur durch Selbstaufklärung über dich beseitigen. Es gibt nur *einen* Weg, seine Fehler und Schwächen abzulegen, und der ist: sie richtig zu erkennen. Alles schlummert in der Menschenseele und kann erweckt werden. Auch seinen Verstand und seine Vernunft kann der Mensch verbessern, wenn er sich in Ruhe und Gelassenheit darüber aufklärt, warum er in dieser Beziehung schwach ist. Solche Selbsterkenntnis ist natürlich schwierig, denn die Versuchung zur Täuschung über sich selbst ist eine unermeßlich große. Wer sich an Wahrheit gegen sich selbst gewöhnt, öffnet sich die Pforten zu höherer Einsicht.

Schwinden muß beim Geheimschüler eine jegliche Neugierde. Er muß sich soviel wie möglich das Fragen abgewöhnen über Dinge, die er nur zur Befriedigung seines persönlichen Wissensdranges wissen will. Nur das soll er fragen, was ihm zur Vervollkommnung seiner Wesenheit im Dienste der Entwickelung dienen kann. Dabei soll in ihm aber die Freude, die Hingabe an das Wissen in keiner Weise gelähmt werden. Auf alles, was zu solchem Ziele dient, soll er andächtig hinhorchen und jede Gelegenheit zu solcher Andacht aufsuchen.

Insbesondere ist zur Geheimausbildung eine Erziehung des Wunschlebens notwendig. Man soll nicht etwa wunschlos werden. Denn alles, was wir erreichen sollen, sollen wir ja auch wünschen. Und ein Wunsch wird immer in Erfüllung gehen, wenn hinter ihm eine ganz besondere Kraft steht. Diese Kraft kommt aus der richtigen *Erkenntnis*. «In keiner Art zu wünschen, bevor man das Richtige auf einem Gebiete erkannt hat», das ist eine der goldenen Regeln für den Geheimschüler. Der Weise lernt zuerst die Gesetze der Welt kennen, dann werden seine Wünsche zu Kräften, welche sich verwirklichen. – Ein Beispiel, das deutlich wirkt, soll hier angeführt werden. Gewiß wünschen viele, aus eigener Anschauung über ihr Leben vor ihrer Geburt etwas zu erfahren. Solcher Wunsch ist ganz zwecklos und ergebnislos, solange der Betreffende sich nicht die *Erkenntnis* der Gesetze durch geisteswissenschaftliches Studium angeeignet hat – und zwar in ihrem feinsten, intimsten Charakter – von dem Wesen des Ewigen. Hat er sich aber diese Erkenntnis wirklich erworben, und will er *dann* weiterkommen, so wird er es durch seinen veredelten, geläuterten Wunsch.

Es nützt auch nichts, zu sagen: Ja, ich will ja gerade mein vorhergehendes Leben übersehen und zu dem Zwecke eben lernen. Man muß vielmehr imstande sein, diesen Wunsch ganz fallenzulassen, ganz von sich auszuschalten, und zunächst ganz ohne diese Absicht lernen. Man muß die Freude, die Hingebung an dem Gelernten entwickeln ohne die genannte Absicht. Denn nur dadurch lernt man zugleich den entsprechenden Wunsch so zu haben, daß er seine Erfüllung nach sich zieht.

*

Wenn ich *zornig* bin oder mich *ärgere,* so richte ich einen Wall in der Seelenwelt um mich auf, und die Kräfte können nicht an mich herantreten, welche meine seelischen Augen entwickeln sollen. Ärgert mich z. B. ein Mensch, so schickt er einen seelischen Strom in die Seelenwelt. Ich kann diesen Strom so lange nicht sehen, als ich noch fähig bin, mich zu ärgern. Mein Ärger verdeckt ihn mir. Nun darf ich auch nicht glauben, daß ich sofort eine seelische (astralische) Erscheinung haben werde, wenn ich mich nicht mehr ärgere. Denn dazu ist notwendig, daß sich erst in mir ein seelisches Auge entwickele. Aber die Anlage zu einem solchen Auge liegt in jedem Menschen. Es bleibt unwirksam, solange der Mensch fähig ist, sich zu ärgern. Aber es ist auch noch nicht sogleich da, wenn man ein wenig das Ärgern bekämpft hat. Man muß vielmehr fortfahren in dieser Bekämpfung des Ärgers und in Geduld immer wieder fortfahren; dann wird man eines Tages bemerken, daß sich dieses seelische Auge entwickelt hat. Allerdings ist nicht der Ärger das einzige, was man zu solchem Ziele zu bekämpfen hat. Viele werden ungeduldig oder zweifelnd, weil sie jahrelang einige Eigenschaften der Seele bekämpft haben und das Hellsehen doch nicht eintritt. Sie haben dann eben einige Eigenschaften ausgebildet und andere um so mehr überwuchern lassen. Die Gabe des Hellsehens tritt erst dann ein, wenn alle Eigenschaften unterdrückt sind, welche die entsprechenden schlummernden Fähigkeiten nicht herauskommen lassen. Allerdings stellen sich Anfänge des Schauens (oder Hörens) schon früher ein; aber das sind zarte Pflänzchen, die leicht allem möglichen Irrtum unterworfen sind und die auch leicht absterben, wenn sie nicht sorgfältig weiter gehegt und gepflegt werden.

Zu den Eigenschaften, die z. B. ebenso bekämpft werden müssen wie Zorn und Ärger, gehören Furchtsamkeit, Aberglaube und Vorurteilssucht, Eitelkeit und Ehrgeiz, Neugierde und unnötige Mitteilungssucht, das Unterschiedmachen in bezug auf Menschen nach äußerlichen Rang-, Geschlechts-, Stammeskennzeichen usw. In unserer Zeit wird man recht schwer begreifen, daß die Bekämpfung solcher Eigenschaften etwas zu tun habe mit der Erhöhung der Erkenntnisfähigkeit. Aber jeder Geheimwissenschafter weiß, daß von solchen Dingen viel mehr abhängt als von der Erweiterung der Intelligenz und von dem Anstellen künstlicher Übungen. Insbesondere kann leicht ein Mißverständnis darüber entstehen, wenn manche glauben, daß man sich tollkühn machen solle, weil man furchtlos sein soll, daß man sich vor den Unterschieden der Menschen verschließen soll, weil man die Standes-, Rassen- usw. Vorurteile bekämpfen soll. Man lernt vielmehr erst richtig erkennen, wenn man nicht mehr in Vorurteilen befangen ist. Schon in gewöhnlichem Sinne ist es richtig, daß mich die Furcht vor einer Erscheinung hindert, sie klar zu beurteilen, daß mich ein Rassenvorurteil hindert, in eines Menschen Seele zu blicken. Diesen gewöhnlichen Sinn muß der Geheimschüler in großer Feinheit und Schärfe bei sich zur Entwickelung bringen.

Einen Stein in den Weg der Geheimerziehung wirft dem Menschen auch alles, was er sagt, ohne daß er es gründlich in seinem Gedanken geläutert hat. Und dabei muß etwas in Betracht kommen, was hier nur durch ein Beispiel erläutert werden kann. Wenn mir jemand z. B. etwas sagt und ich habe darauf zu erwidern, so muß ich bemüht sein, des anderen Meinung, Gefühl, ja Vorurteil mehr zu beachten, als was ich im Augenblicke selbst zu der in Rede stehenden Sache zu sagen habe. Hiermit ist eine feine Taktausbildung angedeutet, welcher sich der Geheimschüler sorgfältig zu widmen hat. Er muß sich ein Urteil darüber aneignen, wie weit es für den anderen eine Bedeutung hat, wenn er der seinigen die eigene Meinung entgegenhält. Nicht zurückhalten soll man deshalb mit seiner Meinung. Davon kann nicht im entferntesten die Rede sein. Aber man soll so genau als nur irgend möglich auf den anderen hinhören und aus dem, was man gehört hat, die Gestalt seiner eigenen Erwiderung formen. Immer wieder steigt in einem solchen Falle in dem Geheimschüler *ein* Gedanke auf; und er ist auf dem rechten Wege, wenn dieser Gedanke in ihm so lebt, daß er Charakteranlage geworden ist. Dies ist der Gedanke: «Nicht darauf kommt es an, daß ich etwas anderes meine als der andere, sondern darauf, daß der andere das Richtige aus Eigenem finden wird, wenn ich etwas dazu beitrage.» Durch solche und ähnliche Gedanken überströmt den Charakter und die Handlungsweise des Geheimschülers das Gepräge der *Milde,* die ein Hauptmittel aller Geheimschulung ist. *Härte* verscheucht um dich herum die Seelengebilde, die dein seelisches Auge erwecken sollen; *Milde* schafft dir die Hindernisse hinweg und öffnet deine Organe.

Und mit der *Milde* wird sich alsbald ein anderer Zug in der Seele ausbilden: das ruhige *Achten* auf alle Feinheiten des seelischen Lebens in der Umgebung bei völliger *Schweigsamkeit* der eigenen Seelenregungen. Und hat es ein Mensch zu diesem gebracht, dann wirken die Seelenregungen seiner Umgebung auf ihn so ein, daß die eigene Seele wächst und wachsend sich gliedert, wie die Pflanze gedeiht im Sonnenlichte. Milde und Schweigsamkeit in wahrer Geduld öffnen die Seele der Seelenwelt, den Geist dem Geisterlande. – «Verharre in Ruhe und Abgeschlossenheit, schließe die Sinne für das, was sie dir vor deiner Geheimschulung überliefert haben, bringe alle Gedanken zum Stillstand, die nach deinen vorherigen Gewohnheiten in dir auf- und abwogten, werde ganz still und schweigsam in deinem Innern und warte in Geduld, dann fangen höhere Welten an, deine Seelenaugen und Geistesohren auszubilden. Du darfst nicht erwarten, daß du sogleich siehst und hörst in der Seelen- und Geisterwelt. Denn was du tust, trägt nur bei, deine höheren Sinne auszubilden. Seelisch sehen und geistig hören aber wirst du erst, wenn du diese Sinne haben wirst. Hast du eine Weile so in Ruhe und Abgeschlossenheit verharrt, so gehe an deine gewohnten Tagesgeschäfte, indem du dir vorher noch tief den Gedanken eingeprägt: es wird mir einmal werden, was mir werden soll, wenn ich dazu reif bin. Und unterlasse es streng, etwas von den höheren Gewalten durch deine Willkür an dich zu ziehen.» Das sind Anweisungen, die jeder Geheimschüler von seinem Lehrer im Beginne des Weges erhält. Beobachtet er sie, dann vervollkommnet er sich. Beobachtet er sie nicht, dann ist alles Arbeiten vergebens. Aber sie sind nur für den schwierig, der nicht Geduld und Standhaftigkeit hat. Es gibt keine anderen Hindernisse, als diejenigen sind, die sich ein *jeder selbst* in den Weg wirft und die auch jeder vermeiden kann, wenn er wirklich will. Das muß immer wieder betont werden, weil sich viele eine ganz falsche Vorstellung bilden über die Schwierigkeiten des Geheimpfades. Es ist in gewissem Sinne leichter, die ersten Stufen dieses Pfades zu überschreiten, als ohne Geheimschulung mit den alleralltäglichsten Schwierigkeiten des Lebens fertig zu werden. – Außerdem durften hier nur solche Dinge mitgeteilt werden, die von keinerlei Art von Gefahren begleitet sind für die körperliche und seelische Gesundheit. Es gibt ja auch andere Wege, die schneller zum Ziele führen; aber mit diesen hat, was hier gemeint ist, nichts zu tun, weil sie gewisse Wirkungen auf den Menschen haben können, die ein erfahrener Geheimkundiger nicht anstrebt. Da einiges von solchen Wegen doch immer wieder in die Öffentlichkeit dringt, so muß ausdrücklich davor gewarnt werden, sie zu betreten. Aus Gründen, die nur der Eingeweihte verstehen kann, können *diese* Wege nie in ihrer wahren Gestalt öffentlich bekanntgegeben werden. Und die Bruchstücke, die dort und da erscheinen, können zu nichts Gedeihlichem, wohl aber zur Untergrabung von Gesundheit, Glück und Seelenfrieden führen. Wer sich nicht ganz dunklen Mächten anvertrauen will, von deren wahrem Wesen und Ursprung er nichts wissen kann, der vermeide es, sich auf solche Dinge einzulassen.

Es kann noch einiges gesagt werden über die Umgebung, in welcher die Übungen der Geheimschulung vorgenommen werden sollen. Denn darauf kommt einiges an. Doch liegt die Sache fast für jeden Menschen anders. Wer in einer Umgebung übt, die nur von selbstsüchtigen Interessen, z. B. von dem modernen Kampfe ums Dasein, erfüllt ist, der muß sich bewußt sein, daß diese Interessen nicht ohne Einfluß bleiben auf die Ausbildung seiner seelischen Organe. Zwar sind die inneren Gesetze dieser Organe so stark, daß dieser Einfluß nicht ein allzu schädlicher werden kann. So wenig eine Lilie durch eine noch so unangemessene Umgebung zu einer Distel werden kann, so wenig kann sich das seelische Auge zu etwas anderem bilden, als wozu es bestimmt ist, auch wenn die selbstsüchtigen Interessen der modernen Städte darauf einwirken. Aber gut ist es unter allen Umständen, wenn der Geheimschüler ab und zu den stillen Frieden und die innere Würde und Anmut der Natur zu seiner Umgebung macht. Besonders günstig liegt die Sache bei dem, der seine Geheimschulung ganz in der grünen Pflanzenwelt oder zwischen sonnigen Bergen und dem lieben Weben der Einfalt vornehmen kann. Das treibt die inneren Organe in einer Harmonie heraus, die niemals in der modernen Stadt entstehen kann. Etwas besser als der bloße Stadtmensch ist auch schon derjenige gestellt, welcher wenigstens während seiner Kindheit Tannenluft atmen, Schneegipfel schauen und das stille Treiben der Waldtiere und Insekten beobachten durfte. Keiner derjenigen aber, denen es aufgegeben ist, in der Stadt zu leben, darf es unterlassen, seinen in Bildung begriffenen Seelen- und Geistesorganen als Nahrung die inspirierten Lehren der Geistesforschung zuzuführen. Wessen Auge nicht jeden Frühling die Wälder Tag für Tag in ihrem Grün verfolgen kann, der sollte dafür seinem Herzen die erhabenen Lehren der Bhagavad-Gita, des Johannes-Evangeliums, des Thomas von Kempen und die Darstellungen der geisteswissenschaftlichen Ergebnisse zuführen. Viele Wege gibt es zum Gipfel der Einsicht; aber eine richtige Wahl ist unerläßlich. – Der Geheimkundige weiß gar manches über solche Wege zu sagen, was dem Uneingeweihten absonderlich erscheint. Es kann z. B. jemand sehr weit auf dem Geheimpfade sein. Er kann sozusagen unmittelbar vor dem Öffnen der seelischen Augen und geistigen Ohren stehen; und dann hat er das Glück, eine Fahrt über das ruhige oder vielleicht auch das wildbewegte Meer zu machen, und eine Binde löst sich von seinen Seelenaugen: plötzlich wird er sehend. – Ein anderer ist ebenfalls so weit, daß diese Binde sich nur zu lösen braucht; es geschieht durch einen starken Schicksalsschlag. Auf einen anderen Menschen hätte dieser Schlag wohl den Einfluß gehabt, daß er seine Kraft lähmte, seine Energie untergrübe; für den Geheimschüler wird er zum Anlaß der Erleuchtung. – Ein dritter harrt in Geduld aus; Jahre hindurch hat er so geharrt, ohne eine merkliche Frucht. Plötzlich in seinem ruhigen Sitzen in der stillen Kammer wird es geistig Licht um ihn, die Wände verschwinden, werden seelisch durchsichtig, und eine neue Welt breitet sich vor seinem sehend gewordenen Auge aus oder erklingt seinem hörend gewordenen Geistesohre.

DIE BEDINGUNGEN ZUR GEHEIMSCHULUNG

Die Bedingungen zum Antritt der Geheimschulung sind nicht solche, die von irgend jemand durch Willkür festgesetzt werden. Sie ergeben sich aus dem Wesen des Geheimwissens. Wie ein Mensch nicht Maler werden kann, der keinen Pinsel in die Hand nehmen will, so kann niemand eine Geheimschulung empfangen, der nicht erfüllen will, was die Geheimlehrer als notwendige Forderung angeben. Im Grunde kann der Geheimlehrer nichts geben als Ratschläge. Und in diesem Sinne ist auch alles aufzunehmen, was er sagt. Er hat die vorbereitenden Wege zum Erkennen der höheren Welten durchgemacht. Er weiß aus Erfahrung, was notwendig ist. Es hängt ganz von dem *freien Willen* des einzelnen ab, ob er die gleichen Wege wandeln will oder nicht. Wenn jemand verlangen wollte, daß ihm ein Lehrer eine Geheimschulung zukommen ließe, ohne die Bedingungen erfüllen zu wollen, so gliche eine solche Forderung eben durchaus der: lehre mich malen, aber befreie mich davon, einen Pinsel zu berühren. – Der Geheimlehrer kann auch niemals etwas bieten, wenn ihm nicht der freie Wille des Aufnehmenden entgegenkommt. Aber es muß betont werden, daß der allgemeine Wunsch nach höherem Wissen nicht genügt. Diesen Wunsch werden natürlich viele haben. Wer *nur* diesen Wunsch hat, ohne auf die *besonderen* Bedingungen der Geheimschulung eingehen zu wollen, von dem kann zunächst nichts erreicht werden. Das sollen diejenigen bedenken, die sich darüber beklagen, daß die Geheimschulung ihnen nicht leicht wird. Wer die strengen Bedingungen nicht erfüllen kann oder will, der *muß* eben *vorläufig* auf Geheimschulung verzichten. Zwar sind die Bedingungen *streng,* aber nicht *hart,* da ihre Erfüllung nicht nur eine freie Tat sein soll, sondern sogar sein muß.

Wer das nicht bedenkt, für den können die Forderungen der Geheimschulung leicht als Seelen- oder Gewissenszwang erscheinen. Denn die Schulung beruht ja auf einer Ausbildung des *inneren* Lebens; der Geheimlehrer muß also Ratschläge erteilen, die sich auf dieses innere Leben beziehen. Aber nichts kann als Zwang aufgefaßt werden, was als Ausfluß eines freien Entschlusses gefordert wird. – Wenn jemand von dem Lehrer forderte: teile mir deine Geheimnisse mit, aber lasse mich bei meinen gewohnten Empfindungen, Gefühlen und Vorstellungen, so verlangt er eben etwas ganz Unmögliches. Er will dann nichts weiter als die Neugierde, den Wissenstrieb befriedigen. Bei einer solchen Gesinnung kann aber Geheimwissen nie erlangt werden.

Es sollen nun der Reihe nach die Bedingungen für den Geheimschüler entwickelt werden. Es muß betont werden, daß bei keiner dieser Bedingungen eine *vollständige* Erfüllung verlangt wird, sondern lediglich das *Streben* nach einer solchen Erfüllung. *Ganz* erfüllen kann die Bedingungen niemand; aber sich auf den Weg zu ihrer Erfüllung begeben kann jeder. Nur auf den Willen, auf die Gesinnung, sich auf diesen Weg zu begeben, kommt es an.

Die erste Bedingung ist: man richte sein Augenmerk darauf, die körperliche und geistige *Gesundheit* zu fördern. Wie gesund ein Mensch ist, das hängt zunächst natürlich nicht von ihm ab. Danach trachten, sich nach dieser Richtung zu fördern, das kann ein jeder. Nur aus einem gesunden Menschen kann gesunde Erkenntnis kommen. Die Geheimschulung weist einen nicht gesunden Menschen nicht zurück; aber sie muß verlangen, daß der Schüler den Willen habe, gesund zu leben. – Darinnen muß der Mensch die möglichste Selbständigkeit erlangen. Die guten Ratschläge anderer, die – zumeist ungefragt – jedem zukommen, sind in der Regel ganz überflüssig. Ein jeder muß sich bestreben, selbst auf sich zu achten. – Vielmehr wird es sich in physischer Beziehung darum handeln, schädliche Einflüsse abzuhalten, als um anderes. Um unsere Pflichten zu erfüllen, müssen wir uns ja oft Dinge auferlegen, die unserer Gesundheit nicht förderlich sind. Der Mensch muß verstehen, im rechten Falle die Pflicht höher zu stellen als die

Sorge um die Gesundheit. Aber was kann nicht alles unterlassen werden bei einigem guten Willen! Die Pflicht muß in vielen Fällen höher stehen als die Gesundheit, ja oft höher als das Leben; der *Genuß darf* es bei dem Geheimschüler *nie*. Bei ihm kann der Genuß nur ein *Mittel* für Gesundheit und Leben sein. Und es ist in dieser Richtung durchaus notwendig, daß man ganz ehrlich und wahrhaftig gegen sich selbst sei. Nichts nützt es, ein asketisches Leben zu führen, wenn dieses aus ähnlichen Beweggründen entspringt wie andere Genüsse. Es kann jemand an dem Asketismus ein Wohlgefallen haben wie ein anderer am Weintrinken. Er kann aber nicht hoffen, daß ihm dieser Asketismus etwas zu höherer Erkenntnis nütze. – Viele schieben alles, was sie scheinbar hindert, sich nach dieser Richtung zu fördern, auf ihre Lebenslage. Sie sagen: «Bei meinen Lebensverhältnissen kann ich mich nicht entwickeln.» Es mag für viele in anderer Beziehung wünschenswert sein, ihre Lebenslage zu ändern; zum Zwecke der Geheimschulung braucht dies kein Mensch zu tun. Zu diesem Ziele braucht man nur gerade in der Lage, in der man ist, so viel für seine leibliche und seelische Gesundheit zu tun, als möglich ist. Eine jegliche Arbeit kann dem Ganzen der Menschheit dienen; und es ist viel größer von der Menschenseele, sich klarzumachen, wie notwendig eine kleinliche, vielleicht häßliche Arbeit für dieses Ganze ist, als zu glauben: «Diese Arbeit ist für mich zu schlecht, ich bin zu anderem berufen.» – Besonders wichtig für den Geheimschüler ist das Streben nach völliger geistiger Gesundheit. Ungesundes Gemüts- und Denkleben bringt auf alle Fälle von den Wegen zu höheren Erkenntnissen ab. Klares, ruhiges Denken, sicheres Empfinden und Fühlen sind hier die Grundlage. Nichts soll ja dem Geheimschüler ferner liegen als die Neigung zum Phantastischen, zum aufgeregten Wesen, zur Nervosität, zur Exaltation, zum Fanatismus. Einen gesunden Blick für alle Verhältnisse des Lebens soll er sich aneignen; sicher soll er sich im Leben zurechtfinden; ruhig soll er die Dinge zu sich sprechen und auf sich wirken lassen. Er soll sich bemühen, überall, wo es nötig ist, dem Leben gerecht zu werden. Alles Überspannte, Einseitige soll in seinem Urteilen und Empfinden vermieden werden. Würde diese Bedingung nicht erfüllt, so käme der Geheimschüler statt in höhere Welten in diejenige seiner eigenen Einbildungskraft; statt der Wahrheit machten sich Lieblingsmeinungen bei ihm geltend. Besser ist es für den Geheimschüler, «nüchtern» zu sein als exaltiert und phantastisch.

Die zweite Bedingung ist, sich als *ein Glied* des ganzen Lebens zu fühlen. In der Erfüllung dieser Bedingung ist viel eingeschlossen. Aber ein jeder kann sie nur auf seine eigene Art erfüllen. Bin ich Erzieher und mein Zögling entspricht nicht dem, was ich wünsche, so soll ich mein Gefühl zunächst nicht gegen den Zögling richten, sondern gegen mich selbst. Ich soll mich so weit als eins mit meinem Zögling fühlen, daß ich mich frage: «Ist das, was beim Zögling nicht genügt, nicht die Folge meiner eigenen Tat?» Statt mein Gefühl gegen ihn zu richten, werde ich dann vielmehr darüber nachdenken, wie ich mich selbst verhalten soll, damit in Zukunft der Zögling meinen Forderungen besser entsprechen könne. Aus solcher Gesinnungsart heraus ändert sich allmählich die ganze Denkungsart des Menschen. Das gilt für das Kleinste wie für das Größte. Ich sehe aus solcher Gesinnung heraus z. B. einen Verbrecher anders an als ohne dieselbe. Ich halte zurück mit meinem Urteile und sage mir: «Ich bin nur ein Mensch wie dieser. Die Erziehung, die durch die Verhältnisse mir geworden ist, hat mich *vielleicht* allein vor seinem Schicksale bewahrt.» Ich komme dann wohl auch zu dem Gedanken, daß dieser Menschenbruder ein anderer geworden wäre, wenn die Lehrer, die ihre Mühe auf mich verwendet haben, sie hätten ihm angedeihen lassen. Ich werde bedenken, daß mir etwas zuteil geworden ist, was ihm entzogen war, daß ich mein Gutes gerade dem Umstand verdanke, daß es ihm entzogen worden ist. Und dann wird mir die Vorstellung auch nicht mehr ferne liegen, daß ich nur ein Glied in der ganzen Menschheit bin und *mitverantwortlich* für alles, was geschieht. Es soll hier nicht gesagt werden, daß ein solcher Gedanke sich sofort in äußere agitatorische Taten umsetzen soll. Aber still in der Seele soll er gepflegt werden. Dann wird er sich ganz allmählich in dem äußeren Verhalten eines Menschen ausprägen. Und in solchen Dingen kann doch jeder nur bei sich selbst zu reformieren anfangen. Nichts fruchtet es, im Sinne solcher Gedanken allgemeine Forderungen an die Menschheit zu stellen. Wie die Menschen sein sollen: darüber ist leicht ein Urteil gebildet; der Geheimschüler aber arbeitet in der Tiefe, nicht an der Oberfläche. Es wäre daher ganz unrichtig, wenn man die hier angedeutete Forderung der Geheimlehrer mit irgendeiner äußerlichen, etwa gar einer politischen Forderung in Verbindung brächte, mit der die Geistesschulung nichts zu tun haben kann. Politische Agitatoren «wissen» in der Regel, was von anderen Menschen zu «fordern» ist; von Forderungen an sich selbst ist bei ihnen weniger die Rede.

Und damit hängt die dritte Bedingung für die Geheimschulung unmittelbar zusammen. Der Zögling muß sich zu der Anschauung emporringen können, daß seine Gedanken und Gefühle ebenso Bedeutung für die Welt haben wie seine Handlungen. Es muß erkannt werden, daß es ebenso verderblich ist, wenn ich meinen Mitmenschen hasse, wie wenn ich ihn schlage. Dann komme ich auch zu der Erkenntnis, daß ich nicht nur für mich etwas tue, wenn ich mich selbst vervollkommne, sondern auch für die Welt. Aus meinen reinen Gefühlen und Gedanken zieht die Welt ebensolchen Nutzen wie aus meinem Wohlverhalten. Solange ich nicht glauben kann an diese Weltbedeutung meines Innern, so lange tauge ich nicht zum Geheimschüler. Erst dann bin ich von dem rechten Glauben an die Bedeutung meines Inneren, meiner Seele erfüllt, wenn ich an diesem Seelischen in der Art arbeite, als wenn es zum mindesten ebenso wirklich wäre wie alles Äußere. Ich muß zugeben, daß mein Gefühl ebenso eine Wirkung hat wie eine Verrichtung meiner Hand.

Damit ist eigentlich schon die vierte Bedingung ausgesprochen: die Aneignung der Ansicht, daß des Menschen eigentliche Wesenheit nicht im Äußerlichen, sondern im Inneren liegt. Wer sich nur als ein Produkt der Außenwelt ansieht, als ein Ergebnis der physischen Welt, kann es in der Geheimschulung zu nichts bringen. Sich als seelisch-geistiges Wesen fühlen ist eine Grundlage für solche Schulung. Wer zu solchem Gefühle vordringt, der ist dann geeignet zu unterscheiden zwischen innerer Verpflichtung und dem äußeren Erfolge. Er lernt erkennen, daß das eine nicht unmittelbar an dem anderen gemessen werden kann. Der Geheimschüler muß die rechte Mitte finden zwischen dem, was die äußeren Bedingungen vorschreiben, und dem, was er als das Richtige für sein Verhalten erkennt. Er soll nicht seiner Umgebung etwas aufdrängen, wofür diese kein Verständnis haben kann; aber er soll auch ganz frei sein von der Sucht, nur das zu tun, was von dieser Umgebung anerkannt werden kann. Die Anerkennung für seine Wahrheiten muß er einzig und allein in der Stimme seiner ehrlichen, nach Erkenntnis ringenden Seele suchen. Aber *lernen* soll er von seiner Umgebung, soviel er nur irgend kann, um herauszufinden, was ihr frommt und nützlich ist. So wird er in sich selbst das entwickeln, was man in der Geheimwissenschaft die «geistige Waage» nennt. Auf einer ihrer Waageschalen liegt ein «offenes Herz» für die Bedürfnisse der Außenwelt, auf der anderen «innere Festigkeit und unerschütterliche Ausdauer».

Und damit ist auf die fünfte Bedingung gedeutet: die Standhaftigkeit in der Befolgung eines einmal gefaßten Entschlusses. Nichts darf den Geheimschüler dazu bringen, von einem gefaßten Entschluß abzukommen, als lediglich die Einsicht, daß er im Irrtume befangen ist. Jeder Entschluß ist eine Kraft, und wenn diese Kraft auch nicht einen unmittelbaren Erfolg da hat, wohin sie zunächst gewandt ist, sie wirkt in ihrer Weise. Der Erfolg ist nur entscheidend, wenn man eine Handlung aus Begierde vollbringt. Aber alle Handlungen, die aus Begierde vollbracht werden, sind wertlos gegenüber der höheren Welt. Hier entscheidet allein die *Liebe* zu einer Handlung. In dieser *Liebe* soll sich ausleben alles, was den Geheimschüler zu einer Handlung treibt. Dann wird er auch nicht erlahmen, einen Entschluß immer wieder in Tat umzusetzen, wie oft er ihm auch mißlungen sein mag. Und so kommt er dazu, nicht erst die *äußeren* Wirkungen seiner Taten abzuwarten, sondern sich an den Handlungen selbst zu befriedigen. Er wird lernen, seine Taten, ja sein ganzes Wesen der Welt zu opfern, wie auch immer diese sein Opfer aufnehmen mag. Zu solchem Opferdienst muß sich bereit erklären, wer Geheimschüler werden will.

Eine sechste Bedingung ist die Entwickelung des Gefühles der *Dankbarkeit* gegenüber allem, was dem Menschen zukommt. Man muß wissen, daß das eigene Dasein ein Geschenk des ganzen Weltalls ist. Was ist alles notwendig, damit jeder von uns sein Dasein empfangen und fristen kann! Was verdanken wir der Natur und anderen Menschen! Zu solchen Gedanken müssen diejenigen geneigt sein, die Geheimschulung wollen. Wer sich ihnen nicht hingeben kann, der vermag nicht in sich jene *Allliebe* zu entwikkeln, die notwendig ist, um zu höherer Erkenntnis zu kommen. Etwas, das ich nicht liebe, kann sich mir nicht offenbaren. Und eine jede Offenbarung muß mich mit Dank erfüllen, denn ich werde durch sie reicher.

Alle die genannten Bedingungen müssen sich in einer siebenten vereinigen: das Leben unablässig in dem Sinne aufzufassen, wie es diese Bedingungen fordern. Dadurch schafft sich der Zögling die Möglichkeit, seinem Leben ein einheitliches Gepräge zu geben. Seine einzelnen Lebensäußerungen werden miteinander im Einklang, nicht im Widerspruche stehen. Er wird zu der Ruhe vorbereitet sein, zu welcher er kommen muß während der ersten Schritte in der Geheimschulung.

Hat jemand den ernsten und ehrlichen Willen, die angegebenen Bedingungen zu erfüllen, dann mag er sich zur Geistesschulung entschließen. Er wird sich dann bereitfinden, die angeführten Ratschläge zu befolgen. Es mag gar manchem vieles an diesen Ratschlägen wie etwas Äußerliches erscheinen. Ein solcher wird vielleicht sagen, er hätte erwartet, daß die Schulung in weniger strengen *Formen* verlaufen sollte. Aber alles Innere muß sich in einem Äußeren ausleben. Und ebensowenig, wie ein Bild schon da ist, wenn es bloß im Kopf des Malers existiert, ebensowenig kann eine Geheimschulung ohne äußeren Ausdruck sein. Nur diejenigen achten die strengen Formen gering, welche nicht wissen, daß im Äußeren das Innere zum Ausdruck kommen muß. Es ist wahr, daß es auf den *Geist* einer Sache ankommt und nicht auf die Form. Aber so wie die Form ohne den Geist nichtig ist, so wäre der Geist tatenlos, wenn er sich nicht eine Form erschüfe.

Die gestellten Bedingungen sind geeignet, den Geheimschüler stark genug zu machen, um auch die weiteren Forderungen zu erfüllen, welche die Geistesschulung an ihn stellen muß. Fehlen ihm diese Bedingungen, dann wird er vor jeder neuen Anforderung mit Bedenken stehen. Er wird ohne sie das Vertrauen nicht zu den Menschen haben können, das für ihn notwendig ist. Und auf Vertrauen und wahre Menschenliebe muß alles Wahrheitsstreben gebaut sein. Es muß darauf *gebaut* sein, obgleich es *nicht* daraus entspringen, sondern nur aus der eigenen Seelenkraft quellen kann. Und die Menschenliebe muß sich allmählich erweitern zur Liebe zu allen Wesen, ja zu allem Dasein. Wer die genannten Bedingungen nicht erfüllt, wird auch nicht die volle Liebe zu allem Aufbauen, zu allem Schaffen haben, und die Neigung, alle Zerstörung, alles Vernichten als solche zu unterlassen. Der Geheimschüler muß so werden, daß er nie etwas vernichtet um des Vernichtens willen, nicht in Handlungen, aber auch nicht in Worten, Gefühlen und Gedanken. Für ihn soll es Freude am Entstehen, am Werden geben; und nur dann darf er die Hand bieten zu einer Vernichtung, wenn er auch imstande ist, aus und durch die Vernichtung neues Leben zu fördern. Damit ist nicht gemeint, daß der Geheimschüler zusehen darf, wie das Schlechte überwuchert; aber er soll sogar am

Schlechten diejenigen Seiten suchen, durch die er es in ein Gutes wandeln kann. Er wird sich immer klarer darüber, daß die richtigste Bekämpfung des Schlechten und Unvollkommenen das Schaffen des Guten und Vollkommenen ist. Der Geheimschüler weiß, daß aus dem Nichts nicht etwas geschaffen werden kann, daß aber das Unvollkommene in ein Vollkommenes umgewandelt werden kann. Wer in sich die Neigung zum Schaffen entwickelt, der findet auch bald die Fähigkeit, sich dem Schlechten gegenüber richtig zu verhalten.

Wer in eine Geheimschulung sich einläßt, muß sich klarmachen, daß durch sie gebaut und nicht zerstört werden soll. Er soll daher den Willen zur ehrlichen, hingebungsvollen Arbeit, nicht zur Kritik und zum Zerstören mitbringen. Er soll der *Andacht* fähig sein, denn man soll lernen, was man noch nicht weiß. Man soll andächtig zu dem blicken, was sich erschließt. Arbeit und Andacht: das sind Grundgefühle, die von dem Geheimschüler gefordert werden müssen. Mancher wird erfahren müssen, daß er in der Schulung nicht vorwärtskommt, trotzdem er, nach seiner Ansicht, rastlos tätig ist. Es kommt davon her, daß er die Arbeit und Andacht nicht im rechten Sinne erfaßt hat. Diejenige Arbeit wird den geringsten Erfolg haben, die um dieses Erfolges willen unternommen wird, und dasjenige Lernen wird am wenigsten vorwärtsbringen, das ohne Andacht verläuft. Die *Liebe* zur Arbeit, nicht zum Erfolg, bringt allein vorwärts. Und wenn der Lernende gesundes Denken und sicheres Urteilen sucht, so braucht er sich nicht durch Zweifel und Mißtrauen die Andacht zu verkümmern.

Man braucht nicht zu sklavischer Abhängigkeit im Urteilen zu kommen, wenn man einer Mitteilung, die man empfängt, nicht zuerst die eigene Meinung, sondern eine ruhige Andacht und Hingabe entgegenbringt. Diejenigen, welche in der Erkenntnis einiges erlangt haben, wissen, daß sie nicht dem eigensinnigen persönlichen Urteile, sondern dem ruhigen Hinhorchen und Verarbeiten alles verdanken. – Man soll stets im Auge behalten, daß man das nicht mehr zu lernen braucht, was man schon beurteilen kann. Will man also *nur* urteilen, so kann man überhaupt nicht mehr lernen. In der Geheimschulung kommt es aber auf das Lernen an. Man soll da ganz und gar den Willen haben, ein Lernender zu sein. Kann man etwas nicht verstehen, dann urteile man lieber gar nicht, als daß man verurteile. Man lasse sich dann das Verständnis für eine spätere Zeit. – Je höher man die Stufen der Erkenntnis hinansteigt, desto mehr hat man dieses ruhige, andächtige Hinhorchen nötig. Alles Erkennen der Wahrheit, alles Leben und Handeln in der Welt des Geistes wird auf höheren Gebieten subtil, zart im Vergleich mit den Verrichtungen des gewöhnlichen Verstandes und des Lebens in der physischen Welt. Je mehr sich die Kreise des Menschen erweitern, desto feiner werden die Verrichtungen, die er vorzunehmen hat. – Weil dies so ist, deshalb kommen die Menschen in bezug auf höhere Gebiete zu so verschiedenen «Ansichten» und «Standpunkten». Allein, es gibt auch über höhere Wahrheiten in Wirklichkeit nur *eine* Meinung. Man kann zu dieser *einen* Meinung kommen, wenn man sich durch Arbeit und Andacht dazu erhoben hat, die Wahrheit wirklich zu schauen. Nur derjenige kann zu einer Ansicht kommen, die von der einen wahren abweicht, der, nicht genügend vorbereitet, nach seinen Lieblingsvorstellungen, seinen gewohnten Gedanken usw. urteilt. Wie es nur eine Ansicht über einen mathematischen Lehrsatz gibt, so auch über die Dinge der höheren Welten. Aber man muß sich erst vorbereiten, um zu einer solchen «Ansicht» kommen zu können. Wenn man das bedenken wollte, so würden für niemand die Bedingungen der Geheimlehrer etwas Überraschendes haben. Es ist durchaus richtig, daß die Wahrheit und das höhere Leben in jeder Menschenseele wohnen und daß sie ein *jeder selbst* finden kann und muß. Aber sie liegen tief und können nur nach Hinwegräumung von Hindernissen aus ihren tiefen Schächten herauf geholt werden. Wie man das vollbringt, darüber kann nur raten, wer Erfahrung in der Geheimwissenschaft hat. Solchen Rat gibt die Geisteswissenschaft. Sie drängt niemand eine Wahrheit auf, sie verkündet kein Dogma; sie zeigt aber einen Weg. Zwar könnte jeder – vielleicht aber erst nach vielen Verkörperungen – diesen Weg auch allein finden; doch ist es eine Verkürzung des Weges, was in der Geheimschulung erreicht wird. Der Mensch gelangt, dadurch früher zu einem Punkte, auf dem er mitwirken kann in den Welten, wo das Menschenheil und die Menschenentwickelung durch geistige Arbeit gefördert werden.

Damit sind die Dinge angedeutet, welche zunächst über die Erlangung höherer Welterfahrung mitgeteilt werden sollen. Im nächsten Kapitel sollen diese Ausführungen dadurch fortgesetzt werden, daß gezeigt wird, was in den höheren Gliedern der Menschennatur (im Seelenorganismus oder Astralleib und im Geiste oder Gedankenleib) vorgeht während dieser Entwickelung. Dadurch werden diese Mitteilungen in eine neue Beleuchtung gerückt, und es wird in einem tieferen Sinne in sie eingedrungen werden können.

ÜBER EINIGE WIRKUNGEN DER EINWEIHUNG

Es gehört zu den Grundsätzen wahrer Geheimwissenschaft, daß derjenige, welcher sich ihr widmet, dies mit vollem Bewußtsein tue. Er soll nichts vornehmen, nicht üben, wovon er nicht weiß, was es für eine Wirkung hat. Ein Geheimlehrer, der jemand einen Rat oder eine Anweisung gibt, wird immer zugleich sagen, was durch die Befolgung in Leib, Seele oder Geist desjenigen eintritt, der nach höherer Erkenntnis strebt.

Hier sollen nun einige Wirkungen auf die Seele des Geheimschülers angegeben werden. Erst wer solche Dinge kennt, wie sie hier mitgeteilt werden, kann in vollem Bewußtsein die Übungen vornehmen, welche zur Erkenntnis übersinnlicher Welten führen. Und nur ein solcher ist ein echter Geheimschüler. Alles Tappen im dunkeln ist bei wirklicher Geheimschulung streng verpönt. Wer nicht mit offenen Augen seine Schulung vollziehen will, mag Medium werden; zum Hellseher im Sinne der Geheimwissenschaft kann er es nicht bringen.

Bei dem, welcher in diesem Sinne die in den vorhergehenden Abschnitten (über Erwerbung übersinnlicher Erkenntnisse) beschriebenen Übungen macht, gehen zunächst gewisse Veränderungen im sogenannten Seelenorganismus vor sich. Dieser ist nur für den Hellseher wahrnehmbar. Man kann ihn mit einer mehr oder weniger geistig-seelisch leuchtenden Wolke vergleichen, in deren Mitte der physische Körper des Menschen sich befindet.*
In diesem Organismus werden die Triebe, Begierden, Leidenschaften, Vorstellungen usw. geistig sichtbar. Sinnliche Begierde z. B. empfindet man darinnen wie dunkelrötliche Ausstrahlungen von bestimmter Form. Ein reiner, edler Gedanke findet seinen Ausdruck wie in einer rötlichvioletten Ausstrahlung. Der scharfe

---

* Eine Beschreibung findet man in des Verfassers «Theosophie».

Begriff, den der logische Denker faßt, fühlt sich wie eine gelbliche Figur mit ganz bestimmten Umrissen. Der verworrene Gedanke des unklaren Kopfes tritt als Figur mit unbestimmten Umrissen auf. Die Gedanken der Menschen mit einseitigen, verbohrten Ansichten erscheinen in ihren Umrissen scharf, unbeweglich, diejenigen solcher Persönlichkeiten, welche zugänglich für die Ansichten anderer sind, sieht man in beweglichen, sich wandelnden Umrissen usw. usw.*

Je weiter nun der Mensch in seiner Seelenentwickelung fortschreitet, desto regelmäßiger gegliedert wird sein Seelenorganismus. Beim Menschen mit einem unentwickelten Seelenleben ist er verworren, ungegliedert. Aber auch in einem solchen ungegliederten Seelenorganismus kann der Hellseher ein Gebilde wahrnehmen, das sich deutlich von der Umgebung abhebt. Es verläuft vom Innern des Kopfes bis zur Mitte des physischen Körpers. Es nimmt sich aus wie eine Art selbständiger Leib, welcher gewisse Organe hat. Diejenigen Organe, die hier zunächst besprochen werden sollen, werden in der Nähe folgender physischer Körperteile geistig wahrgenommen: das erste zwischen den Augen, das zweite in der Nähe des Kehlkopfes, das dritte in der Gegend des Herzens, das vierte liegt in der Nachbarschaft der sogenannten Magengrube, das fünfte und sechste haben ihren Sitz im Unterleibe. Diese Gebilde werden von den Geheimkundigen «Räder» (Chakrams) oder auch «Lotusblumen» genannt. Sie heißen so wegen der Ähnlichkeit mit Rädern oder Blumen; doch muß man sich natürlich klar darüber sein, daß ein solcher Ausdruck nicht viel zutreffender ist, als wenn

---

* Man muß bei allen folgenden Schilderungen darauf achten, daß z. B. beim «Sehen» einer Farbe *geistiges Sehen* (Schauen) gemeint ist. Wenn die hellsichtige Erkenntnis davon spricht: «ich sehe rot», so bedeutet dies: «ich habe im Seelisch-Geistigen ein Erlebnis, welches gleichkommt dem physischen Erlebnis beim Eindruck der roten Farbe.» Nur weil es der hellsichtigen Erkenntnis in einem solchen Falle ganz naturgemäß ist, zu sagen: «ich sehe rot», wird dieser Ausdruck angewandt. Wer dies nicht bedenkt, kann leicht eine Farbenvision mit einem wahrhaft hellsichtigen Erlebnis verwechseln.

man die beiden Lungenteile «Lungenflügel» nennt. Wie man sich hier klar ist, daß man es nicht mit «Flügeln» zu tun hat, so muß man auch dort nur an eine vergleichsweise Bezeichnung denken. Diese «Lotusblumen» sind nun beim unentwickelten Menschen von dunklen Farben und ruhig, unbewegt. Beim Hellseher aber sind sie in Bewegung und von leuchtenden Farbenschattierungen. Auch beim Medium ist etwas Ähnliches der Fall, doch in anderer Art. Darauf soll hier nicht näher eingegangen werden. – Wenn nun ein Geheimschüler mit seinen Übungen beginnt, so ist das erste, daß sich die Lotusblumen aufhellen; später beginnen sie sich zu drehen. Wenn dies letztere eintritt, so beginnt die Fähigkeit des Hellsehens. Denn diese «Blumen» sind die Sinnesorgane der Seele.* Und ihre Drehung ist der Ausdruck dafür, daß im Übersinnlichen wahrgenommen wird. Niemand kann etwas Übersinnliches schauen, bevor sich seine astralen Sinne in dieser Art ausgebildet haben.

Das geistige Sinnesorgan, welches sich in der Nähe des Kehlkopfes befindet, macht es möglich, hellseherisch die *Gedankenart* eines anderen Seelenwesens zu durchschauen, es gestattet auch einen tieferen Einblick in die wahren Gesetze der Naturerscheinungen. – Das Organ in der Nachbarschaft des Herzens eröffnet eine hellseherische Erkenntnis der *Gesinnungsart* anderer Seelen. Wer es ausgebildet hat, kann auch bestimmte tiefere Kräfte bei Tieren und Pflanzen erkennen. Durch den Sinn in der Nähe der sogenannten Magengrube erlangt man Kenntnis von den *Fähigkeiten* und *Talenten* der Seelen; man kann durchschauen, welche Rolle Tiere, Pflanzen, Steine, Metalle, atmosphärische Erscheinungen usw. im Haushalte der Natur spielen.

Das Organ in der Nähe des Kehlkopfes hat sechzehn «Blumenblätter» oder «Radspeichen», das in der Nähe des Herzens deren zwölf, das in der Nachbarschaft der Magengrube liegende deren zehn.

---

* Auch in bezug auf diese Wahrnehmungen des «Drehens», ja der «Lotusblumen» selbst, gilt, was in der vorigen Anmerkung über das «Sehen der Farben» gesagt worden ist.

Nun hängen gewisse seelische Verrichtungen mit der Ausbildung dieser Sinnesorgane zusammen. Und wer diese Verrichtungen in einer ganz bestimmten Weise ausübt, der trägt etwas bei zur Ausbildung der betreffenden geistigen Sinnesorgane. Von der «sechzehnblätterigen Lotusblume» sind acht Blätter auf einer früheren Entwickelungsstufe des Menschen in urferner Vergangenheit bereits ausgebildet gewesen. Zu *dieser* Ausbildung hat der Mensch selbst nichts beigetragen. Er hat sie als eine Naturgabe erhalten, als er noch in einem Zustande traumhaften, dumpfen Bewußtseins war. Auf der damaligen Stufe der Menschheitsentwickelung waren sie auch in Tätigkeit. Jedoch vertrug sich diese Art von Tätigkeit eben nur mit jenem dumpfen Bewußtseinszustande. Als dann das Bewußtsein sich aufhellte, verfinsterten sich die Blätter und stellten ihre Tätigkeit ein. Die anderen acht kann der Mensch selbst durch bewußte Übungen ausbilden. Dadurch wird die ganze Lotusblume leuchtend und beweglich. Von der Entwickelung eines jeden der sechzehn Blätter hängt die Erwerbung gewisser Fähigkeiten ab. Doch, wie bereits angedeutet, kann der Mensch nur acht davon bewußt entwickeln; die anderen acht erscheinen dann von selbst.

Die Entwickelung geht in folgender Art vor sich. Der Mensch muß auf gewisse Seelenvorgänge Aufmerksamkeit und Sorgfalt verwenden, die er gewöhnlich sorglos und unaufmerksam ausführt. Es gibt acht solche Vorgänge. Der erste ist die Art und Weise, wie man sich Vorstellungen aneignet. Gewöhnlich überläßt sich in dieser Beziehung der Mensch ganz dem Zufall. Er hört dies und das, sieht das eine und das andere und bildet sich danach seine Begriffe. Solange er so verfährt, bleibt seine sechzehnblätterige Lotusblume ganz unwirksam. Erst wenn er seine Selbsterziehung nach dieser Richtung in die Hand nimmt, beginnt sie wirksam zu werden. Er muß zu diesem Zwecke auf seine Vorstellungen achten. Eine jede Vorstellung soll für ihn Bedeutung gewinnen. Er soll in ihr eine bestimmte Botschaft, eine Kunde über Dinge der Außenwelt sehen. Und er soll nicht befriedigt sein von Vorstellungen, die nicht eine solche Bedeutung haben. Er soll sein ganzes Begriffsleben so lenken, daß es ein treuer Spiegel der Außenwelt wird. Sein Streben soll dahin gehen, unrichtige Vorstellungen aus seiner Seele zu entfernen. – Der zweite Seelenvorgang betrifft in einer ähnlichen Richtung die Entschlüsse des Menschen. Er soll nur aus gegründeter, voller Überlegung selbst zu dem Unbedeutendsten sich entschließen. Alles gedankenlose Handeln, alles bedeutungslose Tun soll er von seiner Seele fernhalten. Zu allem soll er wohlerwogene Gründe haben. Und er soll unterlassen, wozu kein bedeutsamer Grund drängt. – Der dritte Vorgang bezieht sich auf das Reden. Nur was Sinn und Bedeutung hat, soll von den Lippen des Geheimschülers kommen. Alles Reden um des Redens willen bringt ihn von seinem Wege ab. Die gewöhnliche Art der Unterhaltung, wo wahllos und bunt alles durcheinander geredet wird, soll der Geheimschüler meiden. Dabei aber soll er sich nicht etwa ausschließen von dem Verkehr mit seinen Mitmenschen. Gerade im Verkehr soll sein Reden sich zur Bedeutsamkeit entwickeln. Er steht jedem Rede und Antwort, aber er tut es gedankenvoll, nach jeder Richtung überlegt. Niemals redet er unbegründet. Er versucht nicht zuviel und nicht zuwenig Worte zu machen. – Der vierte Seelenvorgang ist die Regelung des *äußeren* Handelns. Der Geheimschüler versucht sein Handeln so einzurichten, daß es zu den Handlungen seiner Mitmenschen und zu den Vorgängen seiner Umgebung stimmt. Er unterläßt Handlungen, welche für andere störend sind oder die im Widerspruche stehen mit dem, was um ihn herum vorgeht. Er sucht sein Tun so einzurichten, daß es sich harmonisch eingliedert in seine Umgebung, in seine Lebenslage usw. Wo er durch etwas anderes veranlaßt wird zu handeln, da beobachtet er sorgfältig, wie er der Veranlassung am besten entsprechen könne. Wo er aus sich heraus handelt, da erwägt er die Wirkungen seiner Handlungsweise auf das deutlichste. – Das fünfte, was hier in Betracht kommt, liegt in der Einrichtung des ganzen Lebens. Der Geheimschüler versucht natur- und geistgemäß zu leben. Er überhastet nichts und ist nicht träge. Übergeschäftigkeit und Lässigkeit liegen ihm gleich ferne. Er sieht das Leben als ein Mittel der Arbeit an und richtet sich dementsprechend ein. Gesundheitspflege, Gewohnheiten usw. richtet er für sich so ein, daß ein harmonisches Leben die Folge ist. – Das sechste betrifft das menschliche Streben. Der Geheimschüler prüft seine Fähigkeiten, sein Können und verhält sich im Sinne solcher Selbstkenntnis. Er versucht nichts zu tun, was außerhalb seiner Kräfte liegt; aber auch nichts zu unterlassen, was innerhalb derselben sich befindet. Anderseits stellt er sich Ziele, die mit den Idealen, mit den großen Pflichten eines Menschen zusammenhängen. Er fügt sich nicht bloß gedankenlos als ein Rad ein in das Menschentriebwerk, sondern er sucht seine Aufgaben zu begreifen, über das Alltägliche hinauszublicken. Er strebt danach, seine Obliegenheiten immer besser und vollkommener zu machen. – Das siebente in seinem Seelenleben betrifft das Streben, möglichst viel vom Leben zu lernen. Nichts geht an dem Geheimschüler vorbei, was ihm nicht Anlaß gibt, Erfahrung zu sammeln, die ihm nützlich ist für das Leben. Hat er etwas unrichtig und unvollkommen verrichtet, so wird das ein Anlaß, ähnliches später richtig oder vollkommen zu machen. Sieht er andere handeln, so beobachtet er sie zu einem ähnlichen Ziele. Er versucht, sich einen reichen Schatz von Erfahrungen zu sammeln und ihn stets sorgfältig zu Rate zu ziehen. Und er tut nichts, ohne auf Erlebnisse zurückzublicken, die ihm eine Hilfe sein können bei seinen Entschlüssen und Verrichtungen. – Das achte endlich ist: der Geheimschüler muß von Zeit zu Zeit Blicke in sein Inneres tun; er muß sich in sich selbst versenken, sorgsam mit sich zu Rate gehen, seine Lebensgrundsätze bilden und prüfen, seine Kenntnisse in Gedanken durchlaufen, seine Pflichten erwägen, über den Inhalt und Zweck des Lebens nachdenken usw. Alle diese Dinge sind ja in den vorhergehenden Abschnitten schon besprochen worden. Hier werden sie nur aufgezählt im Hinblick auf die Entwickelung der sechzehnblätterigen Lotusblume. Durch ihre Übung wird diese immer vollkommener und vollkommener. Denn von solchen Übungen hängt die Ausbildung der Hellsehergabe ab. Je mehr z. B. dasjenige, was ein Mensch denkt und redet, mit den Vorgängen in der Außenwelt zusammenstimmt, desto schneller entwickelt sich diese Gabe. Wer Unwahres denkt oder redet, tötet etwas in dem Keime der sechzehnblätterigen Lotusblume. Wahrhaftigkeit, Aufrichtigkeit, Ehrlichkeit sind in dieser Beziehung aufbauende, Lügenhaftigkeit, Falschheit, Unredlichkeit sind zerstörende Kräfte. Und der Geheimschüler muß wissen, daß es hierbei nicht allein auf die «gute Absicht», sondern auf die wirkliche Tat ankommt. Denke und sage ich etwas, was mit der Wirklichkeit nicht übereinstimmt, so zerstöre ich etwas in meinem geistigen Sinnesorgan, auch wenn ich dabei eine noch so gute Absicht zu haben glaube. Es ist wie mit dem Kinde, das sich verbrennt, wenn es ins Feuer greift, auch wenn dies aus Unwissenheit geschieht. – Die Einrichtung der besprochenen Seelenvorgänge in der charakterisierten Richtung läßt die sechzehnblätterige Lotusblume in herrlichen Farben erstrahlen und gibt ihr eine gesetzmäßige Bewegung. – Doch ist dabei zu beachten, daß die gekennzeichnete Hellsehergabe nicht früher auftreten kann, als ein bestimmter Grad von Ausbildung der Seele erlangt ist. Solange es noch Mühe macht, das Leben in dieser Richtung zu führen, so lange zeigt sich diese Gabe nicht. Solange man auf die geschilderten Vorgänge noch besonders achten muß, ist man nicht reif. Erst wenn man es so weit gebracht hat, daß man in der angegebenen Art lebt, wie es der Mensch sonst gewohnheitsmäßig tut, dann zeigen sich die ersten Spuren des Hellsehens. Die Dinge dürfen dann nicht mehr mühevoll sein, sondern müssen selbstverständliche Lebensart geworden sein. Man darf nicht nötig haben, sich fortwährend zu beobachten, sich anzutreiben, daß man so lebe. Alles muß Gewohnheit geworden sein. – Es gibt gewisse Anweisungen, welche die sechzehnblätterige Lotusblume auf andere Art zur Entfaltung bringen. Alle solchen Anweisungen verwirft die wahre Geheimwissenschaft. Denn sie führen zur Zerstörung der leiblichen Gesundheit und zum moralischen Verderben. Sie sind leichter durchzuführen als das Geschilderte. Dieses ist langwierig und mühevoll. Aber es führt zu sicherem Ziele und kann nur moralisch kräftigen.

Die verzerrte Ausbildung einer Lotusblume hat nicht nur Illusionen und phantastische Vorstellungen im Fall des Auftretens einer gewissen Hellsehergabe zur Folge, sondern auch Verirrungen und Haltlosigkeit im gewöhnlichen Leben. Man kann durch eine solche Ausbildung furchtsam, neidisch, eitel, hochfahrend, eigenwillig usw. werden, während man vorher alle diese Eigenschaften nicht hatte. – Es ist gesagt worden, daß acht von den Blättern der sechzehnblätterigen Lotusblume bereits in urferner Vergangenheit entwickelt waren und daß diese bei der Geheimschulung von selbst wieder auftreten. Es muß nun bei der Bestrebung des Geheimschülers alle Sorgfalt auf die acht anderen Blätter verwendet werden. Bei verkehrter Schulung treten leicht die früher entwickelten allein auf und die neu zu bildenden bleiben verkümmert. Dies wird insbesondere der Fall sein, wenn bei der Schulung zu wenig auf logisches, vernünftiges Denken gesehen wird. Es ist von der allergrößten Wichtigkeit, daß der Geheimschüler ein verständiger, auf klares Denken haltender Mensch ist. Und von weiterer Wichtigkeit ist, daß er sich der größten Klarheit befleißigt im Sprechen. Menschen, die anfangen etwas vom Übersinnlichen zu ahnen, werden gern über diese Dinge gesprächig. Dadurch halten sie ihre richtige Entwickelung auf. Je weniger man über diese Dinge redet, desto besser ist es. Erst wer bis zu einem gewissen Grade der Klarheit gekommen ist, sollte reden. – Im Beginne des Unterrichts sind Geheimschüler in der Regel erstaunt, wie wenig «neugierig» der schon geistig Geschulte ist gegenüber den Mitteilungen ihrer Erlebnisse. Am heilsamsten für sie wäre es eben, wenn sie sich über ihre Erlebnisse ganz ausschwiegen und weiter nichts besprechen wollten, als wie gut oder wie schlecht es ihnen gelingt, ihre Übungen durchzuführen oder die Anweisungen zu befolgen. Denn der schon geistig Geschulte hat ganz andere Quellen zur Beurteilung der Fortschritte als ihre direkten Mitteilungen. Die acht in Frage kommenden Blätter der sechzehnblätterigen Lotusblume werden durch solche Mitteilungen immer etwas verhärtet, während sie weich und biegsam erhalten werden sollten. Es soll ein Beispiel angeführt werden, um das zu erläutern. Dies möge nicht vom übersinnlichen, sondern der Deutlichkeit halber vom gewöhnlichen Leben hergenommen werden. Angenommen, ich höre eine Nachricht und bilde mir darüber sogleich ein Urteil. In einer kurzen Zeit darauf bekomme ich über dieselbe Sache eine weitere Nachricht, die mit der ersteren nicht stimmt. Ich bin dadurch genötigt, das schon gebildete Urteil umzubilden. Die Folge davon ist ein ungünstiger Einfluß auf meine sechzehnblätterige Lotusblume. Ganz anders wäre die Sache, wenn ich zuerst mit meinem Urteil zurückhaltend gewesen wäre, wenn ich zu der ganzen Angelegenheit innerlich in Gedanken und äußerlich in Worten «geschwiegen» hätte, bis ich ganz sichere Anhaltspunkte für mein Urteil gehabt hätte. Behutsamkeit im Bilden und Aussprechen von Urteilen wird allmählich zum besonderen Kennzeichen des Geheimschülers. Dagegen wächst seine Empfänglichkeit für Eindrücke und Erfahrungen, die er schweigsam an sich vorüberziehen läßt, um möglichst viele Anhaltspunkte sich zu schaffen, wenn er zu urteilen hat. Es sind bläulich-rötliche und rosenrote Nuancen in den Lotusblumenblättern, die durch solche Behutsamkeit auftreten, während im anderen Falle dunkelrote und orangefarbige Nuancen auftreten.

In einer ähnlichen Art wie die sechzehnblätterige* wird auch die zwölfblätterige Lotusblume, in der Nähe des Herzens, gestal-

---

* Der Kundige wird in den Bedingungen für die Entwickelung der «sechzehnblätterigen Lotusblume» wiedererkennen die Anweisungen, welche der Buddha seinen Jüngern für den «Pfad» gegeben hat. Doch handelt es sich hier nicht darum, «Buddhismus» zu lehren, sondern Entwickelungsbedingungen zu schildern, die aus der Geisteswissenschaft selbst sich ergeben. Daß sie mit gewissen Lehren des Buddha übereinstimmen, kann nicht hindern, sie *an sich* für wahr zu finden.

tet. Auch von ihr war die Hälfte der Blätter in einem vergangenen Entwickelungszustande des Menschen bereits vorhanden und in Tätigkeit. Diese sechs Blätter brauchen daher bei der Geheimschulung nicht besonders ausgebildet zu werden; sie erscheinen von selbst und beginnen sich zu drehen, wenn an den anderen sechs gearbeitet wird. – Wieder muß, um diese Entwickelung zu fördern, der Mensch gewissen Seelentätigkeiten in bewußter Weise eine bestimmte Richtung geben.

Man muß sich nun klarmachen, daß die Wahrnehmungen der einzelnen geistigen oder Seelensinne einen verschiedenen Charakter tragen. Die Lotusblume mit zwölf Blättern vermittelt eine andere Wahrnehmung als die sechzehnblätterige. Diese letztere nimmt Gestalten wahr. Die Gedankenart, die eine Seele hat, die Gesetze, nach denen eine Naturerscheinung sich vollzieht, treten für die sechzehnblätterige Lotusblume in Gestalten auf. Das sind aber nicht starre, ruhige Gestalten, sondern bewegte, mit Leben erfüllte Formen. Der Hellseher, bei dem sich dieser Sinn entwickelt hat, kann für jede Gedankenart, für jedes Naturgesetz eine Form nennen, in denen sie sich ausprägen. Ein Rachegedanke z. B. kleidet sich in eine pfeilartige, zackige Figur, ein wohlwollender Gedanke hat oft die Gestalt einer sich öffnenden Blume usw. Bestimmte, bedeutungsvolle Gedanken sind regelmäßig, symmetrisch gebildet, unklare Begriffe haben gekräuselte Umrisse. – Ganz andere Wahrnehmungen treten durch die zwölfblätterige Lotusblume zutage. Man kann die Art dieser Wahrnehmungen annähernd charakterisieren, wenn man sie als Seelenwärme und Seelenkälte bezeichnet. Ein mit diesem Sinn ausgestatteter Hellseher fühlt von den Figuren, die er durch die sechzehnblätterige Lotusblume wahrnimmt, solche Seelenwärme oder Seelenkälte ausströmen. Man stelle sich einmal vor, ein Hellseher hätte nur die sechzehnblätterige, nicht aber die zwölfblätterige Lotusblume entwickelt. Dann würde er bei einem wohlwollenden Gedanken nur die oben beschriebene Figur sehen. Ein anderer, der beide Sinne ausgebildet hat, bemerkt auch noch diejenige Ausströmung dieses Gedankens, die man eben nur mit Seelenwärme bezeichnen kann. – Nur nebenbei soll bemerkt werden, daß in der Geheimschulung nie der eine Sinn ohne den anderen ausgebildet wird, so daß das obige nur als eine Annahme zur Verdeutlichung anzusehen ist. – Dem Hellseher eröffnet sich durch die Ausbildung der zwölfblätterigen Lotusblume auch ein tiefes Verständnis für Naturvorgänge. Alles, was auf ein Wachsen, Entwickeln begründet ist, strömt Seelenwärme aus; alles, was in Vergehen, Zerstörung, Untergang begriffen ist, tritt mit dem Charakter der Seelenkälte auf.

Die Ausbildung dieses Sinnes wird auf folgende Art gefördert. Das erste, was in dieser Beziehung der Geheimschüler beobachtet, ist die Regelung seines Gedankenlaufes (die sogenannte Gedankenkontrolle). So wie die sechzehnblätterige Lotusblume durch wahre, bedeutungsvolle Gedanken zur Entwickelung kommt, so die zwölfblätterige durch innere Beherrschung des Gedankenverlaufes. Irrlichtelierende Gedanken, die nicht in sinngemäßer, logischer Weise, sondern rein zufällig aneinandergefügt sind, verderben die Form dieser Lotusblume. Je mehr ein Gedanke aus dem anderen folgt, je mehr allem Unlogischen aus dem Wege gegangen wird, desto mehr erhält dieses Sinnesorgan die ihm entsprechende Form. Hört der Geheimschüler unlogische Gedanken, so läßt er sich sogleich das Richtige durch den Kopf gehen. Er soll nicht lieblos sich einer vielleicht unlogischen Umgebung entziehen, um seine Entwickelung zu fördern. Er soll auch nicht den Drang in sich fühlen, alles Unlogische in seiner Umgebung sofort zu korrigieren. Er wird vielmehr ganz still in seinem Innern die von außen auf ihn einstürmenden Gedanken in eine logische, sinngemäße Richtung bringen. Und er bestrebt sich, in seinen eigenen Gedanken überall diese Richtung einzuhalten. – Ein zweites ist, eine ebensolche Folgerichtigkeit in sein Handeln zu bringen (Kontrolle der Handlungen). Alle Unbeständigkeit, Disharmonie im Handeln gereichen der in Rede stehenden Lotusblume zum

Verderben. Wenn der Geheimschüler etwas getan hat, so richtet er sein folgendes Handeln danach ein, daß es in logischer Art aus dem ersten folgt. Wer heute im anderen Sinn handelt als gestern, wird nie den charakterisierten Sinn entwickeln. – Das dritte ist die Erziehung zur Ausdauer. Der Geheimschüler läßt sich nicht durch diese oder jene Einflüsse von einem Ziel abbringen, das er sich gesteckt hat, solange er dieses Ziel als ein richtiges ansehen kann. Hindernisse sind für ihn eine Aufforderung, sie zu überwinden, aber keine Abhaltungsgründe. – Das vierte ist die Duldsamkeit (Toleranz) gegenüber Menschen, anderen Wesen und auch Tatsachen. Der Geheimschüler unterdrückt alle überflüssige Kritik gegenüber dem Unvollkommenen, Bösen und Schlechten und sucht vielmehr alles zu begreifen, was an ihn herantritt. Wie die Sonne ihr Licht nicht dem Schlechten und Bösen entzieht, so er nicht seine verständnisvolle Anteilnahme. Begegnet dem Geheimschüler irgendein Ungemach, so ergeht er sich nicht in abfälligen Urteilen, sondern er nimmt das Notwendige hin und sucht, soweit seine Kraft reicht, die Sache zum Guten zu wenden. Andere Meinungen betrachtet er nicht nur von seinem Standpunkte aus, sondern er sucht sich in die Lage des anderen zu versetzen. – Das fünfte ist die Unbefangenheit gegenüber den Erscheinungen des Lebens. Man spricht in dieser Beziehung auch von dem «Glauben» oder «Vertrauen». Der Geheimschüler tritt jedem Menschen, jedem Wesen mit diesem Vertrauen entgegen. Und er erfüllt sich bei seinen Handlungen mit solchem Vertrauen. Er sagt sich nie, wenn ihm etwas mitgeteilt wird: das glaube ich nicht, weil es meiner bisherigen Meinung widerspricht. Er ist vielmehr in jedem Augenblicke bereit, seine Meinung und Ansicht an einer neuen zu prüfen und zu berichtigen. Er bleibt immer empfänglich für alles, was an ihn herantritt. Und er vertraut auf die Wirksamkeit dessen, was er unternimmt. Zaghaftigkeit und Zweifelsucht verbannt er aus seinem Wesen. Hat er eine Absicht, so hat er auch den Glauben an die Kraft dieser Absicht. Hundert

Mißerfolge können ihm diesen Glauben nicht nehmen. Es ist dies jener «Glaube, der Berge zu versetzen vermag». – Das sechste ist die Erwerbung eines gewissen Lebensgleichgewichtes (Gleichmutes). Der Geheimschüler strebt an, seine gleichmäßige Stimmung zu erhalten, ob ihn Leid, ob ihn Erfreuliches trifft. Das Schwanken zwischen «himmelhochjauchzend, zu Tode betrübt» gewöhnt er sich ab. Das Unglück, die Gefahr finden ihn ebenso gewappnet wie das Glück, die Förderung.

Die Leser von geisteswissenschaftlichen Schriften finden das Geschilderte als die sogenannten «sechs Eigenschaften» aufgezählt, welche der bei sich entwickeln muß, der die Einweihung anstrebt. Hier sollte ihr Zusammenhang mit dem seelischen Sinne dargelegt werden, welcher die zwölfblätterige Lotusblume genannt wird. – Die Geheimschulung vermag wieder besondere Anweisungen zu geben, welche diese Lotusblume zum Reifen bringen, aber auch hier hängt die Ausbildung der regelmäßigen Form dieses Sinnesorganes an der Entwickelung der aufgezählten Eigenschaften. Wird diese Entwickelung außer acht gelassen, dann gestaltet sich dieses Organ zu einem Zerrbilde. Und es können dadurch bei Ausbildung einer gewissen Hellsehergabe in dieser Richtung die genannten Eigenschaften sich statt zum Guten zum Schlechten wenden. Der Mensch kann besonders unduldsam, zaghaft, ablehnend gegen seine Umgebung werden. Er kann z. B. eine Empfindung erhalten für Gesinnungen anderer Seelen und diese deswegen fliehen oder hassen. Es kann so weit kommen, daß er wegen der Seelenkälte, die ihn bei Ansichten überströmt, welche ihm widerstreben, gar nicht zuhören kann oder in abstoßender Art sich gebärdet.

Kommt zu allem Gesagten noch die Beobachtung gewisser Vorschriften hinzu, welche Geheimschüler von Geheimlehrern nur mündlich empfangen können, so tritt eine entsprechende Beschleunigung in der Entwickelung der Lotusblume ein. Doch führen die hier gegebenen Anweisungen durchaus in die wirkliche Geheimschulung ein. Nützlich aber ist auch für den, der nicht eine

Geheimschulung durchmachen will oder kann, die Einrichtung des Lebens in der angegebenen Richtung. Denn die Wirkung auf den Seelenorganismus tritt auf alle Fälle ein, wenn auch langsam. Und für den Geheimschüler ist die Beobachtung dieser Grundsätze unerläßlich. – Würde er eine Geheimschulung versuchen, ohne sie einzuhalten, so könnte er nur mit mangelhaftem Gedankenauge in die höheren Welten eintreten; und statt die Wahrheit zu erkennen, würde er dann nur Täuschungen und Illusionen unterworfen sein. Er würde in einer gewissen Beziehung hellsehend werden; aber im Grunde nur größerer Blindheit unterliegen als vorher. Denn ehedem stand er wenigstens innerhalb der Sinnenwelt fest und hatte an ihr einen bestimmten Halt; jetzt aber sieht er hinter die Sinnenwelt und wird an dieser irre, bevor er sicher in einer höheren Welt steht. Er kann dann vielleicht überhaupt nicht mehr Wahrheit von Irrtum unterscheiden und verliert alle Richtung im Leben. – Gerade aus diesem Grunde ist *Geduld* so nötig in diesen Dingen. Man muß immer bedenken, daß die Geisteswissenschaft nicht weiter mit ihren Anweisungen gehen *darf* als volle Willigkeit zu einer geregelten Entwickelung der «Lotusblumen» vorliegt. Es würden sich wahre Zerrbilder dieser Blumen entwickeln, wenn sie zur *Reife* gebracht würden, bevor sie in ruhiger Weise die ihnen zukommende *Form* erlangt haben. Denn die speziellen Anweisungen der Geisteswissenschaft bewirken das *Reifwerden,* die Form aber wird durch die geschilderte Lebensart ihnen gegeben.

Von besonders feiner Art ist die Seelenpflege, die zur Entwickelung der zehnblätterigen Lotusblume notwendig ist. Denn hier handelt es sich darum, die Sinneseindrücke selbst in bewußter Weise beherrschen zu lernen. Für den angehenden Hellseher ist das ganz besonders nötig. Nur dadurch vermag er einen Quell zahlloser Illusionen und geistiger Willkürlichkeiten zu vermeiden. Der Mensch macht sich gewöhnlich gar nicht klar, von welchen Dingen seine Einfälle, seine Erinnerungen beherrscht sind und wodurch sie hervorgerufen werden. Man nehme folgenden Fall an. Jemand fährt in der Eisenbahn. Er ist mit einem Gedanken beschäftigt. Plötzlich nimmt sein Gedanke eine ganz andere Wendung. Er erinnert sich an ein Erlebnis, das er vor Jahren gehabt hat, und verspinnt es mit seinen gegenwärtigen Gedanken. Er hat nun aber gar nicht bemerkt, daß sein Auge zum Fenster hinausgerichtet und der Blick auf eine Person gerichtet war, welche Ähnlichkeit hatte mit einer anderen, die in das erinnerte Erlebnis hineinverwickelt war. Was er gesehen hat, kommt ihm gar nicht zum Bewußtsein, sondern nur die Wirkung. So glaubt er, daß ihm die Sache «von selbst eingefallen» sei. Wieviel im Leben kommt nicht auf solche Art zustande. Wie spielen in unser Leben Dinge hinein, die wir erfahren und gelesen haben, ohne daß man sich den Zusammenhang ins Bewußtsein bringt. Jemand kann z. B. eine bestimmte Farbe nicht leiden; er weiß aber gar nicht, daß dies deshalb der Fall ist, weil der Lehrer, der ihn vor vielen Jahren gequält hat, einen Rock in dieser Farbe gehabt hat. Unzählige Illusionen beruhen auf solchen Zusammenhängen. Viele Dinge prägen sich der Seele ein, ohne daß sie auch dem Bewußtsein einverleibt werden. Es kann folgender Fall vorkommen. Jemand liest in der Zeitung von dem Tode einer bekannten Persönlichkeit. Und nun behauptet er ganz fest, er habe diesen Todesfall schon «gestern» vorausgeahnt, obgleich er nichts gehört und gesehen habe, was ihn auf diesen Gedanken hätte bringen können. Und es ist wahr, wie «von selbst» ist ihm «gestern» der Gedanke aufgetaucht: die betreffende Person werde sterben. Er hat nur eines nicht beachtet. Er ist ein paar Stunden, bevor ihm «gestern» der Gedanke aufgestoßen ist, bei einem Bekannten zu Besuch gewesen. Auf dem Tisch lag ein Zeitungsblatt. Er hat darin nicht gelesen. Aber unbewußt fiel doch sein Auge auf die Nachricht von der schweren Erkrankung der in Rede stehenden Persönlichkeit. Des Eindruckes ist er sich nicht bewußt geworden. Aber die Wirkung war die «Ahnung». – Wenn man sich solche Dinge überlegt, so kann man ermessen, was für eine Quelle von Illusionen und Phantastereien in solchen Verhältnissen liegt. Und diese Quelle muß derjenige verstopfen, der seine zehnblätterige Lotusblume ausbilden will. Denn durch diese Lotusblume kann man tief verborgene Eigenschaften an Seelen wahrnehmen. Aber Wahrheit ist diesen Wahrnehmungen nur dann beizumessen, wenn man von den gekennzeichneten Täuschungen ganz frei geworden ist. Es ist zu diesem Zwecke notwendig, daß man sich zum Herrn über das macht, was von der Außenwelt auf einen einwirkt. Man muß es dahin bringen, daß Eindrücke, die man nicht empfangen *will,* man auch wirklich nicht empfängt. Solch eine Fähigkeit kann nur durch ein starkes Innenleben herangezogen werden. Man muß es in den Willen bekommen, daß man nur die Dinge auf sich wirken läßt, auf die man die Aufmerksamkeit wendet, und daß man sich Eindrücken wirklich entzieht, an die man sich nicht willkürlich wendet. Was man sieht, muß man sehen *wollen;* und worauf man keine Aufmerksamkeit wendet, muß tatsächlich für einen nicht da sein. Je lebhafter, energischer die innere Arbeit der Seele wird, desto mehr wird man das erreichen. – Der Geheimschüler muß alles gedankenlose Herumschauen und Herumhören vermeiden. Für ihn soll nur da sein, worauf er Ohr oder Auge richtet. Er muß sich darin üben, daß er im größten Trubel nichts zu hören braucht, wenn er nicht hören *will;* er soll sein Auge unempfänglich machen für Dinge, auf die er nicht besonders hinschaut. Wie mit einem seelischen Panzer muß er umgeben sein für alle unbewußten Eindrücke. – Besonders auf das Gedankenleben selbst muß er nach dieser Richtung hin Sorgfalt verwenden. Er setzt sich einen Gedanken vor, und er versucht nur das weiterzudenken, was er ganz bewußt, in völliger Freiheit, an diesen Gedanken angliedern kann. Beliebige Einfälle weist er ab. Will er den Gedanken mit irgendeinem andern in Beziehung setzen, so besinnt er sich sorgfältig, wo dieser andere an ihn herangetreten ist. – Er geht noch weiter. Wenn er z. B. eine bestimmte Antipathie gegen irgend etwas hat, so bekämpft er sie und sucht eine *bewußte* Beziehung zu dem betreffenden Dinge herzustellen. Auf diese Art mischen sich immer weniger unbewußte Elemente in sein Seelenleben hinein. Nur durch solche strenge Selbstzucht erlangt die zehnblätterige Lotusblume die Gestalt, die sie haben sollte. Das Seelenleben des Geheimschülers muß ein Leben in Aufmerksamkeit werden, und worauf man keine Aufmerksamkeit verwenden will oder soll, das muß man sich wirklich fernzuhalten wissen. – Tritt zu einer solchen Selbstzucht eine Meditation, welche den Anweisungen der Geisteswissenschaft entspricht, dann kommt die in der Gegend der Magengrube befindliche Lotusblume in der richtigen Weise zum Reifen, und das, was durch die vorher geschilderten geistigen Sinnesorgane nur Form und Wärme hatte, erhält geistig Licht und Farbe. Und dadurch enthüllen sich z. B. Talente und Fähigkeiten von Seelen, Kräfte und verborgene Eigenschaften in der Natur. Die Farbenaura der belebten Wesen wird dadurch sichtbar; das, was um uns ist, kündigt dadurch seine seelenhaften Eigenschaften an. – Man wird zugeben, daß gerade in der Entwickelung auf diesem Gebiete die allergrößte Sorgfalt notwendig ist, denn das Spiel unbewußter Erinnerungen ist hier ein unermeßlich reges. Wäre das nicht der Fall, so würden viele Menschen gerade den hier in Frage kommenden Sinn haben, denn er tritt fast sogleich auf, wenn der Mensch wirklich die Eindrücke seiner Sinne ganz und gar so in seiner Gewalt hat, daß sie nur mehr seiner Aufmerksamkeit oder Unaufmerksamkeit unterworfen sind. Nur solange die Macht der äußeren Sinne diesen seelischen Sinn in Dämpfung und Dumpfheit erhält, bleibt er unwirksam.

Schwieriger als die Ausbildung der beschriebenen Lotusblume ist diejenige der sechsblätterigen, welche sich in der Körpermitte befindet. Denn zu dieser Ausbildung muß die vollkommene Beherrschung des ganzen Menschen durch das Selbstbewußtsein angestrebt werden, so daß bei ihm Leib, Seele und Geist in einer vollkommenen Harmonie sind. Die Verrichtungen des Leibes, die Neigungen und Leidenschaften der Seele, die Gedanken und Ideen des Geistes müssen in einen vollkommenen Einklang miteinander gebracht werden. Der Leib muß so veredelt und geläutert werden, daß seine Organe zu nichts drängen, was nicht im Dienste der Seele und des Geistes geschieht. Die Seele soll durch den Leib nicht zu Begierden und Leidenschaften gedrängt werden, die einem reinen und edlen Denken widersprechen. Der Geist aber soll nicht wie ein Sklavenhalter mit seinen Pflichtgeboten und Gesetzen über die Seele herrschen müssen; sondern diese soll aus eigener freier Neigung den Pflichten und Geboten folgen. Nicht wie etwas, dem er sich widerwillig fügt, soll die Pflicht über dem Geheimschüler schweben, sondern wie etwas, das er vollführt, weil er es liebt. Eine freie Seele, die im Gleichgewichte zwischen Sinnlichkeit und Geistigkeit steht, muß der Geheimschüler entwickeln. Er muß es dahin bringen, daß er sich seiner Sinnlichkeit überlassen darf, weil diese so geläutert ist, daß sie die Macht verloren hat, ihn zu sich herabzuziehen. Er soll es nicht mehr nötig haben, seine Leidenschaften zu zügeln, weil diese von selbst dem Rechten folgen. Solange der Mensch es nötig hat, sich zu kasteien, kann er nicht Geheimschüler auf einer gewissen Stufe sein. Eine Tugend, zu der man sich erst zwingen muß, ist für die Geheimschülerschaft noch wertlos. Solange man eine Begierde noch hat, stört diese die Schülerschaft, auch wenn man sich bemüht, ihr nicht zu willfahren. Und es ist einerlei, ob diese Begierde mehr dem Leibe oder mehr der Seele angehört. Wenn jemand z. B. ein bestimmtes Reizmittel vermeidet, um durch die Entziehung des Genusses sich zu läutern, so hilft ihm dies nur dann, wenn sein Leib durch diese Enthaltung keine Beschwerden erleidet. Ist letzteres der Fall, so zeigt es, daß der Leib das Reizmittel *begehrt,* und die Enthaltung ist wertlos. In diesem Falle kann es eben durchaus sein, daß der Mensch zunächst auf das angestrebte Ziel verzichten muß und warten, bis günstigere sinnliche Verhältnisse – vielleicht erst in einem anderen Leben – für ihn vorliegen. Ein vernünftiger Verzicht ist in einer gewissen Lage eine viel größere Errungenschaft als das Erstreben einer Sache, die unter gegebenen Verhältnissen eben nicht zu erreichen ist. Ja, es fördert solch ein vernünftiger Verzicht die Entwickelung mehr als das Entgegengesetzte.

Wer die sechsblätterige Lotusblume entwickelt hat, der gelangt zum Verkehr mit Wesen, die den höheren Welten angehören, jedoch nur dann, wenn deren Dasein sich in der Seelenwelt zeigt. Die Geheimschulung empfiehlt aber nicht eine Entwickelung dieser Lotusblume, bevor der Schüler nicht auf dem Wege weit vorgeschritten ist, durch den er seinen *Geist* in eine noch höhere Welt erheben kann. Dieser Eintritt in die eigentliche Geisteswelt muß nämlich immer die Ausbildung der Lotusblumen begleiten. Sonst gerät der Schüler in Verwirrung und Unsicherheit. Er würde zwar *sehen* lernen, aber es fehlte ihm die Fähigkeit, das Gesehene in der richtigen Weise zu beurteilen. – Nun liegt schon in dem, was zur Ausbildung der sechsblätterigen Lotusblume verlangt wird, eine gewisse Bürgschaft gegen Verwirrung und Haltlosigkeit. Denn nicht leicht wird jemand in diese Verwirrung zu bringen sein, der das vollkommene Gleichgewicht zwischen Sinnlichkeit (Leib), Leidenschaft (Seele) und Idee (Geist) erlangt hat. Dennoch ist noch mehr notwendig als diese Bürgschaft, wenn durch Entwickelung der sechsblätterigen Lotusblume dem Menschen Wesen mit Leben und Selbständigkeit wahrnehmbar werden, welche einer Welt angehören, die von derjenigen seiner physischen Sinne so durchaus verschieden ist. Um Sicherheit in diesen Welten zu haben, genügt ihm nicht das Ausbilden der Lotusblumen, sondern er muß da noch höhere Organe zu seiner Verfügung haben. Es soll nun über die Entwickelung dieser noch höheren Organe gesprochen werden; dann kann auch von den anderen Lotusblumen und der anderweitigen Organisation des Seelenleibes* die Rede sein.

---

* Es ist selbstverständlich, daß, dem Wortsinne nach, der Ausdruck «Seelenleib» (wie mancher ähnliche der Geisteswissenschaft) einen Widerspruch enthält. Doch wird dieser Ausdruck gebraucht, weil das hellseherische Erkennen etwas wahrnimmt, was so im Geistigen erlebt wird, wie im Physischen der Leib wahrgenommen wird.

*

Die Ausbildung des Seelenleibes, wie sie eben geschildert worden ist, macht dem Menschen möglich, übersinnliche Erscheinungen wahrzunehmen. Wer sich aber in dieser Welt wirklich zurechtfinden will, der darf nicht auf dieser Stufe der Entwickelung stehenbleiben. Die bloße Beweglichkeit der Lotusblumen genügt nicht. Der Mensch muß in der Lage sein, die Bewegung seiner geistigen Organe selbständig, mit vollem Bewußtsein zu regeln und zu beherrschen. Er würde sonst ein Spielball äußerlicher Kräfte und Mächte werden. Soll er das nicht werden, so muß er sich die Fähigkeit erwerben, das sogenannte «innere Wort» zu vernehmen. Um dazu zu kommen, muß nicht nur der Seelenleib, sondern auch der Ätherleib entwickelt werden. Es ist dies jener feine Leib, der sich für den Hellseher als eine Art Doppelgänger des physischen Körpers zeigt. Er ist gewissermaßen eine Zwischenstufe zwischen diesem Körper und dem Seelenleib.* Ist man mit hellseherischen Fähigkeiten begabt, so kann man sich mit vollem Bewußtsein den physischen Körper eines Menschen, der vor einem steht, absuggerieren. Es ist das auf einer höheren Stufe nichts anderes als eine Übung der Aufmerksamkeit auf einer niedrigeren. So wie der Mensch seine Aufmerksamkeit von etwas, das vor ihm ist, ablenken kann, so daß es für ihn nicht da ist, so vermag der Hellseher einen physischen Körper für seine Wahrnehmung ganz auszulöschen, so daß er für ihn physisch ganz durchsichtig wird. Vollführt er das mit einem Menschen, der vor ihm steht, dann bleibt vor seinem seelischen Auge noch der sogenannte Ätherleib vorhanden, außer dem Seelenleibe, der größer als beide ist und der auch beide durchdringt. Der Ätherleib hat *annähernd* die Größe und Form des physischen Leibes, so daß er ungefähr auch denselben Raum ausfüllt, den auch der physische Körper einnimmt. Er ist ein

---

* Man vergleiche zu dieser Darstellung die Schilderung in des Verfassers «Theosophie».

äußerst zart und fein organisiertes Gebilde.* Seine Grundfarbe ist eine andere als die im Regenbogen enthaltenen sieben Farben. Wer ihn beobachten kann, lernt eine Farbe kennen, die für die sinnliche Beobachtung eigentlich gar nicht vorhanden ist. Sie läßt sich am ehesten mit der Farbe der jungen Pfirsichblüte vergleichen. Will man den Ätherleib ganz allein für sich betrachten, so muß man auch die Erscheinung des Seelenleibes für die Beobachtung auslöschen durch eine ähnlich geartete Übung der Aufmerksamkeit wie die oben gekennzeichnete. Tut man dies nicht, dann verändert sich der Anblick des Ätherleibes durch den ihn ganz durchdringenden Seelenleib.

Nun sind beim Menschen die Teilchen des Ätherleibes in einer fortwährenden Bewegung. Zahllose Strömungen durchziehen ihn nach allen Seiten. Durch diese Strömungen wird das Leben unterhalten und geregelt. Jeder Körper, der *lebt,* hat einen solchen Ätherleib. Die Pflanzen und die Tiere haben ihn auch. Ja, selbst bei den Mineralien sind Spuren für den aufmerksamen Beobachter wahrnehmbar. – Die genannten Strömungen und Bewegungen sind zunächst von dem Willen und Bewußtsein des Menschen ganz unabhängig, wie die Tätigkeit des Herzens oder Magens im physischen Körper von der Willkür nicht abhängig ist. – Und solange der Mensch seine Ausbildung im Sinne der Erwerbung übersinnlicher Fähigkeiten nicht in die Hand nimmt, bleibt diese Unabhängigkeit auch bestehen. Denn gerade darin besteht die höhere Entwickelung auf einer gewissen Stufe, daß zu den vom Bewußtsein unabhängigen Strömungen und Bewegungen des Ätherleibes solche hinzutreten, welche der Mensch in bewußter Weise selbst bewirkt.

---

* Den Physiker bitte ich, sich an dem Ausdruck «Ätherleib» nicht zu stoßen. Mit dem Worte «Äther» soll nur die Feinheit des in Betracht kommenden Gebildes angedeutet werden. Mit dem «Äther» der physikalischen Hypothesen braucht das hier Angeführte zunächst gar nicht zusammengebracht zu werden.

Wenn die Geheimschulung so weit gekommen ist, daß die in den vorhergehenden Abschnitten gekennzeichneten Lotusblumen sich zu bewegen beginnen, dann hat der Schüler auch bereits manches von dem vollzogen, was zur Hervorrufung ganz bestimmter Strömungen und Bewegungen in seinem Ätherkörper führt. Der Zweck dieser Entwickelung ist, daß sich in der Gegend des physischen Herzens eine Art Mittelpunkt bildet, von dem Strömungen und Bewegungen in den mannigfaltigsten geistigen Farben und Formen ausgehen. Dieser Mittelpunkt ist in Wirklichkeit kein bloßer Punkt, sondern ein ganz kompliziertes Gebilde, ein wunderbares Organ. Es leuchtet und schillert geistig in den allerverschiedensten Farben und zeigt Formen von großer Regelmäßigkeit, die sich mit Schnelligkeit verändern können. Und weitere Formen und Farbenströmungen laufen von diesem Organ nach den Teilen des übrigen Körpers und auch noch über diesen hinaus, indem sie den ganzen Seelenleib durchziehen und durchleuchten. Die wichtigsten dieser Strömungen aber gehen zu den Lotusblumen. Sie durchziehen die einzelnen Blätter derselben und regeln ihre Drehung; dann strömen sie an den Spitzen der Blätter nach außen, um sich im äußeren Raum zu verlieren. Je entwickelter ein Mensch ist, desto größer wird der Umkreis, in dem sich diese Strömungen verbreiten.

In einer besonders nahen Beziehung steht die zwölfblätterige Lotusblume zu dem geschilderten Mittelpunkte. In sie laufen unmittelbar die Strömungen ein. Und durch sie hindurch gehen auf der einen Seite Strömungen zu der sechzehnblätterigen und der zweiblätterigen, auf der anderen (unteren) Seite zu den acht-, sechs- und vierblätterigen Lotusblumen. In dieser Anordnung liegt der Grund, warum auf die Ausbildung der zwölfblätterigen Lotusblume bei der Geheimschulung eine ganz besondere Sorgfalt verwendet werden muß. Würde hier etwas verfehlt, so müßte die ganze Ausbildung des Apparates eine unordentliche sein. – Man kann aus dem Gesagten ermessen, von wie zarter und intimer Art die Geheimschulung ist und wie genau man vorgehen muß, wenn alles in gehöriger Weise sich entwickeln soll. Ohne weiteres ist hieraus auch ersichtlich, daß nur derjenige über Anweisung zur Ausbildung übersinnlicher Fähigkeiten reden kann, der alles, was er an einem anderen ausbilden soll, selbst an sich erfahren hat und der vollkommen in der Lage ist zu erkennen, ob seine Anweisungen auch zu dem ganz richtigen Erfolge führen.

Wenn der Geheimschüler das ausführt, was ihm durch die Anweisungen vorgeschrieben wird, dann bringt er seinem Ätherleib solche Strömungen und Bewegungen bei, welche in Harmonie stehen mit den Gesetzen und der Entwickelung der Welt, zu welcher der Mensch gehört. Daher sind die Anweisungen stets ein Abbild der großen Gesetze der Weltentwickelung. Sie bestehen in den erwähnten und ähnlichen Meditations- und Konzentrationsübungen, welche, gehörig angewendet, die geschilderten Wirkungen haben. Der Geistesschüler muß in gewissen Zeiten seine Seele ganz mit dem Inhalte der Übungen durchdringen, sich innerlich gleichsam ganz damit ausfüllen. Mit Einfachem beginnt es, was vor allem geeignet ist, das verständige und vernünftige Denken des Kopfes zu vertiefen, zu verinnerlichen. Dieses Denken wird dadurch frei und unabhängig gemacht von allen sinnlichen Eindrücken und Erfahrungen. Es wird gewissermaßen in *einen Punkt* zusammengefaßt, welchen der Mensch ganz in seiner Gewalt hat. Dadurch wird ein *vorläufiger* Mittelpunkt geschaffen für die Strömungen des Ätherleibes. Dieser Mittelpunkt ist zunächst noch nicht in der Herzgegend, sondern im Kopfe. Dem Hellseher zeigt er sich dort als Ausgangspunkt von Bewegungen. – Nur eine solche Geheimschulung hat den vollen Erfolg, welche zuerst diesen Mittelpunkt schafft. Würde gleich vom Anfang an der Mittelpunkt in die Herzgegend verlegt, so könnte der angehende Hellseher zwar gewisse Einblicke in die höheren Welten tun; er könnte aber keine richtige Einsicht in den Zusammenhang dieser höheren Welten mit unserer sinnlichen gewinnen.

Und dies ist für den Menschen auf der gegenwärtigen Stufe der Weltentwickelung eine *unbedingte* Notwendigkeit. Der Hellseher darf nicht zum Schwärmer werden; er *muß* den festen Boden unter den Füßen behalten.

Der Mittelpunkt im Kopfe wird dann, wenn er gehörig befestigt ist, weiter nach unten verlegt, und zwar in die Gegend des Kehlkopfes. Das wird im weiteren Anwenden der Konzentrationsübungen bewirkt. Dann strahlen die charakterisierten Bewegungen des Ätherleibes von dieser Gegend aus. Sie erleuchten den Seelenraum in der Umgebung des Menschen.

Ein weiteres Üben befähigt den Geheimschüler, die Lage seines Ätherleibes selbst zu bestimmen. Vorher ist diese Lage von den Kräften abhängig, die von außen kommen und vom physischen Körper ausgehen. Durch die weitere Entwickelung wird der Mensch imstande, den Ätherleib nach allen Seiten zu drehen. Diese Fähigkeit wird durch Strömungen bewirkt, welche ungefähr längs der beiden Hände verlaufen und die ihren Mittelpunkt in der zweiblätterigen Lotusblume in der Augengegend haben. Alles dies kommt dadurch zustande, daß sich die Strahlungen, die vom Kehlkopf ausgehen, zu runden Formen gestalten, von denen eine Anzahl zu der zweiblätterigen Lotusblume hingehen, um von da aus als wellige Strömungen den Weg längs der Hände zu nehmen. – Eine weitere Folge besteht darin, daß sich diese Ströme in der feinsten Art verästeln und verzweigen und zu einer Art Geflecht werden, das wie ein Netzwerk (Netzhaut) zur Grenze des ganzen Ätherleibes sich umbildet. Während dieser vorher nach außen keinen Abschluß hatte, so daß die Lebensströme aus dem allgemeinen Lebensmeer unmittelbar aus- und einströmten, müssen jetzt die Einwirkungen von außen dieses Häutchen durchlaufen. Dadurch wird der Mensch für diese *äußeren* Strömungen empfindlich. Sie werden ihm wahrnehmbar. – Nunmehr ist auch der Zeitpunkt gekommen, um dem ganzen Strom- und Bewegungssystem den Mittelpunkt in der Herzgegend zu geben. Das geschieht wieder durch die Fortsetzung der Konzentrations- und Meditationsübung. Und damit ist auch die Stufe erreicht, auf welcher der Mensch mit dem «inneren Wort» begabt wird. Alle Dinge erhalten nunmehr für den Menschen eine neue Bedeutung. Sie werden gewissermaßen in ihrem innersten Wesen geistig hörbar; sie sprechen, von ihrem eigentlichen Wesen zu dem Menschen. Die gekennzeichneten Strömungen setzen ihn mit dem Innern der Welt in Verbindung, zu welcher er gehört. Er beginnt das Leben seiner Umgebung mitzuleben und kann es in der Bewegung seiner Lotusblumen nachklingen lassen.

Damit betritt der Mensch die geistige Welt. Ist er so weit, so gewinnt er ein neues Verständnis für dasjenige, was die großen Lehrer der Menschheit gesprochen haben. Buddhas Reden und die Evangelien z. B. wirken jetzt in einer neuen Art auf ihn ein. Sie durchströmen ihn mit einer Seligkeit, die er vorher nicht geahnt hat. Denn der Ton ihrer Worte folgt den Bewegungen und Rhythmen, die er nun selbst in sich ausgebildet hat. Er kann es jetzt unmittelbar *wissen,* daß ein solcher Mensch wie Buddha oder die Evangelien-Schreiber nicht *seine* Offenbarungen, sondern diejenigen ausspricht, welche ihm zugeflossen sind vom innersten Wesen der Dinge. – Es soll hier auf eine Tatsache aufmerksam gemacht werden, die wohl nur aus dem Vorhergehenden verständlich wird. Den Menschen unserer gegenwärtigen Bildungsstufe sind die vielen Wiederholungen in Buddhas Reden nicht recht begreiflich. Dem Geheimschüler werden sie zu etwas, worauf er gern mit seinem inneren Sinne ruht. Denn sie entsprechen gewissen Bewegungen rhythmischer Art im Ätherleib. Die Hingabe an sie in vollkommener innerer Ruhe bewirkt auch ein Zusammenklingen mit solchen Bewegungen. Und weil diese Bewegungen ein Abbild sind bestimmter Weltrhythmen, die auch in gewissen Punkten Wiederholung und regelmäßige Rückkehr zu früheren darstellen, so lebt sich im Hinhören auf die Weise Buddhas der Mensch in den Zusammenhang mit den Weltgeheimnissen hinein.

In der Geisteswissenschaft wird von *vier* Eigenschaften gesprochen, welche sich der Mensch auf dem sogenannten Prüfungspfade erwerben muß, um zu höherer Erkenntnis aufzusteigen. Es ist die *erste* davon die Fähigkeit, in den Gedanken das Wahre von der Erscheinung zu scheiden, die Wahrheit von der bloßen Meinung. Die *zweite* Eigenschaft ist die richtige Schätzung des Wahren und Wirklichen gegenüber der Erscheinung. Die *dritte* Fähigkeit besteht in der – schon im vorigen Kapitel erwähnten – Ausübung der sechs Eigenschaften: Gedankenkontrolle, Kontrolle der Handlungen, Beharrlichkeit, Duldsamkeit, Glaube und Gleichmut. Die *vierte* ist die Liebe zur inneren Freiheit.

Ein bloßes verstandesmäßiges Begreifen dessen, was in diesen Eigenschaften liegt, nützt gar nichts. Sie müssen der Seele so einverleibt werden, daß sie innere *Gewohnheiten* begründen. Man nehme z. B. die erste Eigenschaft: Die Unterscheidung des Wahren von der Erscheinung. Der Mensch muß sich so schulen, daß er bei jeglichem Dinge, das ihm gegenübertritt, ganz wie selbstverständlich unterscheidet zwischen dem, was unwesentlich ist, und dem, was Bedeutung hat. Man kann sich so nur schulen, wenn man in aller Ruhe und Geduld bei seinen Beobachtungen der Außenwelt immer wieder und wieder die dahingehenden Versuche macht. Zuletzt haftet in natürlicher Weise der Blick ebenso an dem Wahren, wie er vorher an dem Unwesentlichen sich befriedigt hat. «Alles Vergängliche ist nur ein Gleichnis»: diese Wahrheit wird zu einer selbstverständlichen Überzeugung der Seele. Und so wird es mit den anderen der genannten vier Eigenschaften zu halten sein.

Nun verwandelt sich tatsächlich der feine Ätherleib des Menschen unter dem Einfluß dieser vier Seelengewohnheiten. Durch die erste «Unterscheidung des Wahren von der Erscheinung» wird der gekennzeichnete Mittelpunkt im Kopfe erzeugt und der im Kehlkopf vorbereitet. Zur *wirklichen* Ausbildung sind dann allerdings die Konzentrationsübungen notwendig, von denen oben gesprochen worden ist. Sie bilden aus, und die vier Gewohnheiten bringen zur Reife. – Ist der Mittelpunkt in der Gegend des Kehlkopfes vorbereitet, dann wird jene angedeutete freie Beherrschung des Ätherleibes und sein Überziehen und Begrenzen mit dem Netzhautgeflecht bewirkt durch die richtige *Schätzung* des Wahren gegenüber der unwesentlichen Erscheinung. Bringt es der Mensch zu solcher Schätzung, dann werden ihm allmählich die geistigen Tatsachen wahrnehmbar. Er soll aber nicht glauben, daß er bloß Handlungen zu vollziehen hat, welche vor einer verstandesmäßigen Schätzung als bedeutungsvoll erscheinen. Die geringste Handlung, jeder kleine Handgriff hat etwas Bedeutungsvolles im großen Haushalte des Weltganzen, und es kommt nur darauf an, ein *Bewußtsein* von dieser Bedeutung zu haben. Nicht auf Unterschätzung, sondern auf *richtige* Einschätzung der alltäglichen Verrichtungen des Lebens kommt es an. – Von den sechs Tugenden, aus denen sich die dritte Eigenschaft zusammensetzt, ist bereits gesprochen worden. Sie hängen zusammen mit der Ausbildung der zwölfblätterigen Lotusblume in der Herzgegend. Dahin muß ja, wie gezeigt worden ist, in der Tat der Lebensstrom des Ätherleibes geleitet werden. Die vierte Eigenschaft: das *Verlangen nach Befreiung,* dient dann dazu, das Ätherorgan in der Nähe des Herzens zur Reifung zu bringen. Wird diese Eigenschaft zur Seelengewohnheit, dann *befreit* sich der Mensch von allem, was *nur* mit den Fähigkeiten seiner persönlichen Natur zusammenhängt. Er hört auf, die Dinge von *seinem* Sonderstandpunkte aus zu betrachten. Die Grenzen seines engen Selbst, die ihn an diesen Standpunkt fesseln, verschwinden. Die Geheimnisse der geistigen Welt erhalten Zugang zu seinem Innern. Dies ist die Befreiung. Denn jene Fesseln zwingen den Menschen, die Dinge und Wesen so anzusehen, wie es seiner persönlichen Art entspricht. Von dieser persönlichen Art, die Dinge zu betrachten, muß der Geheimschüler unabhängig, *frei* werden.

Man sieht hieraus, daß die Vorschriften, welche von der Geisteswissenschaft ausgehen, tief in die innerste Menschennatur hinein bestimmend wirken. Und die Vorschriften über die vier genannten Eigenschaften sind solche Vorschriften. Sie finden sich in der einen oder der anderen Form in allen mit der Geisteswelt rechnenden Weltanschauungen. Nicht aus einem dunklen Gefühl heraus haben die Begründer solcher Weltanschauungen solche Vorschriften den Menschen gegeben. Sie haben das vielmehr aus dem Grunde getan, weil sie große Eingeweihte waren. Aus der Erkenntnis heraus haben sie ihre sittlichen Vorschriften geformt. Sie wußten, wie diese auf die feinere Natur des Menschen wirken, und wollten, daß die Bekenner diese feinere Natur allmählich zur Ausbildung bringen. Im Sinne solcher Weltanschauungen leben heißt an seiner eigenen geistigen Vervollkommnung arbeiten. Und nur wenn der Mensch das tut, dient er dem Weltganzen. Sich vervollkommnen ist keineswegs Selbstsucht. Denn der unvollkommene Mensch ist auch ein unvollkommener Diener der Menschheit und der Welt. Man dient dem Ganzen um so besser, je vollkommener man selbst ist. Hier gilt es: «Wenn die Rose selbst sich schmückt, schmückt sie auch den Garten.»

Die Begründer der bedeutungsvollen Weltanschauungen sind dadurch die großen Eingeweihten. Das, was von ihnen kommt, fließt in die Menschenseelen hinein. Und dadurch kommt mit der Menschheit die ganze Welt vorwärts. Ganz bewußt haben die Eingeweihten an diesem Entwickelungsprozeß der Menschheit gearbeitet. Nur dann versteht man den Inhalt ihrer Anweisungen, wenn man beachtet, daß diese aus der Erkenntnis der tiefinnersten Menschennatur heraus geschöpft sind. Große *Erkenner* waren die Eingeweihten, und aus ihrer Erkenntnis heraus haben sie die Ideale der Menschheit geprägt. Der Mensch aber kommt diesen Führern nahe, wenn er sich in seiner eigenen Entwickelung zu ihren Höhen erhebt.

Wenn bei einem Menschen die Ausbildung des Ätherleibes in der Art begonnen hat, wie das im Vorangegangenen beschrieben ist, dann erschließt sich ihm ein völlig neues Leben. Und er muß durch die Geheimschulung zur richtigen Zeit die Aufklärungen erhalten, welche ihn befähigen, sich in diesem neuen Leben zurechtzufinden. Er sieht z. B. durch die sechzehnblätterige Lotusblume geistig Gestalten einer höheren Welt. Nun muß er sich klarmachen, wie verschieden diese Gestalten sind, je nachdem sie von diesen oder jenen Gegenständen oder Wesen verursacht sind. Das erste, worauf er die Aufmerksamkeit wenden kann, ist, daß er auf eine gewisse Art dieser Gestalten durch seine eigenen Gedanken und Empfindungen einen starken Einfluß ausüben kann, auf andere gar nicht oder doch nur in geringem Maße. Eine Art der Figuren ändert sich sofort, wenn der Betrachter bei ihrem Auftreten den Gedanken hat: «das ist schön», und dann im Laufe der Anschauung diesen Gedanken ändert in diesen: «das ist nützlich». – Besonders haben die Gestalten, welche von Mineralien oder künstlich gemachten Gegenständen herrühren, die Eigentümlichkeit, daß sie sich durch jeden Gedanken oder jedes Gefühl, das ihnen der Beschauer entgegenbringt, ändern. In geringerem Maße ist das schon der Fall bei den Gestalten, welche Pflanzen zukommen; und noch weniger findet es statt bei denen, welche Tieren entsprechen. Auch diese Gestalten sind beweglich und voll Leben. Aber diese Beweglichkeit rührt nur zum Teil von dem Einfluß der menschlichen Gedanken und Empfindungen her, zum anderen Teile wird sie durch Ursachen bewirkt, auf welche der Mensch keinen Einfluß hat. Nun tritt aber innerhalb dieser ganzen Gestaltenwelt eine Sorte von Formen auf, welche der Einwirkung von seiten des Menschen selbst zunächst fast ganz entzogen sind. Der Geheimschüler kann sich davon überzeugen, daß diese Gestalten weder von Mineralien noch von künstlichen Gegenständen, auch nicht von Pflanzen oder Tieren herrühren. Er muß nun, um völlig ins klare zu kommen, die Gestalten betrachten, von denen er wissen kann, daß sie durch die Gefühle, Triebe, Leidenschaften usw. von anderen Menschen verursacht werden. Aber auch diesen Gestalten gegenüber kann er finden, daß seine eigenen Gedanken und Empfindungen noch einigen, wenn auch verhältnismäßig geringen Einfluß haben. Es bleibt innerhalb der Gestaltenwelt immer ein Rest, auf den dieser Einfluß verschwindend gering ist. – Ja, dieser Rest bildet im Anfange der Laufbahn des Geheimschülers sogar einen sehr großen Teil dessen, was er überhaupt sieht. Über die Natur dieses Teiles kann er sich nun nur aufklären, wenn er sich *selbst* beobachtet. Da findet er, welche Gestalten durch ihn selbst bewirkt worden sind. Das, was er selbst tut, will, wünscht usw., kommt in diesen Gestalten zum Ausdrucke. Ein Trieb, der in ihm wohnt, eine Begierde, die er hat, eine Absicht, die er hegt, usw.: alles das zeigt sich in solchen Gestalten. Ja, sein ganzer Charakter prägt sich in einer solchen Gestaltenwelt aus. Der Mensch kann somit durch seine bewußten Gedanken und Gefühle einen Einfluß auf alle Gestalten ausüben, welche nicht von ihm selbst ausgehen; auf diejenigen Figuren aber, die er durch sein eigenes Wesen in der höheren Welt bewirkt, hat er keinen Einfluß mehr, sobald sie durch ihn geschaffen worden sind. Es geht nun aus dem Gesagten auch hervor, daß in der höheren Anschauung das menschliche Innere, die eigene Trieb-, Begierden- und Vorstellungswelt sich genauso in *äußeren* Figuren zeigt wie andere Gegenstände und Wesenheiten. Die Innenwelt wird für die höhere Erkenntnis zu einem Teile der Außenwelt. Wie wenn man in der physischen Welt von allen Seiten mit Spiegeln umgeben wäre und so seine leibliche Gestalt beschauen könnte, so tritt in einer höheren Welt die seelische Wesenheit des Menschen diesem als Spiegelbild entgegen.

Auf dieser Entwickelungsstufe ist für den Geheimschüler der Zeitpunkt eingetreten, in dem er die Illusion, welche aus der persönlichen Begrenztheit stammt, überwindet. Er kann jetzt das, was innerhalb seiner Persönlichkeit ist, beobachten als Außenwelt, wie er früher als Außenwelt betrachtete, was auf seine Sinne einwirkte. So lernt er allmählich durch die Erfahrung sich so behandeln, wie er früher die Wesen um sich her behandelte.

Würde des Menschen Blick in diese Geisteswelten geöffnet, ehe er in genügender Art auf deren Wesen vorbereitet worden ist, so stünde er zunächst vor dem charakterisierten Gemälde seiner eigenen Seele wie vor einem Rätsel. Die Gestalten seiner eigenen Triebe und Leidenschaften treten ihm da entgegen in Formen, welche er als tierische oder – seltener – auch als menschliche empfindet. Zwar sind die Tiergestalten dieser Welt niemals ganz gleich denen der physischen Welt, aber sie haben doch eine entfernte Ähnlichkeit. Von ungeübten Beobachtern werden sie wohl auch für gleich gehalten. – Man muß sich nun, wenn man diese Welt betritt, eine ganz neue Art des Urteilens aneignen. Denn abgesehen davon, daß die Dinge, die eigentlich dem menschlichen Innern angehören, als Außenwelt erscheinen, treten sie auch noch als das Spiegelbild dessen auf, was sie wirklich sind. Wenn man z. B. eine Zahl da erblickt, so muß man sie umgekehrt als Spiegelbild lesen. 265 z. B. bedeutet in Wahrheit hier 562. Eine Kugel sieht man so, wie wenn man in ihrem Mittelpunkte wäre. Man hat sich dann diese Innenansicht erst in der richtigen Art zu übersetzen. Aber auch seelische Eigenschaften erscheinen als Spiegelbild. Ein Wunsch, der sich auf etwas Äußeres bezieht, tritt als eine Gestalt auf, die zu dem Wünschenden selbst sich hinbewegt. Leidenschaften, welche in der niederen Natur des Menschen ihren Sitz haben, können die Form von Tieren oder ähnliche Gestaltungen annehmen, die sich auf den Menschen losstürzen. In Wirklichkeit streben ja diese Leidenschaften nach außen; sie suchen den Gegenstand ihrer Befriedigung in der Außenwelt. Aber dieses Suchen nach außen stellt sich im *Spiegelbild* als Angriff auf den Träger der Leidenschaft dar.

Wenn der Geheimschüler, bevor er zu höherem Schauen aufsteigt, durch ruhige, sachliche Selbstbeobachtung seine eigenen Eigenschaften selber kennengelernt hat, dann wird er auch in dem Augenblicke, da ihm sein Inneres im äußeren Spiegelbilde entgegentritt, Mut und Kraft finden, um sich in der richtigen Art zu verhalten. Menschen, welche sich durch solche Selbstprüfung nicht genügend mit dem eigenen Innern bekannt gemacht haben, werden *sich* in ihrem Spiegelbilde nicht erkennen und dieses dann für fremde Wirklichkeit halten. Auch werden sie durch den Anblick ängstlich und reden sich, weil sie die Sache nicht ertragen können, ein, das Ganze sei nur phantastisches Erzeugnis, das zu nichts führen könne. In beiden Fällen stünde der Mensch durch sein unreifes Ankommen auf einer gewissen Entwickelungsstufe der eigenen höheren Ausbildung verhängnisvoll im Wege.

Es ist durchaus notwendig, daß der Geheimschüler durch den geistigen Anblick seiner eigenen Seele hindurchgehe, um zu Höherem vorzudringen. Denn im eigenen Selbst hat er ja doch dasjenige Geistig-Seelische, das er am besten beurteilen kann. Hat er sich von seiner Persönlichkeit in der physischen Welt zunächst eine tüchtige Erkenntnis erworben und tritt ihm *zuerst* das *Bild* dieser Persönlichkeit in der höheren Welt entgegen, dann kann er beides vergleichen. Er kann das Höhere auf ein ihm Bekanntes beziehen und vermag so von einem festen Boden auszugehen. Wenn ihm dagegen noch so viele andere geistige Wesenheiten entgegenträten, so vermöchte er sich doch über ihre Eigenart und Wesenheit zunächst keinen Aufschluß zu geben. Er würde bald den Boden unter den Füßen schwinden fühlen. Es kann daher gar nicht oft genug betont werden, daß der sichere Zugang zur höheren Welt derjenige ist, der über die gediegene Erkenntnis und Beurteilung der eigenen Wesenheit führt.

Geistige *Bilder* sind es also, welchen der Mensch zunächst auf seiner Bahn zur höheren Welt begegnet. Denn die Wirklichkeit, welche diesen Bildern entspricht, ist ja *in ihm selbst.* Reif muß demnach der Geheimschüler sein, um auf dieser ersten Stufe nicht derbe Realitäten zu verlangen, sondern die Bilder als das Richtige zu betrachten. Aber *innerhalb* dieser Bilderwelt lernt er bald etwas Neues kennen. Sein *niederes Selbst* ist nur als Spiegelgemälde vor ihm vorhanden; aber mitten in diesem Spiegelgemälde erscheint die wahre Wirklichkeit des *höheren Selbst.* Aus dem Bilde der niederen Persönlichkeit heraus wird die Gestalt des geistigen Ich sichtbar. Und erst von dem letzteren aus spinnen sich die Fäden zu anderen höheren geistigen Wirklichkeiten.

Und nun ist die Zeit gekommen, um die zweiblätterige Lotusblume in der Augengegend zu gebrauchen. Fängt sie an sich zu bewegen, so findet der Mensch die Möglichkeit, sein höheres Ich mit übergeordneten geistigen Wesenheiten in Verbindung zu setzen. Die Ströme, welche von dieser Lotusblume ausgehen, bewegen sich so zu höheren Wirklichkeiten hin, daß die entsprechenden Bewegungen dem Menschen völlig bewußt sind. Wie das Licht dem Auge die physischen Gegenstände sichtbar macht, so diese Strömungen die geistigen Wesen höherer Welten.

Durch Versenkung in der Geisteswissenschaft entstammende Vorstellungen, welche Grundwahrheiten enthalten, lernt der Schüler die Strömungen der Augenlotusblume in Bewegung setzen und dirigieren.

Was gesunde Urteilskraft, klare, logische Schulung ist, das erweist sich ganz besonders auf dieser Stufe der Entwickelung. Man muß nur bedenken, daß da das höhere Selbst, das bisher keimhaft, unbewußt im Menschen geschlummert hat, zu bewußtem Dasein geboren wird. Nicht etwa bloß im bildlichen, sondern in ganz wirklichem Sinne hat man es mit einer *Geburt* in der geistigen Welt zu tun. Und das geborene Wesen, das höhere Selbst, muß mit allen notwendigen Organen und Anlagen zur Welt kommen, wenn es lebensfähig sein soll. Wie die Natur vorsorgen muß, daß ein Kind mit wohlgebildeten Ohren und Augen zur Welt komme, so müssen die Gesetze der Eigenentwickelung eines Menschen Sorge tragen, daß sein höheres Selbst mit den notwendigen Fähigkeiten ins Dasein trete. Und diese Gesetze, welche die Ausbildung der höheren Organe des Geistes selbst besorgen, sind keine anderen als die gesunden Vernunft- und Moralgesetze der physischen Welt. Wie im Mutterschoße das Kind reift, so im physischen Selbst der geistige Mensch. Die Gesundheit des Kindes hängt von normaler Wirksamkeit der Naturgesetze im Mutterschoße ab. Die Gesundheit des geistigen Menschen ist in gleicher Art von den Gesetzen des gewöhnlichen Verstandes und der im physischen Leben wirksamen Vernunft bedingt. Niemand kann ein gesundes höheres Selbst gebären, der nicht in der physischen Welt gesund lebt und denkt. Natur- und vernunftgemäßes Leben sind die Grundlage aller wahren Geistesentwickelung. – Wie das Kind im Schoße der Mutter schon nach den Naturkräften lebt, die es nach seiner Geburt mit seinen Sinnesorganen wahrnimmt, so lebt das höhere Selbst des Menschen nach den Gesetzen der geistigen Welt schon während des physischen Daseins. Und wie das Kind aus einem dunklen Lebensgefühl heraus sich die entsprechenden Kräfte aneignet, so kann es der Mensch mit den Kräften der geistigen Welt, bevor sein höheres Selbst geboren wird. Ja, er *muß* dies tun, wenn dies letztere als vollentwickeltes Wesen zur Welt kommen soll. Es wäre nicht richtig, wenn jemand sagte: ich kann die Lehren der Geisteswissenschaft nicht annehmen, bevor ich nicht selbst sehe. Denn ohne die Vertiefung in die Geistesforschung kann er überhaupt nicht zu wahrer höherer Erkenntnis kommen. Er wäre dann in derselben Lage wie ein Kind im Mutterschoße, das verweigerte, die Kräfte zu gebrauchen, die ihm durch die Mutter zukommen, und warten wollte, bis es sich dieselben selbst verschaffen kann. So wie der Kindeskeim im Lebensgefühl die Richtigkeit des Dargereichten erfährt, so der noch nicht sehende Mensch die Wahrheit der Lehren der Geisteswissenschaft. Es gibt eine Einsicht, die auf Wahrheitsgefühl und klare, gesunde, allseitig urteilende Vernunft gebaut ist, in diese Lehren, auch wenn man die geistigen Dinge noch nicht schaut. Man muß die mystischen Erkenntnisse zuerst lernen und sich eben gerade durch dieses Lernen zum Schauen vorbereiten. Ein Mensch, der zum Schauen käme, bevor er in dieser Art gelernt hat, gliche einem Kinde, das wohl mit Augen und Ohren, aber ohne Gehirn geboren wäre. Es breitete sich die ganze Farben- und Tonwelt vor ihm aus; aber es könnte nichts damit anfangen.

Was also dem Menschen vorher durch sein Wahrheitsgefühl, durch Verstand und Vernunft einleuchtend war, das wird auf der geschilderten Stufe der Geheimschülerschaft eigenes Erlebnis. Er hat jetzt ein unmittelbares Wissen von seinem höheren Selbst. Und er lernt erkennen, daß dieses höhere Selbst mit geistigen Wesenheiten höherer Art zusammenhängt und mit ihnen eine Einheit bildet. Er sieht also, wie das niedere Selbst aus einer höheren Welt herstammt. Und es zeigt sich ihm, daß seine höhere Natur die niedere überdauert. Er kann nunmehr selbst sein Vergängliches von seinem Bleibenden unterscheiden. Das heißt nichts anderes, als er lernt die Lehre von der Einkörperung (Inkarnation) des höheren Selbst in ein niederes aus eigener Anschauung verstehen. Es wird ihm jetzt klar, daß er in einem höheren geistigen Zusammenhange darinnen steht, daß seine Eigenschaften, seine Schicksale durch diesen Zusammenhang verursacht sind. Er lernt das *Gesetz seines Lebens,* Karma, erkennen. Er sieht ein, daß sein niederes Selbst, wie es gegenwärtig sein Dasein ausmacht, nur eine der Gestalten ist, die sein höheres Wesen annehmen kann. Und er erblickt die Möglichkeit vor sich, von seinem höheren Selbst aus an sich zu arbeiten, auf daß er vollkommener und immer vollkommener werde. Er kann nunmehr auch die großen Unterschiede der Menschen hinsichtlich ihrer Vollkommenheitsgrade einsehen. Er wird gewahr, daß es über ihm stehende Menschen gibt, welche die noch vor ihm liegenden Stufen schon erreicht haben. Er sieht ein, daß die Lehren und Taten solcher Menschen von den Eingebungen aus einer höheren Welt herrühren. Dies verdankt er seinem ersten eigenen Blick in diese höhere Welt. Was man «große Eingeweihte der Menschheit» nennt, wird jetzt beginnen, für ihn Tatsache zu werden.

Das sind die Gaben, die der Geheimschüler dieser Stufe seiner Entwickelung verdankt: Einsicht in das höhere Selbst, in die Lehre von der Einkörperung oder Inkarnation dieses höheren Selbst in ein niederes, in das Gesetz, wonach das Leben in der physischen Welt geregelt wird nach geistigen Zusammenhängen – Karmagesetz –, und endlich in das Dasein großer Eingeweihter.

Man sagt deshalb auch von einem Schüler, der diese Stufe erreicht hat, daß ihm der *Zweifel* völlig geschwunden sei. Konnte er sich vorher einen auf Vernunftgründe und gesundes Denken gebauten Glauben aneignen, so tritt jetzt an die Stelle dieses Glaubens das volle Wissen und die durch nichts zu erschütternde Einsicht.

Die Religionen haben in ihren Zeremonien, Sakramenten und Riten äußerlich sichtbare Abbilder höherer geistiger Vorgänge und Wesen gegeben. Nur wer die Tiefen der großen Religionen noch nicht durchschaut hat, kann diese verkennen. Wer aber in die geistige Wirklichkeit selbst hineinschaut, der wird auch die große Bedeutung jener äußerlich sichtbaren Handlungen verstehen. Und für ihn wird dann der religiöse Dienst selbst ein Abbild seines Verkehrs mit der geistig übergeordneten Welt.

Man sieht, in welcher Art der Geheimschüler durch Erreichung dieser Stufe wirklich ein neuer Mensch geworden ist. Er kann nun allmählich dazu heranreifen, durch die Strömungen seines Ätherkörpers das eigentliche höhere Lebenselement zu dirigieren und damit eine hohe Freiheit von seinem physischen Körper zu erlangen.

VERÄNDERUNGEN IM TRAUMLEBEN DES GEHEIMSCHÜLERS

Eine Ankündigung, daß der Geheimschüler die im vorigen Kapitel beschriebene Stufe der Entwickelung erreicht hat oder doch bald erreichen werde, ist die Veränderung, die mit seinem Traumleben vorgeht. Vorher waren die Träume verworren und willkürlich. Nun fangen sie an, einen regelmäßigen Charakter anzunehmen. Ihre Bilder werden sinnvoll zusammenhängend wie die Vorstellungen des Alltagslebens. Man kann in ihnen Gesetz, Ursache und Wirkung erkennen. Und auch der Inhalt der Träume ändert sich. Während man vorher nur Nachklänge des täglichen Lebens, umgeformte Eindrücke der Umgebung oder der eigenen Körperzustände wahrnimmt, treten jetzt Bilder aus einer Welt auf, mit der man vorher unbekannt war. Zunächst bleibt allerdings der *allgemeine* Charakter des Traumlebens bestehen, insofern sich der Traum vom wachen Vorstellen dadurch unterscheidet, daß er *sinnbildlich* dasjenige gibt, was er ausdrücken will. Einem aufmerksamen Beurteiler des Traumlebens kann ja diese Sinnbildlichkeit nicht entgehen. Man träumt z. B. davon, daß man ein häßliches Tier gefangen und ein unangenehmes Gefühl in der Hand hat. Man wacht auf und merkt, daß man einen Zipfel der Bettdecke mit der Hand umschlossen hält. Die Wahrnehmung drückt sich also nicht ungeschminkt aus, sondern durch das gekennzeichnete Sinnbild. – Oder man träumt, daß man vor einem Verfolger flieht; man empfindet dabei Angst. Beim Aufwachen zeigt sich, daß man von Herzklopfen während des Schlafes befallen war. Der Magen, welcher mit schwerverdaulichen Speisen erfüllt ist, verursacht beängstigende Traumbilder. Auch Vorgänge in der Umgebung des schlafenden Menschen spiegeln sich im Traume als Sinnbilder. Das Schlagen einer Uhr kann das Bild eines Soldatentrupps hervorrufen, der bei Trommelschlag vorbeimarschiert. Ein umfallender Stuhl kann die Veranlassung zu einem ganzen Traumdrama sein, in dem der Schlag sich als Schuß widerspiegelt usw. – Diese sinnbildliche Art des Ausdruckes hat nun auch der geregelte Traum des Menschen, dessen Ätherkörper sich zu entwickeln beginnt. Aber er hört auf, bloße Tatsachen der physischen Umgebung oder des eigenen sinnlichen Leibes widerzuspiegeln. So wie diejenigen Träume regelmäßig werden, welche diesen Dingen ihren Ursprung verdanken, so mischen sich auch solche Traumbilder ein, die Ausdruck von Dingen und Verhältnissen einer anderen Welt sind. Hier werden zuerst Erfahrungen gemacht, welche dem gewöhnlichen Tagesbewußtsein unzugänglich sind. – Nun darf man keineswegs glauben, daß irgendein wahrer Mystiker die Dinge, die er in solcher Art traumhaft erlebt, zur Grundlage irgendwelcher maßgebenden Mitteilungen einer höheren Welt schon macht. Nur als die ersten *Anzeichen* einer höheren Entwickelung hat man solche Traumerlebnisse zu betrachten. – Bald tritt auch als weitere Folge die Tatsache ein, daß die Bilder des träumenden Geheimschülers nicht mehr wie früher der Leitung des besonnenen Verstandes entzogen sind, sondern von diesem geregelt und ordnungsgemäß überschaut werden wie die Vorstellungen und Empfindungen des Wachbewußtseins. Es verschwindet eben immer mehr und mehr der Unterschied zwischen dem Traumbewußtsein und diesem Wachzustand. Der Träumende ist im vollen Sinne des Wortes während des Traumlebens wach; das heißt, er fühlt sich als Herr und Führer seiner bildhaften Vorstellungen.

Während des Träumens befindet sich der Mensch tatsächlich in einer Welt, welche von derjenigen seiner physischen Sinne verschieden ist. Nur vermag der Mensch mit unentwickelten geistigen Organen sich von dieser Welt keine anderen als die gekennzeichneten verworrenen Vorstellungen zu bilden. Sie ist für ihn nur so vorhanden, wie die sinnliche Welt für ein Wesen da wäre, das höchstens die allerersten Anlagen von Augen hat. Deshalb kann der Mensch auch nichts sehen in dieser Welt als die Nachbilder und Widerspiegelungen des gewöhnlichen Lebens. Diese kann er aber aus dem Grunde im Traume sehen, weil seine Seele ihre Tageswahrnehmungen selbst als Bilder in den Stoff hineinmalt, aus dem jene andere Welt besteht. Man muß sich nämlich klar darüber sein, daß der Mensch neben seinem gewöhnlichen bewußten Tagesleben noch ein zweites, unbewußtes, in der angedeuteten anderen Welt führt. Alles, was er wahrnimmt und denkt, gräbt er in Abdrücken in diese Welt ein. Man kann diese Abdrücke eben nur sehen, wenn die Lotusblumen entwickelt sind. Nun sind bei jedem Menschen gewisse spärliche Anlagen der Lotusblumen immer vorhanden. Während des Tagesbewußtseins kann er damit nichts wahrnehmen, weil die Eindrücke auf ihn ganz schwach sind. Es ist dies aus einem ähnlichen Grunde, warum man während des Tages die Sterne nicht sieht. Sie kommen für die Wahrnehmung gegenüber dem mächtig wirkenden Sonnenlicht nicht auf. So kommen die schwachen geistigen Eindrücke gegenüber den machtvollen Eindrücken der physischen Sinne nicht zur Geltung. Wenn nun im Schlaf die Tore der äußeren Sinne geschlossen sind, so leuchten diese Eindrücke verworren auf. Und der Träumende wird dann der in einer anderen Welt gemachten Erfahrungen gewahr. Aber, wie gesagt, zunächst sind diese Erfahrungen nichts weiter als dasjenige, was das an die physischen Sinne gebundene Vorstellen selbst in die geistige Welt eingegraben hat. – Erst die entwickelten Lotusblumen machen es möglich, daß Kundgebungen, welche nicht der physischen Welt angehören, dort verzeichnet werden. Und durch den entwickelten Ätherleib entsteht dann ein volles Wissen von diesen aus anderen Welten herrührenden Einzeichnungen. – Damit hat der Verkehr des Menschen in einer neuen Welt begonnen. Und der Mensch muß jetzt – durch die Anleitungen der Geheimschulung – ein Doppeltes zunächst erreichen. Zuerst muß es ihm möglich werden, ganz vollständig wie im Wachen die im Traume gemachten Beobachtungen zu gewahren. Hat er dies erreicht, so wird er dazu geführt, dieselben Beobachtungen auch während des gewöhnlichen Wachzustandes zu machen. Seine Aufmerksamkeit auf geistige Eindrücke wird da einfach so geregelt, daß diese Eindrücke gegenüber den physischen nicht mehr zu verschwinden brauchen, sondern daß er sie *neben* und mit diesen immerfort haben kann.

Hat der Geheimschüler diese Fähigkeit erlangt, dann tritt eben vor seinen geistigen Augen etwas von dem Gemälde auf, das im vorigen Kapitel beschrieben worden ist. Er kann nunmehr wahrnehmen, was in der geistigen Welt vorhanden ist als die Ursache für die physische. Und er kann vor allem sein höheres Selbst innerhalb dieser Welt erkennen. – Seine nächste Aufgabe ist nun, in dieses höhere Selbst gewissermaßen hineinzuwachsen, das heißt, es wirklich als seine wahre Wesenheit anzusehen und auch sich dementsprechend zu verhalten. Immer mehr erhält er nun die Vorstellung und das lebendige Gefühl davon, daß sein physischer Leib und was er vorher sein «Ich» genannt hat nur mehr ein Werkzeug des höheren Ich ist. Er bekommt eine Empfindung gegenüber dem niederen Selbst, wie es der auf die Sinnenwelt beschränkte Mensch gegenüber einem Werkzeug oder Fahrzeug hat, deren er sich bedient. So wie dieser den Wagen, in dem er fährt, nicht zu seinem «Ich» rechnet, auch wenn er sagt: «Ich fahre» wie «Ich gehe», so hat der entwickelte Mensch, wenn er sagt: «Ich gehe zur Tür hinein», eigentlich die Vorstellung: «Ich trage meinen Leib zur Tür hinein.» Nur muß das für ihn ein so selbstverständlicher Begriff sein, daß er nicht einen Augenblick den festen Boden der physischen Welt verliert, daß niemals ein Gefühl von Entfremdung deshalb gegenüber der Sinnenwelt auftritt. Soll der Geheimschüler nicht zum Schwärmer oder Phantasten werden, so muß er durch das höhere Bewußtsein sein Leben in der physischen Welt nicht verarmen, sondern bereichern, so wie es derjenige bereichert, der sich statt seiner Beine eines Eisenbahnzuges bedient, um einen Weg zu machen.

Hat es der Geheimschüler zu einem solchen Leben in seinem höheren Ich gebracht, dann – oder vielmehr schon während der

Aneignung des höheren Bewußtseins – wird ihm klar, wie er die geistige Wahrnehmungskraft in dem in der Herzgegend erzeugten Organ zum Dasein erwecken und durch die in den vorigen Kapiteln charakterisierten Strömungen leiten kann. Diese Wahrnehmungskraft ist ein Element von höherer Stofflichkeit, das von dem genannten Organ ausgeht und in leuchtender Schönheit durch die sich bewegenden Lotusblumen und auch durch die anderen Kanäle des ausgebildeten Ätherleibes strömt. Es strahlt von da nach außen in die umgebende geistige Welt und macht sie geistig sichtbar, wie das von außen auf die Gegenstände fallende Sonnenlicht diese physisch sichtbar macht.

Wie diese Wahrnehmungskraft im Herzorgane erzeugt wird, das kann nur allmählich im Ausbilden selbst verstanden werden.

Deutlich als Gegenstände und Wesen wahrnehmbar wird die geistige Welt eigentlich erst für einen Menschen, der in solcher Art das charakterisierte Wahrnehmungsorgan durch seinen Ätherleib und nach der Außenwelt senden kann, um damit die Gegenstände zu beleuchten. – Man sieht daraus, daß ein vollkommenes Bewußtsein von einem Gegenstande der geistigen Welt nur unter der Bedingung entstehen kann, daß der Mensch selbst das Geisteslicht auf ihn wirft. In Wahrheit wohnt nun das «Ich», welches dieses Wahrnehmungsorgan erzeugt, gar nicht im physischen Menschenkörper, sondern, wie gezeigt worden ist, außerhalb desselben. Das Herzorgan ist nur der Ort, wo der Mensch von außen her dieses geistige Lichtorgan entfacht. Würde er es nicht hier, sondern an einem anderen Orte entzünden, so hätten die durch dasselbe zustande gebrachten geistigen Wahrnehmungen keinen Zusammenhang mit der physischen Welt. Aber der Mensch soll ja alles höhere Geistige eben auf die physische Welt beziehen und durch sich in die letztere hereinwirken lassen. Das Herzorgan ist gerade dasjenige, durch welches das höhere Ich das sinnliche Selbst zu seinem Werkzeug macht und von dem aus dies letztere gehandhabt wird.

Nun ist die Empfindung, welche der entwickelte Mensch gegenüber den Dingen der geistigen Welt hat, eine andere als die, welche dem Sinnenmenschen gegenüber der physischen Welt eigen ist. Der letztere fühlt sich an einem gewissen Orte der Sinnenwelt, und die wahrgenommenen Gegenstände sind für ihn «außerhalb». Der geistig entwickelte Mensch dagegen fühlt sich mit dem geistigen Gegenstande seiner Wahrnehmung wie vereinigt, wie «im Innern» desselben. Er wandelt in der Tat im Geistesraume von Ort zu Ort. Man nennt ihn deshalb in der Sprache der Geheimwissenschaft auch den «Wanderer». Er ist zunächst nirgends zu Hause. – Bliebe er bei dieser bloßen Wanderschaft, dann könnte er keinen Gegenstand im geistigen Raume wirklich bestimmen. Wie man einen Gegenstand oder Ort im physischen Raume dadurch bestimmt, daß man von einem gewissen Punkte ausgeht, so muß das auch in der erreichten anderen Welt der Fall sein. Man muß sich auch da irgendwo einen Ort suchen, den man zunächst ganz genau erforscht und geistig für sich in Besitz nimmt. In diesem Orte muß man sich eine geistige Heimat gründen und dann alles andere zu dieser Heimat in ein Verhältnis setzen. Auch der in der physischen Welt lebende Mensch sieht ja alles so, wie es die Vorstellungen seiner physischen Heimat mit sich bringen. Ein Berliner beschreibt unwillkürlich London anders als ein Pariser. Nur ist es mit der geistigen Heimat doch anders als mit der physischen. In die letztere ist man ohne sein Zutun hineingeboren, in ihr hat man während der Jugendzeit eine Reihe von Vorstellungen instinktiv aufgenommen, von denen fortan alles unwillkürlich beleuchtet wird. Die geistige Heimat hat man sich aber mit vollem Bewußtsein selbst gebildet. Man urteilt von ihr ausgehend deshalb auch in voller lichter Freiheit. – Dieses Bilden einer geistigen Heimat nennt man in der Sprache der Geheimwissenschaft «eine Hütte bauen».

Das geistige Schauen auf dieser Stufe erstreckt sich zunächst auf die geistigen Gegenbilder der physischen Welt, soweit diese

Gegenbilder in der sogenannten astralen Welt liegen. In dieser Welt befindet sich alles dasjenige, was seinem Wesen nach gleich den menschlichen Trieben, Gefühlen, Begierden und Leidenschaften ist. Denn zu allen den Menschen umgebenden Sinnesdingen gehören auch Kräfte, die mit diesen menschlichen verwandt sind. Ein Kristall z. B. wird in seine Form gegossen durch Kräfte, die sich der höheren Anschauung gegenüber ausnehmen wie ein Trieb, der im Menschen wirkt. Durch ähnliche Kräfte wird der Saft durch die Gefäße der Pflanze geleitet, werden die Blüten zur Entfaltung, die Samenkapseln zum Aufspringen gebracht. Alle diese Kräfte gewinnen Form und Farbe für die entwickelten geistigen Wahrnehmungsorgane, wie die Gegenstände der physischen Welt Form und Farbe für das physische Auge haben. Der Geheimschüler sieht auf der geschilderten Stufe seiner Entwickelung nicht nur den Kristall, die Pflanze, sondern auch die gekennzeichneten geistigen Kräfte. Und er sieht die tierischen und menschlichen Triebe nicht nur durch die physischen Lebensäußerungen ihrer Träger, sondern auch unmittelbar als Gegenstände, wie er in der physischen Welt Tische und Stühle sieht. Die ganze Instinkt-, Trieb-, Wunsch-, Leidenschaftswelt eines Tieres oder Menschen wird zu der astralen Wolke, in welche das Wesen eingehüllt wird, zur Aura.

Weiter nimmt der Hellseher auf dieser Stufe seiner Entwikkelung auch Dinge wahr, die sich der sinnlichen Auffassung fast oder vollständig entziehen. Er kann z. B. den astralen Unterschied merken zwischen einem Raume, der zum großen Teile mit niedrig gesinnten Menschen erfüllt ist, und einem solchen, in dem hochgesinnte Personen anwesend sind. In einem Krankenhause ist nicht nur die physische, sondern auch die geistige Atmosphäre eine andere als in einem Tanzsaale. Eine Handelsstadt hat eine andere astrale Luft als ein Universitätsort. Zunächst wird das Wahrnehmungsvermögen des hellsehend gewordenen Menschen für solche Dinge nur schwach entwickelt sein. Es wird sich zu den zuerst genannten Gegenständen so verhalten wie das Traumbewußtsein des Sinnenmenschen zu seinem Wachbewußtsein. Aber allmählich wird er auch auf dieser Stufe voll erwachen.

Die höchste Errungenschaft des Hellsehers, der den charakterisierten Grad des Schauens erreicht hat, ist diejenige, auf welcher sich ihm die astralen Gegenwirkungen der tierischen und menschlichen Triebe und Leidenschaften zeigen. Eine liebevolle Handlung hat eine andere astrale Begleiterscheinung als eine solche, die vom Hasse ausgeht. Die sinnlose Begierde stellt außer sich selbst noch ein häßliches astrales Gegenbild dar, die auf Hohes gerichtete Empfindung dagegen ein schönes. Diese Gegenbilder sind während des physischen Menschenlebens nur schwach zu sehen. Denn ihre Stärke wird durch das Leben in der physischen Welt beeinträchtigt. Ein Wunsch nach einem Gegenstande erzeugt z. B. ein solches Spiegelbild außer dem, als welches dieser Wunsch selbst in der astralen Welt erscheint. Wird aber der Wunsch durch das Erlangen des physischen Gegenstandes befriedigt oder ist wenigstens die Möglichkeit zu solcher Befriedigung vorhanden, so wird das Gegenbild nur ein sehr schwacher Schein sein. Zu seiner vollen Geltung gelangt es erst nach dem Tode des Menschen, wenn die Seele noch immer, ihrer Natur nach, solchen Wunsch hegen muß, ihn aber nicht mehr befriedigen kann, weil der Gegenstand und auch das physische Organ dazu fehlen. Der sinnlich veranlagte Mensch wird auch nach seinem Tode z. B. die Gier nach Gaumengenuß haben. Ihm fehlt jetzt aber die Möglichkeit der Befriedigung, da er doch keinen Gaumen mehr hat. Das hat zur Folge, daß der Wunsch ein besonders heftiges Gegenbild erzeugt, von dem die Seele dann gequält wird. Man nennt diese Erfahrungen durch die Gegenbilder der niederen Seelennatur nach dem Tode die Erlebnisse im Seelenreich, besonders in dem Ort der Begierden. Sie schwinden erst, wenn die Seele sich geläutert hat von allen nach der physischen Welt hinzielenden Begierden. Dann steigt diese Seele erst in das höhere Gebiet (Geisteswelt) auf. –

Wenn auch diese Gegenbilder beim noch physisch lebenden Menschen schwach sind: sie sind doch vorhanden und begleiten ihn als seine Begierden-Anlage, wie den Kometen sein Schweif begleitet. Und der Hellseher kann sie sehen, wenn er die entsprechende Entwickelungsstufe erreicht hat.

In solchen Erfahrungen und in allen denen, welche damit verwandt sind, lebt der Geheimschüler in dem Stadium, das beschrieben worden ist. Bis zu noch höheren geistigen Erlebnissen kann er es auf dieser Entwickelungsstufe noch nicht bringen. Er muß von da an noch höher aufwärts steigen.

DIE ERLANGUNG DER KONTINUITÄT DES BEWUSSTSEINS

Das Leben des Menschen verläuft im Wechsel von drei Zuständen. Diese sind: Wachsein, traumerfüllter Schlaf und traumloser tiefer Schlaf. Man kann verstehen, wie man zu den höheren Erkenntnissen der geistigen Welten gelangt, wenn man sich eine Vorstellung davon bildet, was für Veränderungen in bezug auf diese drei Zustände bei demjenigen Menschen vorgehen müssen, der solche Erkenntnis suchen will. Bevor der Mensch eine Schulung für diese Erkenntnis durchgemacht hat, wird sein Bewußtsein fortwährend unterbrochen von den Ruhepausen des Schlafes. In diesen Pausen weiß die Seele nichts von der Außenwelt und auch nichts von sich selbst. Nur für gewisse Zeiten tauchen aus dem allgemeinen Meere der Bewußtlosigkeit die Träume auf, welche anknüpfen an Vorgänge der Außenwelt oder an Zustände des eigenen Leibes. Zunächst sieht man in den Träumen nur eine besondere Äußerung des Schlaflebens, und man spricht daher wohl überhaupt nur von zwei Zuständen: Schlafen und Wachen. Für die Geheimwissenschaft aber hat der Traum eine selbständige Bedeutung neben den beiden anderen Zuständen. Es ist im vorigen Kapitel beschrieben worden, welche Veränderung in dem Traumleben des Menschen vorgeht, der den Aufstieg zu höherer Erkenntnis unternimmt. Seine Träume verlieren den bedeutungslosen, unregelmäßigen und zusammenhanglosen Charakter und werden immer mehr und mehr zu einer regelerfüllten, zusammenhängenden Welt. Bei weiterer Entwickelung gibt dann diese aus der Traumwelt geborene neue Welt der äußeren sinnlichen Wirklichkeit nicht nur an innerer Wahrheit nichts nach, sondern in ihr offenbaren sich Tatsachen, die im vollen Sinne des Wortes eine höhere Wirklichkeit darstellen. In der sinnlichen Welt sind nämlich überall Geheimnisse und Rätsel verborgen. Diese Welt zeigt wohl die Wirkungen gewisser höherer Tatsachen; allein der Mensch, der seine Wahrnehmung bloß auf seine Sinne beschränkt, kann nicht zu den *Ursachen* dringen. Dem Geheimschüler offenbaren sich in dem geschilderten, aus dem Traumleben herausgebildeten, aber keineswegs etwa bei ihm stehenbleibenden Zustande diese Ursachen teilweise. – Er darf ja allerdings diese Offenbarungen so lange nicht als wirkliche Erkenntnisse ansehen, als sich ihm noch nicht während des gewöhnlichen wachen Lebens dieselben Dinge zeigen. Aber auch dazu gelangt er. Er entwickelt sich dazu, den Zustand, den er erst aus dem Traumleben sich geschaffen hat, in das wache Bewußtsein herüberzunehmen. Dann ist für ihn die Sinnenwelt um etwas ganz Neues bereichert. Wie ein Mensch, der, blind geboren und operiert, nach seinem Sehendwerden die Dinge der Umgebung um all die Wahrnehmungen des Auges bereichert erkennt, so schaut der auf obige Art hellsehend gewordene Mensch die ganze ihn umgebende Welt mit neuen Eigenschaften, Dingen, Wesen usw. Er braucht nunmehr nicht auf den Traum zu warten, um in einer anderen Welt zu leben, sondern er kann sich zu höherer Wahrnehmung immer, wenn es angemessen ist, in den geschilderten Zustand versetzen. Bei ihm hat dann dieser Zustand eine ähnliche Bedeutung, wie im gewöhnlichen Leben eine solche das Wahrnehmen der Dinge bei tätigen Sinnen gegenüber dem bei nicht tätigen Sinnen hat. Man kann eben in wahrem Sinne sagen: der Geheimschüler öffnet die Sinne seiner Seele, und er schaut die Dinge, welche den leiblichen Sinnen verborgen bleiben müssen.

Dieser Zustand bildet nun nur einen Übergang zu noch höheren Stufen der Erkenntnis des Geheimschülers. Setzt dieser die ihm bei seiner Geheimschulung dienenden Übungen fort, so wird er nach angemessener Zeit finden, daß nicht nur mit seinem Traumleben die beschriebene durchgreifende Veränderung vorgeht, sondern daß sich die Verwandlung auch auf den vorher traumlosen tiefen Schlaf ausdehnt. Er merkt, daß die völlige Bewußtlosigkeit, in welcher er sich früher während dieses Schlafes befunden hat, unterbrochen wird von vereinzelten bewußten Erlebnissen. Aus der allgemeinen Finsternis des Schlafes tauchen Wahrnehmungen von einer Art auf, die er vorher nicht gekannt hat. Es ist natürlich nicht leicht, diese Wahrnehmungen zu beschreiben, denn unsere Sprache ist ja nur für die Sinneswelt geschaffen, und man kann daher nur annähernd Worte für das finden, was gar nicht dieser Sinneswelt angehört. Doch muß man die Worte zur Beschreibung der höheren Welten zunächst verwenden. Das kann nur dadurch geschehen, daß vieles in Gleichnissen gesagt wird. Aber da alles in der Welt mit anderem verwandt ist, so kann dies auch geschehen. Die Dinge und Wesen der höheren Welten sind mit denen der Sinneswelt wenigstens so weit verwandt, daß bei gutem Willen immerhin eine Vorstellung von diesen höheren Welten auch durch die für die Sinneswelt gebräuchlichen Worte erzielt werden kann. Man muß sich nur immer dessen bewußt bleiben, daß vieles bei solchen Beschreibungen übersinnlicher Welten Gleichnis und Sinnbild sein muß. – Die Geheimschulung selbst vollzieht sich daher nur zum Teil in den Worten der gewöhnlichen Sprache; im übrigen lernt der Schüler zu seinem Aufstieg noch eine sich wie selbstverständlich ergebende sinnbildliche Ausdrucksart. Man muß sie sich während der Geheimschulung selbst aneignen. Dies hindert aber nicht, daß man auch durch gewöhnliche Beschreibungen, wie sie hier gegeben werden, etwas über die Natur der höheren Welten erfährt.

Will man eine Vorstellung geben von den oben erwähnten Erlebnissen, die zunächst aus dem Meere der Bewußtlosigkeit während des tiefen Schlafes auftauchen, so kann man sie am besten mit einer Art von *Hören* vergleichen. Von wahrgenommenen Tönen und Worten kann man sprechen. Wie man die Erlebnisse des Traumschlafes zutreffend als eine Art des *Schauens* im Vergleiche mit den Wahrnehmungen der Sinne bezeichnen kann, so lassen sich die Tatsachen des tiefen Schlafes mit den Eindrücken des Ohres vergleichen. (Als Zwischenbemerkung soll nur gesagt werden, daß das *Schauen* auch für die geistigen Welten das

Höhere ist. Farben sind auch in *dieser Welt* etwas Höheres als Töne und Worte. Aber das, was der Geheimschüler von dieser Welt bei seiner Schulung *zuerst* wahrnimmt, sind eben *noch nicht* die höheren Farben, sondern die niederen Töne. Nur weil der Mensch nach seiner allgemeinen Entwickelung für die Welt schon geeigneter ist, die sich im Traumschlaf offenbart, nimmt er da sogleich die Farben wahr. Für die höhere Welt, die sich im Tiefschlaf enthüllt, ist er noch weniger geeignet. Deshalb offenbart sich diese ihm zunächst in Tönen und Worten; später kann er auch hier zu Farben und Formen aufsteigen.)

Wenn nun der Geheimschüler merkt, daß er solche Erlebnisse im tiefen Schlafe hat, dann ist es zunächst seine Aufgabe, sich dieselben so deutlich und klar wie möglich zu machen. Anfangs fällt das sehr schwer; denn die Wahrnehmung des in diesem Zustande Erlebten ist zunächst eine außerordentlich geringe. Man weiß nach dem Erwachen wohl, daß man etwas erlebt hat; was es aber gewesen ist, darüber bleibt man völlig im unklaren. Das Wichtigste während dieses Anfangszustandes ist, daß man ruhig und gelassen bleibt und nicht einen Augenblick in irgendwelche Unruhe und Ungeduld verfällt. Diese müßten unter allen Umständen nur schädlich wirken. Vor allem können sie die weitere Entwickelung nie beschleunigen, sondern müssen sie verzögern. Man muß sich ruhig sozusagen dem überlassen, was einem gegeben oder geschenkt wird; alles Gewaltsame muß unterbleiben. Kann man in einem Zeitpunkte Schlaferlebnisse nicht gewahr werden, so warte man geduldig, bis dieses möglich sein wird. Denn dieser Augenblick kommt gewiß einmal. Und war man vorher geduldig und gelassen, so bleibt dann die Wahrnehmungsfähigkeit ein sicherer Besitz, während sie bei einem gewaltsamen Vorgehen zwar einmal auftreten, aber sich dann wieder für längere Zeit vollständig verlieren kann.

Ist die Wahrnehmungsfähigkeit einmal eingetreten und stehen einem die Schlaferlebnisse vollkommen klar und deutlich vor dem

Bewußtsein, dann hat man auf folgendes die Aufmerksamkeit zu richten. Unter diesen Erlebnissen sind ganz genau zweierlei Arten zu unterscheiden. Die eine Art wird ganz fremd sein gegenüber all dem, was man vorher jemals kennengelernt hat. An diesen Erlebnissen mag man zunächst seine Freude haben; man mag sich an ihnen erbauen; aber man lasse sie im übrigen vorläufig auf sich beruhen. Sie sind die ersten Vorboten der höheren geistigen Welt, in welcher man sich erst später zurechtfinden wird. Die andere Art von Erlebnissen aber wird dem aufmerksamen Betrachter eine gewisse Verwandtschaft mit der gewöhnlichen Welt zeigen, in welcher er lebt. Worüber er während des Lebens nachdenkt, was er begreifen möchte an den Dingen seiner Umgebung, aber mit dem gewöhnlichen Verstande nicht begreifen kann, darüber geben ihm diese Schlaferlebnisse Aufschluß. Der Mensch denkt während des Alltagslebens über das nach, was ihn umgibt. Er macht sich Vorstellungen, um den Zusammenhang der Dinge zu begreifen. Er sucht das durch Begriffe zu verstehen, was seine Sinne wahrnehmen. Auf solche Vorstellungen und Begriffe beziehen sich die Schlaferlebnisse. Was früher dunkler, schattenhafter Begriff war, gewinnt etwas Klangvolles, Lebendiges, das man eben nur mit den Tönen und Worten der Sinneswelt vergleichen kann. Es wird dem Menschen immer mehr so, wie wenn ihm die Lösung der Rätsel, über die er nachdenken muß, aus einer höheren Welt in Tönen und Worten zugeraunt würde. Und er vermag dann dasjenige, was ihm aus einer anderen Welt zukommt, mit dem gewöhnlichen Leben zu verbinden. Was vorher nur sein Gedanke erreichen konnte, ist jetzt für ihn Erlebnis, so lebendig und inhaltvoll wie nur irgendein Erlebnis der Sinneswelt sein kann. Die Dinge und Wesen dieser Sinneswelt sind eben durchaus nicht bloß das, als was sie der Sinneswahrnehmung erscheinen. Sie sind der Ausdruck und Ausfluß einer geistigen Welt. Diese vorher verborgene Geisteswelt tönt jetzt für den Geheimschüler aus seiner ganzen Umgebung heraus.

Es ist leicht einzusehen, daß ein Segen in dieser höheren Wahrnehmungsfähigkeit für den Menschen nur dann liegen kann, wenn in den seelischen Sinnen, die sich ihm eröffnet haben, alles in Ordnung ist, wie ja der Mensch auch seine gewöhnlichen Sinneswerkzeuge zur wahren Beobachtung der Welt nur gebrauchen kann, wenn sie gesetzmäßig eingerichtet sind. Nun bildet sich der Mensch selbst diese höheren Sinne durch die Übungen, die ihm die Geheimschulung anweist. – Zu diesen Übungen gehört die Konzentration, das ist das Richten der Aufmerksamkeit auf ganz bestimmte mit den Weltgeheimnissen zusammenhängende Vorstellungen und Begriffe. Und es gehört ferner dazu das Meditieren, das ist das Leben in solchen Ideen, das vollkommene Versenken in dieselben in vorgeschriebener Art. Durch Konzentrieren und Meditieren arbeitet der Mensch an seiner Seele. Er entwickelt dadurch in ihr die seelischen Wahrnehmungsorgane. Während er den Aufgaben der Konzentration und Meditation obliegt, wächst innerhalb seines Leibes seine Seele, wie der Kindeskeim im Leibe der Mutter wächst. Und wenn dann während des Schlafes die geschilderten einzelnen Erlebnisse eintreten, dann rückt der Moment der Geburt heran für die freigewordene Seele, die dadurch buchstäblich ein anderes Wesen geworden ist, das der Mensch in sich zur Keimung und Reifung bringt. – Die Anstrengungen für das Konzentrieren und das Meditieren müssen deshalb sorgfältige sein, und sie müssen genau eingehalten werden, weil sie ja die Gesetze für die Keimung und das Reifwerden des gekennzeichneten höheren Menschen-Seelenwesens sind. Und dieses muß bei seiner Geburt ein in sich harmonischer, richtig gegliederter Organismus sein. Wird aber in den Vorschriften etwas verfehlt, so kommt nicht ein solches gesetzmäßiges Lebewesen, sondern eine Fehlgeburt auf geistigem Gebiet zustande, die nicht lebensfähig ist.

Daß die Geburt dieses höheren Seelenwesens zunächst im tiefen Schlafe erfolgt, wird begreiflich erscheinen, wenn man bedenkt, daß der zarte, noch wenig widerstandsfähige Organismus bei einem etwaigen Erscheinen während des sinnlichen Alltagslebens durch die starken, harten Vorgänge dieses Lebens ja gar nicht zur Geltung kommen könnte. Seine Tätigkeit käme nicht in Betracht gegenüber der Tätigkeit des Leibes. Im Schlafe, wenn der Körper ruht, soweit seine Tätigkeit von der sinnlichen *Wahrnehmung* abhängt, kann die im Anfang so zarte, unscheinbare Tätigkeit der höheren Seele zum Vorschein kommen. – Wieder aber muß beachtet werden, daß der Geheimschüler die Schlaferlebnisse so lange nicht als vollgültige Erkenntnisse ansehen darf, solange er nicht imstande ist, die erwachte höhere Seele auch in das Tagesbewußtsein herüberzunehmen. Ist er das imstande, so vermag er auch zwischen und innerhalb der Tageserlebnisse die geistige Welt nach ihrem Charakter wahrzunehmen, das heißt, er kann die Geheimnisse seiner Umgebung seelisch als Töne und Worte erfassen.

Nun muß man sich auf dieser Stufe der Entwickelung klarwerden, daß man es ja zunächst mit einzelnen mehr oder weniger unzusammenhängenden geistigen Erlebnissen zu tun hat. Man muß sich daher hüten, sich aus ihnen irgendein abgeschlossenes oder auch nur zusammenhängendes Erkenntnisgebäude aufbauen zu wollen. Da müßten sich allerlei phantastische Vorstellungen und Ideen in die Seelenwelt einmischen; und man könnte sich so sehr leicht eine Welt zusammenbauen, die mit der wirklichen geistigen gar nichts zu tun hat. Strengste Selbstkontrolle muß ja von dem Geheimschüler fortwährend geübt werden. Das richtigste ist, über die einzelnen wirklichen Erlebnisse, die man hat, immer mehr und mehr zur Klarheit zu kommen und abzuwarten, bis sich neue ergeben in völlig ungezwungener Art, die sich wie von selbst mit den schon vorhandenen verbinden. – Es tritt da nämlich bei dem Geheimschüler durch die Kraft der geistigen Welt, in die er nun einmal gekommen ist, und bei Anwendung der entsprechenden Übungen eine immer mehr um sich greifende Erweiterung des Bewußtseins im tiefen Schlafe ein. Immer mehr Erlebnisse treten hervor aus der Bewußtlosigkeit und immer kleinere Strecken des Schlaflebens werden bewußtlos sein. So schließen sich dann die einzelnen Schlaferfahrungen eben immer mehr von selbst zusammen, ohne daß dieser wahre Zusammenschluß durch allerlei Kombinationen und Schlußfolgerungen gestört würde, die doch nur von dem an die Sinneswelt gewöhnten Verstande herrühren würden. Je weniger aber von den Denkgewohnheiten dieser sinnlichen Welt in unberechtigter Weise hineingemischt wird in die höheren Erlebnisse, desto besser ist es. Verhält man sich so, dann nähert man sich immer mehr und mehr derjenigen Stufe auf dem Wege zu höherer Erkenntnis, auf welcher Zustände, die vorher nur unbewußt im Schlafleben vorhanden waren, in vollständig bewußte umgewandelt werden. Man lebt dann, wenn der Körper ruht, ebenso in einer Wirklichkeit, wie dies beim Wachen der Fall ist. Es wird überflüssig sein, zu bemerken, daß während des Schlafes selbst zunächst man es mit einer anderen Wirklichkeit zu tun hat, als die sinnliche Umgebung ist, in welcher sich der Körper befindet. Man lernt ja und muß – um fest auf dem Boden der Sinneswelt stehenzubleiben und nicht Phantast zu werden – lernen, die höheren Schlaferlebnisse an die sinnliche Umgebung anzuknüpfen. Aber zunächst ist eben die im Schlaf erlebte Welt eine vollkommen neue Offenbarung. – Man nennt in der Geheimwissenschaft die wichtige Stufe, die in der Bewußtheit des Schlaflebens besteht, die Kontinuität (Ununterbrochenheit) des Bewußtseins.*

Bei einem Menschen, der diese Stufe erreicht hat, hört das Erleben und Erfahren in solchen Zeiten nicht auf, in denen der physische Leib ruht und der Seele keine Eindrücke durch die Sinneswerkzeuge zugeführt werden.

---

* Was hier angedeutet wird, ist für eine gewisse Stufe der Entwickelung eine Art «Ideal», das am Ende eines langen Weges liegt. Was der Geheimschüler zunächst kennenlernt, sind die zwei Zustände: Bewußtsein bei einer seelischen Verfassung, in welcher ihm vorher nur regellose Träume, und in einer solchen, in der nur bewußtloser, traumloser Schlaf möglich war.

DIE SPALTUNG DER PERSÖNLICHKEIT
WÄHREND DER GEISTESSCHULUNG

Während des Schlafes empfängt die menschliche Seele nicht die Mitteilungen von seiten der physischen Sinneswerkzeuge. Die Wahrnehmungen der gewöhnlichen Außenwelt fließen ihr in diesem Zustande nicht zu. Sie ist in Wahrheit in gewisser Beziehung *außerhalb* des Teiles der menschlichen Wesenheit, des sogenannten physischen Leibes, welcher im Wachen die Sinneswahrnehmungen und das Denken vermittelt. Sie ist dann nur in Verbindung mit den feineren Leibern (dem Ätherleib und dem Astralleib), welche sich der Beobachtung der physischen Sinne entziehen. Aber die Tätigkeit dieser feineren Leiber hört im Schlafe nicht etwa auf. So wie der physische Leib mit den Dingen und Wesen der physischen Welt in Verbindung steht, wie er von ihnen Wirkungen empfängt und auf sie wirkt, so lebt die Seele in einer höheren Welt. Und dieses Leben dauert während des Schlafes fort. Tatsächlich ist die Seele während des Schlafes in voller Regsamkeit. Nur kann der Mensch von dieser seiner eigenen Tätigkeit so lange nichts wissen, als er nicht geistige Wahrnehmungsorgane hat, durch welche er während des Schlafes ebensogut beobachten kann, was um ihn herum vorgeht und was er selber treibt, wie er das mit seinen gewöhnlichen Sinnen im Tagesleben für seine physische Umgebung kann. Die Geheimschulung besteht (wie in den vorhergehenden Kapiteln gezeigt worden ist) in der Ausbildung solcher geistigen Sinneswerkzeuge.

Verwandelt sich nun durch die Geheimschulung das Schlafleben des Menschen in dem Sinne, wie es im vorigen Kapitel beschrieben worden ist, so kann er alles, was in diesem Zustande um ihn herum vorgeht, bewußt verfolgen; er kann sich willkürlich in seiner Umgebung zurechtfinden, wie das mit seinen Erlebnissen während des wachen Alltagslebens durch die gewöhnlichen Sinne der Fall ist. Dabei ist allerdings zu beachten, daß die Wahrnehmung der gewöhnlichen sinnlichen Umgebung schon einen höheren Grad des Hellsehens voraussetzt. (Es ist darauf schon im vorigen Kapitel hingedeutet worden.) Im Beginn der Entwickelung nimmt der Geheimschüler nur Dinge wahr, die einer anderen Welt angehören, ohne deren Zusammenhang mit den Gegenständen seiner alltäglichen sinnlichen Umgebung bemerken zu können.

Was an so charakteristischen Beispielen des Traum- und Schlaflebens anschaulich wird, findet fortwährend beim Menschen statt. Die Seele lebt ohne Unterbrechung in höheren Welten und ist innerhalb der letzteren tätig. Sie schöpft aus diesen höheren Welten heraus die Anregungen, durch welche sie immerwährend auf den physischen Leib wirkt. Nur bleibt für den Menschen dieses sein höheres Leben *unbewußt*. Der Geheimschüler aber bringt es zum Bewußtsein. Dadurch wird sein Leben überhaupt ein anderes. Solange die Seele nicht im höheren Sinne *sehend* ist, wird sie von übergeordneten Weltwesen geführt. Und wie das Leben eines Blinden, der durch Operation sehend geworden ist, ein anderes wird, als es vorher war, da er sich auf seine Führerschaft verlassen mußte, so ändert sich das Leben des Menschen durch die Geheimschulung. Er wird der Führerschaft entwachsen und muß fortan seine Leitung selbst übernehmen. Sobald dies eintritt, ist er, wie begreiflich, Irrtümern unterworfen, von denen das gewöhnliche Bewußtsein nichts ahnt. Er handelt jetzt aus einer Welt heraus, aus der ihn früher höhere Gewalten, ihm selbst unbewußt, beeinflußten. Diese höheren Gewalten sind durch die allgemeine Weltharmonie geordnet. Aus dieser Weltharmonie tritt der Geheimschüler heraus. Er hat nunmehr selbst Dinge zu tun, die vorher für ihn ohne sein Zutun vollzogen worden sind.

Weil dies letztere der Fall ist, deshalb wird in den Schriften, die von solchen Dingen handeln, viel von den Gefahren gesprochen, welche mit dem Aufstieg in die höheren Welten verbunden sind. Die Schilderungen, die da zuweilen von solchen Gefahren gemacht werden, sind wohl geeignet, ängstliche Gemüter nur mit Schaudern auf dieses höhere Leben blicken zu lassen. Doch muß gesagt werden, daß diese Gefahren nur dann vorhanden sind, wenn die notwendigen Vorsichtsmaßregeln außer acht gelassen werden. Wenn dagegen wirklich alles beachtet wird, was wahre Geheimschulung als Ratschläge an die Hand gibt, dann erfolgt der Aufstieg zwar durch Erlebnisse hindurch, die an Gewalt und Größe alles überragen, was die kühnste Phantasie des Sinnenmenschen sich ausmalen kann; aber von einer Beeinträchtigung der Gesundheit oder des Lebens kann nicht die Rede sein. Der Mensch lernt grausige, das Leben an allen Ecken und Enden bedrohende Gewalten kennen. Es wird ihm möglich, sich selbst gewisser Kräfte und Wesen zu bedienen, welche der sinnlichen Wahrnehmung entzogen sind. Und die Versuchung ist groß, sich dieser Kräfte im Dienste eines eigenen unerlaubten Interesses zu bemächtigen oder aus mangelnder Erkenntnis der höheren Welten in irrtümlicher Weise solche Kräfte zu verwenden. Einige von solchen besonders bedeutsamen Erlebnissen (z. B. die Begegnung mit dem «Hüter der Schwelle») sollen noch in diesen Aufsätzen geschildert werden. – Aber man muß doch bedenken, daß die lebenfeindlichen Mächte auch dann vorhanden sind, wenn man sie nicht kennt. Wahr ist allerdings, daß dann deren Verhältnis zum Menschen von höheren Kräften bestimmt wird und daß dieses Verhältnis sich auch ändert, wenn der Mensch mit Bewußtsein in diese ihm vorher verborgene Welt eintritt. Aber es wird dafür auch sein eigenes Dasein gesteigert, sein Lebenskreis um ein ungeheures Feld bereichert. Eine wirkliche Gefahr liegt nur dann vor, wenn der Geheimschüler durch Ungeduld oder Unbescheidenheit sich gegenüber den Erfahrungen der höheren Welt zu früh eine gewisse Selbständigkeit beimißt, wenn er nicht abwarten kann, bis ihm die zureichende Einsicht in die übersinnlichen Gesetze wirklich zuteil wird. Auf diesem Gebiete sind eben Demut und Bescheidenheit noch viel weniger leere Worte als im gewöhnlichen Leben. Sind diese aber dem Schüler im allerbesten Sinne eigen, so kann er sicher sein, daß sich sein Aufstieg ins höhere Leben gefahrlos für alles das vollzieht, was man gewöhnlich Gesundheit und Leben nennt. – Vor allen Dingen darf keine Disharmonie aufkommen zwischen den höheren Erlebnissen und den Vorgängen und Anforderungen des alltäglichen Lebens. Des Menschen Aufgabe ist durchaus auf dieser Erde zu suchen. Und wer den Aufgaben auf dieser Erde sich entziehen und in eine andere Welt flüchten will, der mag sicher sein, daß er sein Ziel nicht erreicht. – Aber was die Sinne wahrnehmen, ist nur ein Teil der Welt. Und im Geistigen liegen die Wesenheiten, welche sich in den Tatsachen der sinnlichen Welt ausdrücken. Man soll teilhaftig werden des Geistes, damit man seine Offenbarungen in die Sinneswelt hineintragen kann. Der Mensch gestaltet die Erde um, indem er ihr einpflanzt, was er von dem Geisterlande her erkundet. Darinnen liegt seine Aufgabe. Nur weil die sinnliche Erde von der geistigen Welt abhängt, weil man wahrhaft auf der Erde nur wirken kann, wenn man Teilhaber an jenen Welten ist, in denen die schaffenden Kräfte verborgen sind, deshalb soll man zu diesen letzteren aufsteigen wollen. Tritt man mit dieser Gesinnung an die Geheimschulung heran und weicht man keinen Augenblick von der dadurch vorgezeichneten Richtung ab, dann hat man nicht die allergeringsten Gefahren zu befürchten. Niemand sollte sich von den in Aussicht stehenden Gefahren von der Geheimschulung abhalten lassen; für einen jeden aber sollte diese Aussicht eine strenge Aufforderung sein, sich durchaus jene Eigenschaften anzueignen, welche der wahre Geheimschüler haben soll.

Nach diesen Voraussetzungen, die wohl alles Schreckhafte beseitigen, soll nun hier an die Schilderung einiger sogenannter «Gefahren» geschritten werden. Große Veränderungen gehen allerdings mit den obengenannten feineren Leibern beim Geheimschüler vor sich. Solche Veränderungen hängen mit gewissen Entwickelungsvorgängen der drei Grundkräfte der Seele, mit

Wollen, Fühlen und *Denken* zusammen. Diese drei Kräfte stehen vor der Geheimschulung des Menschen in einer ganz bestimmten, durch höhere Weltgesetze geregelten Verbindung. Nicht in beliebiger Weise *will, fühlt* oder *denkt* der Mensch. Wenn z. B. eine bestimmte Vorstellung im Bewußtsein auftaucht, so schließt sich an sie nach natürlichen Gesetzen ein gewisses Gefühl oder es folgt auf sie ein gesetzmäßig mit ihr zusammenhängender Willensentschluß. Man betritt ein Zimmer, findet es dumpfig und öffnet die Fenster. Man hört seinen Namen rufen und folgt dem Rufe. Man wird gefragt und gibt Antwort. Man sieht ein übelriechendes Ding und bekommt ein Gefühl von Unlust. Das sind einfache Zusammenhänge zwischen Denken, Fühlen und Wollen. Wenn man aber das menschliche Leben überschaut, so wird man finden, daß sich alles in diesem Leben auf solche Zusammenhänge aufbaut. Ja, man bezeichnet das Leben eines Menschen nur dann als ein «normales», wenn man in demselben eine solche Verbindung von Denken, Fühlen und Wollen bemerkt, die in den Gesetzen der menschlichen Natur begründet liegt. Man fände es diesen Gesetzen widersprechend, wenn ein Mensch z. B. beim Anblick eines übelriechenden Gegenstandes ein Lustgefühl empfände oder wenn er auf Fragen nicht antwortete. Die Erfolge, die man sich von einer richtigen Erziehung oder einem angemessenen Unterricht verspricht, beruhen darauf, daß man voraussetzt, man könne eine der menschlichen Natur entsprechende Verbindung zwischen Denken, Fühlen und Wollen beim Zögling herstellen. Wenn man diesem gewisse Vorstellungen beibringt, so tut man es in der Annahme, daß sie später mit seinen Gefühlen und Willensentschlüssen in gesetzmäßige Verbindungen eingehen. – Alles das rührt davon her, daß in den feineren Seelenleibern des Menschen die Mittelpunkte der drei Kräfte, des Denkens, Fühlens und Wollens, in einer gesetzmäßigen Art miteinander verbunden sind. Und diese Verbindung in dem feineren Seelenorganismus hat auch ihr Abbild in dem groben physischen Körper. Auch in diesem stehen die Organe des Wollens in einer gewissen gesetzmäßigen Verbindung mit denen des Denkens und Fühlens. Ein bestimmter Gedanke ruft regelmäßig daher ein Gefühl oder eine Willenstätigkeit hervor. – Bei der höheren Entwickelung des Menschen werden nun die Fäden, welche die drei Grundkräfte miteinander verbinden, unterbrochen. Zuerst geschieht diese Unterbrechung nur in dem charakterisierten feineren Seelenorganismus; bei noch höherem Aufstieg aber erstreckt sich die Trennung auch auf den physischen Körper. (Es zerfällt bei der höheren geistigen Entwickelung des Menschen tatsächlich z. B. sein Gehirn in drei voneinander getrennte Glieder. Die Trennung ist allerdings eine solche, daß sie für die gewöhnliche sinnliche Anschauung nicht wahrnehmbar und auch durch die schärfsten sinnlichen Instrumente nicht nachweisbar ist. Aber sie tritt ein, und der Hellseher hat Mittel, sie zu beobachten. Das Gehirn des höheren Hellsehers zerfällt in drei selbständig wirkende Wesenheiten: das Denk-, Fühl- und Willensgehirn.)

Die Organe des Denkens, Fühlens und Wollens stehen sodann ganz frei für sich da. Und ihre Verbindung wird nunmehr durch keine ihnen selbst eingepflanzten Gesetze hergestellt, sondern muß durch das erwachte höhere Bewußtsein des Menschen selbst besorgt werden. – Das ist nämlich die Veränderung, welche der Geheimschüler an sich bemerkt, daß kein Zusammenhang zwischen einer Vorstellung und einem Gefühl oder einem Gefühl und einem Willensentschluß usw. sich einstellt, wenn er nicht selbst einen solchen schafft. Kein Antrieb führt ihn von einem Gedanken zu einer Handlung, wenn er diesen Antrieb nicht frei in sich bewirkt. Er kann nunmehr völlig gefühllos vor einer Tatsache stehen, die ihm vor seiner Schulung glühende Liebe oder ärgsten Haß eingeflößt hat; er kann untätig bleiben bei einem Gedanken, der ihn vorher zu einer Handlung wie von selbst begeistert hat. Und er kann Taten verrichten aus Willensentschlüssen heraus, für welche bei einem nicht durch die Geheimschulung hindurchgegangenen

Menschen auch nicht die geringste Veranlassung vorliegt. Die große Errungenschaft, welche dem Geheimschüler zuteil wird, ist, daß er die vollkommene Herrschaft erlangt über das Zusammenwirken der drei Seelenkräfte; aber dieses Zusammenwirken wird dafür auch vollständig in seine eigene Verantwortlichkeit gestellt.

Erst durch diese Umwandlung seines Wesens kann der Mensch in bewußte Verbindung treten mit gewissen übersinnlichen Kräften und Wesenheiten. Denn es haben seine eigenen Seelenkräfte zu gewissen Grundkräften der Welt entsprechende Verwandtschaft. Die Kraft z. B., die im Willen liegt, kann auf bestimmte Dinge und Wesenheiten der höheren Welt wirken und diese auch wahrnehmen. Aber sie kann das erst dann, wenn sie frei geworden ist von ihrer Verbindung mit dem Fühlen und Denken innerhalb der Seele. Sobald diese Verbindung gelöst ist, tritt die Wirkung des Willens nach außen hervor. Und so ist es auch mit den Kräften des Denkens und Fühlens. Wenn mir ein Mensch ein Haßgefühl zusendet, so ist dieses für den Hellseher sichtbar als eine feine Lichtwolke von bestimmter Färbung. Und ein solcher Hellseher kann dieses Haßgefühl abwehren, wie der Sinnesmensch einen physischen Schlag abwehrt, der gegen ihn geführt wird. Der Haß wird in der übersinnlichen Welt eine anschaubare Erscheinung. Aber nur dadurch kann ihn der Hellseher wahrnehmen, daß er die Kraft, die in seinem Gefühle liegt, nach außen zu senden vermag, wie der Sinnesmensch die Empfänglichkeit seines Auges nach außen richtet. Und so wie mit dem Haß ist es mit weit bedeutungsvolleren Tatsachen der sinnlichen Welt. Der Mensch kann mit ihnen in bewußten Verkehr treten durch die Freilegung der Grundkräfte seiner Seele.

Durch die geschilderte Trennung der Kräfte des Denkens, Fühlens und Wollens ist nun, bei Außerachtlassung der geheimwissenschaftlichen Vorschriften, eine dreifache Verirrung auf dem Entwickelungsgange des Menschen möglich. Eine solche kann eintreten, wenn die Verbindungsbahnen zerstört werden, bevor das höhere Bewußtsein mit seiner Erkenntnis so weit ist, daß es die Zügel, die ein freies harmonisches Zusammenwirken der getrennten Kräfte herstellen, ordentlich zu führen vermag. – Denn in der Regel sind nicht alle drei Grundkräfte des Menschen in einem bestimmten Lebensabschnitt gleich weit in ihrer Entwickelung vorgeschritten. Bei dem einen Menschen ist das Denken dem Fühlen und Wollen vorangeschritten, bei einem zweiten hat eine andere Kraft die Oberhand über ihre Genossen. Solange nun der durch die höheren Weltgesetze hergestellte Zusammenhang der Kräfte aufrechterhalten bleibt, kann durch das Hervorstechen der einen oder der anderen keine im höheren Sinne störende Unregelmäßigkeit eintreten. Beim Willensmenschen z. B. wirken Denken und Gefühl durch jene Gesetze doch ausgleichend, und sie verhindern, daß der überwiegende Wille in besondere Ausartungen verfällt. Tritt ein solcher Willensmensch aber in die Geheimschulung ein, so hört der gesetzmäßige Einfluß von Gefühl und Gedanke auf den zu ungeheuren Kraftleistungen unausgesetzt drängenden Willen vollständig auf. Ist dann der Mensch in der vollkommenen Beherrschung des höheren Bewußtseins nicht so weit, daß er selbst die Harmonie hervorrufen kann, so geht der Wille seine eigenen zügellosen Wege. Er überwältigt fortwährend seinen Träger. Gefühl und Denken fallen einer vollkommenen Machtlosigkeit anheim; der Mensch wird durch die ihn sklavisch beherrschende Willensmacht gepeitscht. Eine *Gewaltnatur,* die von einer zügellosen Handlung zur anderen schreitet, ist entstanden. – Ein zweiter Abweg entsteht, wenn das Gefühl in einer maßlosen Art sich von den gesetzmäßigen Zügeln befreit. Eine zur Verehrung anderer Menschen neigende Person kann sich dann in grenzenlose Abhängigkeit bis zum Verluste jedes eigenen Willens und Gedankens begeben. Statt höherer Erkenntnis ist dann die erbarmungswürdigste Aushöhlung und Kraftlosigkeit das Los einer solchen Persönlichkeit. – Oder es kann bei solch überwiegendem Gefühlsleben eine zu Frömmigkeit und religiöser Erhebung neigende Natur in eine sie ganz hinreißende Religionsschwelgerei verfallen. – Das dritte Übel bildet sich, wenn das Denken überwiegt. Dann tritt eine lebensfeindliche, in sich verschlossene Beschaulichkeit auf. Für solche Menschen scheint dann die Welt nur mehr insoweit Bedeutung zu haben, als sie ihnen Gegenstände liefert zur Befriedigung ihrer ins Grenzenlose gesteigerten Weisheitsgier. Sie werden durch keinen Gedanken zu einer Handlung oder einem Gefühl angeregt. Sie treten überall als teilnahmslose, kalte Naturen auf. Jede Berührung mit Dingen der alltäglichen Wirklichkeit fliehen sie wie etwas, das ihnen Ekel erregt oder das wenigstens für sie alle Bedeutung verloren hat.

Das sind die drei Irrpfade, auf welche der Geheimschüler geraten kann: das Gewaltmenschentum, die Gefühlsschwelgerei, das kalte, lieblose Weisheitsstreben. Für eine äußerliche Betrachtungsweise – auch für die materialistische der Schulmedizin – unterscheidet sich das Bild eines solchen auf Abwegen befindlichen Menschen, vor allen Dingen dem Grade nach, nicht viel von demjenigen eines Irrsinnigen oder wenigstens einer schwer «nervenkranken Person». – Ihnen darf natürlich der Geheimschüler nicht gleichen. Es kommt bei ihm darauf an, daß Denken, Fühlen, Wollen, die drei Grundkräfte der Seele, eine harmonische Entwickelung durchgemacht haben, bevor sie aus der ihnen eingepflanzten Verbindung gelöst und dem erwachten höheren Bewußtsein unterstellt werden können. – Denn ist einmal der Fehler geschehen, ist eine Grundkraft der Zügellosigkeit anheimgefallen, so tritt die höhere Seele zunächst als eine Fehlgeburt zutage. Die ungebändigte Kraft füllt dann die ganze Persönlichkeit des Menschen aus; und für lange ist nicht daran zu denken, daß alles wieder ins Gleichgewicht kommt. Was als eine harmlose Charakterveranlagung erscheint, solange der Mensch ohne Geheimschulung ist, nämlich ob er eine Willens-, Gefühls- oder Denkernatur ist, das steigert sich beim Geheimschüler so, daß sich das zum Leben notwendige Allgemeinmenschliche demgegenüber ganz verliert. –

Zu einer wirklich ernsten Gefahr wird das allerdings erst in dem Augenblicke, in welchem der Schüler die Fähigkeit erlangt, Erlebnisse wie im Schlafbewußtsein so auch im wachen Zustande vor sich zu haben. Solange es bei der bloßen Erhellung der Schlafpausen verbleibt, wirkt während des Wachzustandes das von den allgemeinen Weltgesetzen geregelte Sinnesleben immer wieder ausgleichend auf das gestörte Gleichgewicht der Seele zurück. Deshalb ist es so notwendig, daß das Wachleben des Geheimschülers in jeder Richtung ein regelmäßiges, gesundes sei. Je mehr er den Anforderungen entspricht, welche die äußere Welt an eine gesunde, kräftige Gestaltung von Leib, Seele und Geist stellt, desto besser ist es für ihn. Schlimm dagegen kann es für ihn werden, wenn das alltägliche Wachleben aufregend oder aufreibend auf ihn wirkt, wenn also zu den größeren Veränderungen, die in seinem Innern vorgehen, irgendwelche zerstörende oder hemmende Einflüsse des äußeren Lebens hinzutreten. Er soll alles aufsuchen, was seinen Kräften und Fähigkeiten entsprechend ist und was ihn in ein ungestörtes, harmonisches Zusammenleben mit seiner Umgebung hineinbringt. Und er soll alles vermeiden, was dieser Harmonie Eintrag tut, was Unruhe und Hast in sein Leben bringt. Dabei kommt es weniger darauf an, diese Unruhe und Hast sich in einem äußerlichen Sinne abzuwälzen, als vielmehr darauf, zu sorgen, daß die Stimmung, die Absichten und Gedanken und die Gesundheit des Leibes darunter nicht fortwährenden Schwankungen ausgesetzt werden. – All das fällt dem Menschen während seiner Geheimschulung nicht so leicht wie vorher. Denn die höheren Erlebnisse, die nunmehr in sein Leben hineinspielen, wirken ununterbrochen auf sein ganzes Dasein. Ist innerhalb dieser höheren Erlebnisse etwas nicht in Ordnung, so lauert die Unregelmäßigkeit unausgesetzt und kann ihn bei jeder Gelegenheit aus den geordneten Bahnen herauswerfen. Deshalb darf der Geheimschüler nichts unterlassen, was ihm stets die Herrschaft über sein ganzes Wesen sichert. Nie sollte ihm Geistesgegenwart oder ein ruhiges Überblicken aller in Betracht kommenden Situationen des Lebens mangeln. Aber eine echte Geheimschulung erzeugt im Grunde alle diese Eigenschaften durch sich selbst. Und man lernt während einer solchen die Gefahren nur kennen, indem man zugleich in den richtigen Augenblicken die volle Macht erlangt, sie aus dem Felde zu schlagen.

DER HÜTER DER SCHWELLE

Wichtige Erlebnisse beim Erheben in die höheren Welten sind die Begegnungen mit dem «Hüter der Schwelle». Es gibt nicht nur einen, sondern im wesentlichen zwei, einen «kleineren» und einen «größeren» «Hüter der Schwelle». Dem ersteren begegnet der Mensch dann, wenn sich die Verbindungsfäden zwischen Willen, Denken und Fühlen innerhalb der feineren Leiber (des Astral- und Ätherleibes) so zu lösen beginnen, wie das im vorigen Kapitel gekennzeichnet worden ist. Dem «größeren Hüter der Schwelle» tritt der Mensch gegenüber, wenn sich die Auflösung der Verbindungen auch auf die physischen Teile des Leibes (namentlich zunächst das Gehirn) erstreckt.

Der «kleinere Hüter der Schwelle» ist ein selbständiges Wesen. Dieses ist für den Menschen nicht vorhanden, bevor die entsprechende Entwickelungsstufe von ihm erreicht ist. Nur einige der wesentlichsten Eigentümlichkeiten desselben können hier verzeichnet werden.

Es soll zunächst versucht werden, in erzählender Form die Begegnung des Geheimschülers mit dem Hüter der Schwelle darzustellen. Erst durch diese Begegnung wird der Schüler gewahr, daß Denken, Fühlen und Wollen bei ihm sich aus ihrer ihnen eingepflanzten Verbindung gelöst haben.

Ein allerdings schreckliches, gespenstisches Wesen steht vor dem Schüler. Dieser hat alle Geistesgegenwart und alles Vertrauen in die Sicherheit seines Erkenntnisweges notwendig, die er sich während seiner bisherigen Geheimschülerschaft aber hinlänglich aneignen konnte.

Der «Hüter» gibt seine Bedeutung etwa in folgenden Worten kund: «Über dir walteten bisher Mächte, welche dir unsichtbar waren. Sie bewirkten, daß während deiner bisherigen Lebensläufe jede deiner guten Taten ihren Lohn und jede deiner üblen

Handlungen ihre schlimmen Folgen hatten. Durch ihren Einfluß baute sich dein Charakter aus deinen Lebenserfahrungen und aus deinen Gedanken auf. Sie verursachten dein Schicksal. Sie bestimmten das Maß von Lust und Schmerz, das dir in einer deiner Verkörperungen zugemessen war, nach deinem Verhalten in früheren Verkörperungen. Sie herrschten über dir in Form des allumfassenden Karmagesetzes. Diese Mächte werden nun einen Teil ihrer Zügel von dir loslösen. Und etwas von der Arbeit, die sie an dir getan haben, mußt du nun selbst tun. – Dich traf bisher mancher schwere Schicksalsschlag. Du wußtest nicht warum? Es war die Folge einer schädlichen Tat in einem deiner vorhergehenden Lebensläufe. Du fandest Glück und Freude und nahmest sie hin. Auch sie waren die Wirkung früherer Taten. Du hast in deinem Charakter manche schöne Seiten, manche häßliche Flecken. Du hast beides selbst verursacht durch vorhergehende Erlebnisse und Gedanken. Du hast bisher die letzteren nicht gekannt; nur die Wirkungen waren dir offenbar. Sie aber, die karmischen Mächte, sahen alle deine vormaligen Lebenstaten, deine verborgensten Gedanken und Gefühle. Und sie haben danach bestimmt, wie du jetzt bist und wie du jetzt lebst.

Nun aber sollen dir selbst offenbar werden alle die guten und alle die schlimmen Seiten deiner vergangenen Lebensläufe. Sie waren bis jetzt in deine eigene Wesenheit hineinverwoben, sie waren in dir, und du konntest sie nicht sehen, wie du physisch dein eigenes Gehirn nicht sehen kannst. Jetzt aber lösen sie sich von dir los, sie treten aus deiner Persönlichkeit heraus. Sie nehmen eine selbständige Gestalt an, die du sehen kannst, wie du die Steine und Pflanzen der Außenwelt siehst. Und – ich bin es selbst, die Wesenheit, die sich einen Leib gebildet hat aus deinen edlen und deinen üblen Verrichtungen. Meine gespenstige Gestalt ist aus dem Kontobuche deines eigenen Lebens gewoben. Unsichtbar hast du mich bisher in dir selbst getragen. Aber es war wohltätig für dich, daß es so war. Denn die Weisheit deines dir verborgenen Geschickes hat deshalb auch bisher an der Auslöschung der häßlichen Flecken in meiner Gestalt in dir gearbeitet. Jetzt, da ich aus dir herausgetreten bin, ist auch diese verborgene Weisheit von dir gewichen. Sie wird sich fernerhin nicht mehr um dich kümmern. Sie wird die Arbeit dann nur in deine eigenen Hände legen. Ich muß zu einer in sich vollkommenen, herrlichen Wesenheit werden, wenn ich nicht dem Verderben anheimfallen soll. Und geschähe das letztere, so würde ich auch dich selbst mit mir hinabziehen in eine dunkle, verderbte Welt. – Deine eigene Weisheit muß nun, wenn das letztere verhindert werden soll, so groß sein, daß sie die Aufgabe jener von dir gewichenen verborgenen Weisheit übernehmen kann. – Ich werde, wenn du meine Schwelle überschritten hast, keinen Augenblick mehr als dir sichtbare Gestalt von deiner Seite weichen. Und wenn du fortan Unrichtiges tust oder denkst, so wirst du sogleich deine Schuld als eine häßliche, dämonische Verzerrung an dieser meiner Gestalt wahrnehmen. Erst wenn du all dein vergangenes Unrichtiges gutgemacht und dich so geläutert hast, daß dir weiter Übles ganz unmöglich ist, dann wird sich mein Wesen in leuchtende Schönheit verwandelt haben. Und dann werde ich mich zum Heile deiner ferneren Wirksamkeit wieder mit dir zu einem Wesen vereinigen können.

Meine Schwelle aber ist gezimmert aus einem jeglichen Furchtgefühl, das noch in dir ist, und aus einer jeglichen Scheu vor der Kraft, die volle Verantwortung für all dein Tun und Denken selbst zu übernehmen. Solange du noch irgendeine Furcht vor der selbsteigenen Lenkung deines Geschickes hast, so lange ist in diese Schwelle nicht alles hineingebaut, was sie erhalten muß. Und solange ihr ein einziger Baustein noch fehlt, so lange müßtest du wie gebannt an dieser Schwelle stehenbleiben oder stolpern. Versuche nicht früher diese Schwelle zu überschreiten, bis du ganz frei von Furcht und bereit zu höchster Verantwortlichkeit dich fühlst.

Bisher trat ich nur aus deiner eigenen Persönlichkeit heraus, wenn der Tod dich von einem irdischen Lebenslauf abberief. Aber auch da war meine Gestalt dir verschleiert. Nur die Schicksalsmächte, welche über dir walteten, sahen mich und konnten, nach meinem Aussehen, in den Zwischenpausen zwischen dem Tode und einer neuen Geburt, dir Kraft und Fähigkeit ausbilden, damit du in einem neuen Erdenleben an der Verschönerung meiner Gestalt zum Heile deines Fortkommens arbeiten konntest. Ich selbst war es auch, dessen Unvollkommenheit die Schicksalsmächte immer wieder dazu zwang, dich in eine neue Verkörperung auf die Erde zurückzuführen. Starbest du, so war ich da; und meinetwegen bestimmten die Lenker des Karma deine Wiedergeburt. Erst wenn du durch immer wieder erneuerte Leben in dieser Art mich unbewußt ganz zur Vollkommenheit umgeschaffen gehabt hättest, wärest du nicht den Todesmächten verfallen, sondern du hättest dich ganz mit mir vereint und wärest in Einheit mit mir in die Unsterblichkeit hinübergegangen.

So stehe ich heute sichtbar vor dir, wie ich stets unsichtbar neben dir in der Sterbestunde gestanden habe. Wenn du meine Schwelle überschritten haben wirst, so betrittst du die Reiche, die du sonst nach dem physischen Tode betreten hast. Du betrittst sie mit vollem Wissen und wirst fortan, indem du äußerlich sichtbar auf Erden wandelst, zugleich im Reiche des Todes, das ist aber im Reiche des ewigen Lebens, wandeln. Ich bin wirklich auch der Todesengel; aber ich, ich bin zugleich der Bringer eines nie versiegenden höheren Lebens. Beim lebendigen Leibe wirst du durch mich sterben, um die Wiedergeburt zum unzerstörbaren Dasein zu erleben.

Das Reich, das du nunmehr betrittst, wird dich bekannt machen mit Wesen übersinnlicher Art. Die Seligkeit wird dein Anteil in diesem Reiche sein. Aber die erste Bekanntschaft mit dieser Welt muß ich selbst sein, ich, der ich dein eigenes Geschöpf bin. Früher lebte ich von deinem eigenen Leben; aber jetzt bin ich durch dich zu einem eigenen Dasein erwacht und stehe vor dir als sichtbares

Richtmaß deiner künftigen Taten, vielleicht auch als dein immerwährender Vorwurf. Du konntest mich schaffen; aber du hast damit auch zugleich die Pflicht übernommen, mich umzuschaffen.»

Was hier, in eine Erzählung gekleidet, angedeutet ist, hat man sich nicht etwa als etwas Sinnbildliches vorzustellen, sondern als ein im höchsten Grade wirkliches Erlebnis des Geheimschülers.*

Der Hüter soll ihn warnen, ja nicht weiter zu gehen, wenn er nicht die Kraft in sich fühlt, den Forderungen zu entsprechen, die in der obigen Anrede enthalten sind. So schrecklich die Gestalt dieses Hüters auch ist, sie ist doch nur die Wirkung des eigenen vergangenen Lebens des Schülers, ist nur sein eigener Charakter, zu selbständigem Leben außer ihm erweckt. Und diese Erweckung geschieht durch die Auseinanderlösung von Wille, Denken und Gefühl. – Schon das ist ein Erlebnis von tief bedeutungsvoller Art, daß man zum ersten Male fühlt, man habe einem geistigen Wesen selbst den Ursprung gegeben. – Es muß nun die Vorbereitung des Geheimschülers dahin zielen, daß er ohne eine jegliche Scheu den schrecklichen Anblick aushält und daß er im Augenblicke der Begegnung seine Kraft wirklich so gewachsen fühlt, daß er es auf sich nehmen kann, die Verschönung des «Hüters» mit vollem Wissen auf sich zu laden.

---

* Es ist aus obigem klar, daß der geschilderte «Hüter der Schwelle» eine solche (astrale) Gestalt ist, welche dem erwachenden höheren Schauen des Geheimschülers sich offenbart. Und zu dieser übersinnlichen Begegnung führt die Geheimwissenschaft. Es ist eine Verrichtung niederer Magie, den «Hüter der Schwelle» auch sinnlich sichtbar zu machen. Dabei handelte es sich um die Herstellung einer Wolke feinen Stoffes, eines Räucherwerkes, das aus einer Reihe von Stoffen in bestimmter Mischung hergestellt wird. Die entwickelte Kraft des Magiers ist dann imstande, gestaltend auf das Räucherwerk zu wirken und dessen Substanz mit dem noch unausgeglichenen Karma des Menschen zu beleben. – Wer genügend vorbereitet für das höhere Schauen ist, braucht dergleichen sinnliche Anschauung nicht mehr; und wem sein noch unausgeglichenes Karma ohne genügende Vorbereitung als sinnlich lebendiges Wesen vor Augen träte, der liefe Gefahr, in schlimme Abwege zu geraten. Er sollte nicht danach streben. In Bulwers «Zanoni» wird romanhaft eine Darstellung dieses «Hüters der Schwelle» gegeben.

Eine Folge der glücklich überstandenen Begegnung mit dem «Hüter der Schwelle» ist, daß der nächste physische Tod dann für den Geheimschüler ein ganz anderes Ereignis ist, als vorher die Tode waren. Er erlebt bewußt das Sterben, indem er den physischen Körper ablegt, wie man ein Kleid ablegt, das abgenutzt oder vielleicht auch durch einen plötzlichen Riß unbrauchbar geworden ist. Dieser sein physischer Tod ist dann sozusagen eine erhebliche Tatsache nur für die anderen, welche mit ihm leben und die mit ihren Wahrnehmungen noch ganz auf die Sinnenwelt beschränkt sind. Für sie «stirbt» der Geheimschüler. Für ihn selbst ändert sich nichts von Bedeutung in seiner ganzen Umgebung. Die ganze übersinnliche Welt, in die er eingetreten ist, stand vor dem Tode schon in entsprechender Art vor ihm, und dieselbe Welt wird auch nach dem Tode vor ihm stehen.

Nun hängt der «Hüter der Schwelle» aber noch mit anderem zusammen. Der Mensch gehört einer Familie, einem Volke, einer Rasse an; sein Wirken in dieser Welt hängt von seiner Zugehörigkeit zu einer solchen Gesamtheit ab. Auch sein besonderer Charakter steht damit im Zusammenhange. Und das bewußte Wirken der einzelnen Menschen ist keineswegs alles, womit man bei einer Familie, einem Stamme, Volke, einer Rasse zu rechnen hat. Es gibt ein Familien-, Volks- usw. Schicksal, wie es einen Familien-, Rassen- usw. Charakter gibt. Für den Menschen, der auf seine Sinne beschränkt ist, bleiben diese Dinge *allgemeine Begriffe,* und der materialistische Denker in seinem Vorurteil wird verächtlich auf den Geheimwissenschafter herabsehen, wenn er hört, daß für diesen letzteren der Familien- oder der Volkscharakter, das Stammes- oder Rassenschicksal ebenso wirklichen Wesen zukommen, wie der Charakter und das Schicksal des einzelnen Menschen einer wirklichen Persönlichkeit zukommen. Der Geheimwissenschafter lernt eben höhere Welten kennen, von denen die einzelnen Persönlichkeiten ebenso Glieder sind, wie Arme, Beine und Kopf Glieder des Menschen sind. Und in dem Leben einer Familie, eines

Volkes, einer Rasse wirken außer den einzelnen Menschen auch die ganz wirklichen Familienseelen, Volksseelen, Rassengeister. Ja, in einem gewissen Sinne sind die einzelnen Menschen nur die ausführenden Organe dieser Familienseelen, Rassegeister usw. In voller Wahrheit kann man davon sprechen, daß sich z. B. eine Volksseele des einzelnen zu ihrem Volke gehörigen Menschen bedient, um gewisse Arbeiten auszuführen. Die Volksseele steigt nicht bis zur sinnlichen Wirklichkeit herab. Sie wandelt in höheren Welten. Und um in der physisch-sinnlichen Welt zu wirken, bedient sie sich der physischen Organe des einzelnen Menschen. Es ist in einem höheren Sinne gerade so, wie wenn sich ein Bautechniker zur Ausführung der Einzelheiten des Baues der Arbeiter bedient. – Jeder Mensch erhält im wahrsten Sinne des Wortes seine Arbeit von der Familien-, Volks- oder Rassenseele zugeteilt. Nun wird der Sinnesmensch jedoch keineswegs in den höheren Plan seiner Arbeit eingeweiht. Er arbeitet *unbewußt* an den Zielen der Volks-, Rassenseelen usw. mit. Von dem Zeitpunkte an, wo der Geheimschüler dem Hüter der Schwelle begegnet, hat er nicht bloß seine eigenen Aufgaben als Persönlichkeit zu kennen, sondern er muß *wissentlich* mitarbeiten an denen seines Volkes, seiner Rasse. Jede Erweiterung seines Gesichtskreises legt ihm unbedingt auch erweiterte Pflichten auf. – Der wirkliche Vorgang dabei ist der, daß der Geheimschüler seinem feineren Seelenkörper einen neuen hinzufügt. Er zieht ein Kleid mehr an. Bisher schritt er durch die Welt mit den Hüllen, welche seine Persönlichkeit einkleideten. Und was er für seine Gemeinsamkeit, für sein Volk, seine Rasse usw. zu tun hatte, dafür sorgten die höheren Geister, die sich seiner Persönlichkeit bedienten. – Eine weitere Enthüllung, die ihm nun der «Hüter der Schwelle» macht, ist die, daß fernerhin diese Geister ihre Hand von ihm abziehen werden. Er muß aus der Gemeinsamkeit ganz heraustreten. Und er würde sich als Einzelner vollständig in sich verhärten, er würde dem Verderben entgegengehen, wenn er nun nicht selbst sich die Kräfte erwürbe, welche den Volks- und

Rassegeistern eigen sind. – Zwar werden viele Menschen sagen: «O, ich habe mich ganz frei gemacht von allen Stammes- und Rassezusammenhängen; ich will nur ‹Mensch› und ‹nichts als Mensch› sein.» Ihnen muß man aber sagen: Wer hat dich zu dieser Freiheit gebracht? Hat dich nicht deine Familie so hineingestellt in die Welt, wie du jetzt darinnen stehst? Hat dich nicht dein Stamm, dein Volk, deine Rasse zu dem gemacht, was du bist? Sie haben dich erzogen; und wenn du über alle Vorurteile erhaben, einer der Lichtbringer und Wohltäter deines Stammes oder selbst deiner Rasse bist, du verdankst das *ihrer* Erziehung. Ja, auch wenn du von dir sagst, du seiest «nichts als Mensch»: selbst daß du so geworden bist, verdankst du den Geistern deiner Gemeinschaften. – Erst der Geheimschüler lernt erkennen, was es heißt, ganz verlassen sein von Volks-, Stammes-, Rassegeistern. Erst er erfährt an sich selbst die Bedeutungslosigkeit aller solcher Erziehung für das Leben, das ihm nun bevorsteht. Denn alles, was an ihm heranerzogen ist, löst sich vollständig auf durch das Zerreißen der Fäden zwischen Wille, Denken und Gefühl. Er blickt auf die Ergebnisse aller bisherigen Erziehung zurück, wie man auf ein Haus blicken müßte, das in seinen einzelnen Ziegelsteinen auseinanderbröckelt und das man nun in neuer Form wieder aufbauen muß. Es ist wieder mehr als ein bloßes Sinnbild, wenn man sagt: Nachdem der «Hüter der Schwelle» über seine ersten Forderungen sich ausgesprochen hat, dann erhebt sich von dem Orte aus, an dem er steht, ein Wirbelwind, der all die geistigen Leuchten zum Verlöschen bringt, die bisher den Lebensweg erhellt haben. Und eine völlige Finsternis breitet sich vor dem Geheimschüler aus. Sie wird nur unterbrochen von dem Schein, den der «Hüter der Schwelle» selbst ausstrahlt. Und aus der Dunkelheit heraus ertönen seine weiteren Ermahnungen: «Überschreite meine Schwelle nicht, bevor du dir klar bist, daß du die Finsternis vor dir selbst durchleuchten wirst; tue auch nicht einen einzigen Schritt vorwärts, wenn es dir nicht zur Gewißheit geworden ist, daß du Brennstoff genug in deiner eigenen Lampe hast. Die Lampen von Führern, welche du bisher hattest, werden dir in der Zukunft fehlen.» Nach diesen Worten hat der Schüler sich umzuwenden und den Blick nach hinten zu wenden. Der «Hüter der Schwelle» zieht nunmehr einen Vorhang hinweg, der bisher tiefe Lebensgeheimnisse verhüllt hat. Die Stammes-, Volks- und Rassengeister werden in ihrer vollen Wirksamkeit offenbar; und der Schüler sieht ebenso genau, wie er bisher geführt worden ist, als ihm anderseits klar wird, daß er nunmehr diese Führerschaft nicht mehr haben wird. Dies ist eine zweite Warnung, welche der Mensch an der Schwelle durch ihren Hüter erlebt.

Unvorbereitet könnte den hier angedeuteten Anblick allerdings niemand ertragen; aber die höhere Schulung, welche dem Menschen überhaupt möglich macht, bis zur Schwelle vorzudringen, setzt ihn zugleich in die Lage, im entsprechenden Augenblicke die notwendige Kraft zu finden. Ja, diese Schulung kann eine so harmonische sein, daß dem Eintritt in das neue Leben jeder erregende oder tumultuarische Charakter genommen wird. Dann wird für den Geheimschüler das Erlebnis an der Schwelle von einem Vorgefühle jener Seligkeit begleitet sein, welche den Grundton seines neu erwachten Lebens bilden wird. Die Empfindung der neuen Freiheit wird alle anderen Gefühle überwiegen; und mit dieser Empfindung werden ihm die neuen Pflichten und die neue Verantwortung wie etwas erscheinen, das der Mensch auf einer Stufe des Lebens übernehmen muß.

LEBEN UND TOD.
DER GROSSE HÜTER DER SCHWELLE

Es ist geschildert worden, wie bedeutsam für den Menschen die Begegnung mit dem sogenannten kleineren Hüter der «Schwelle» dadurch ist, daß er in diesem ein übersinnliches Wesen gewahr wird, das er gewissermaßen selbst hervorgebracht hat. Der Leib dieses Wesens ist zusammengesetzt aus den ihm vorher unsichtbaren Folgen seiner eigenen Handlungen, Gefühle und Gedanken. Aber diese unsichtbaren Kräfte sind die Ursachen geworden seines Schicksals und seines Charakters. Es wird nunmehr dem Menschen klar, wie er in der Vergangenheit selbst die Grundlagen für seine Gegenwart gelegt hat. Sein Wesen steht dadurch bis zu einem gewissen Grade offenbar vor ihm. Es sind z. B. bestimmte Neigungen und Gewohnheiten in ihm. Jetzt kann er sich klarmachen, warum er diese hat. Gewisse Schicksalsschläge haben ihn getroffen; nun erkennt er, woher diese kommen. Er wird *gewahr,* weshalb er das eine liebt, das andere haßt, warum er durch dies oder jenes glücklich oder unglücklich ist. Das sichtbare Leben wird ihm durch die unsichtbaren Ursachen verständlich. Auch die wesentlichen Lebenstatsachen, Krankheit und Gesundheit, Tod und Geburt, entschleiern sich vor seinen Blicken. Er merkt, daß er vor seiner Geburt die Ursachen gewoben hat, die ihn notwendig wieder ins Leben hereinführen mußten. Er kennt nunmehr die Wesenheit in sich, welche in dieser sichtbaren Welt aufgebaut ist auf eine unvollkommene Art und die auch *nur* in derselben sichtbaren Welt ihrer Vollkommenheit zugeführt werden kann. Denn in keiner anderen Welt gibt es eine Gelegenheit, an dem Ausbau dieser Wesenheit zu arbeiten. Und ferner sieht er ein, daß der Tod ihn zunächst nicht für immer von dieser Welt trennen kann. Denn er muß sich sagen: «Ich bin dereinst zum ersten Male in diese Welt gekommen, weil ich damals ein solches Wesen war, welches das Leben in dieser Welt brauchte, um sich Eigenschaften zu erwerben, die es sich in keiner anderen Welt hätte erwerben können. Und ich muß so lange mit dieser Welt verbunden sein, bis ich alles in mir entwickelt habe, was in ihr gewonnen werden kann. Ich werde dereinst nur dadurch ein tauglicher Mitarbeiter in einer anderen Welt werden, daß ich mir in der sinnlich sichtbaren alle die Fähigkeiten dazu erwerbe.» – Es gehört nämlich zu den wichtigsten Erlebnissen des Eingeweihten, daß er die sinnlich sichtbare Natur in ihrem wahren Werte besser kennen und schätzen lernt, als er dies vor seiner Geistesschulung konnte. Diese Erkenntnis wird ihm gerade durch seinen Einblick in die übersinnliche Welt. Wer einen solchen Einblick nicht getan hat und sich deshalb vielleicht nur der Ahnung hingibt, daß die übersinnlichen Gebiete die unendlich wertvolleren sind, der kann die sinnliche Welt unterschätzen. Wer aber diesen Einblick getan hat, der weiß, daß er ohne die Erlebnisse in der sichtbaren Wirklichkeit ganz ohnmächtig in der unsichtbaren wäre. Soll er in der letzteren *leben,* so muß er Fähigkeiten und Werkzeuge zu diesem Leben haben. Die kann er sich aber nur in der sichtbaren erwerben. Er wird geistig *sehen* müssen, wenn die unsichtbare Welt für ihn bewußt werden soll. Aber diese Sehkraft für eine «höhere» Welt wird durch die Erlebnisse in der «niederen» allmählich ausgebildet. Man kann ebensowenig in einer geistigen Welt mit geistigen Augen geboren werden, wenn man diese nicht in der sinnlichen sich gebildet hat, wie das Kind nicht mit physischen Augen geboren werden könnte, wenn diese sich nicht im Mutterleibe gebildet hätten.

Von diesem Gesichtspunkte aus wird man auch einsehen, warum die «Schwelle» zur übersinnlichen Welt von einem «Hüter» bewacht wird. Es darf nämlich auf keinen Fall dem Menschen ein wirklicher Einblick in jene Gebiete gestattet werden, bevor er dazu die notwendigen Fähigkeiten erworben hat. Deshalb wird jedesmal beim Tode, wenn der Mensch, noch unfähig zur Arbeit in einer anderen Welt, diese betritt, der Schleier vorgezogen vor ihren Erlebnissen. Er soll sie erst erblicken, wenn er ganz dazu reif geworden ist.

Betritt der Geheimschüler die übersinnliche Welt, dann erhält das Leben für ihn einen ganz neuen Sinn, er sieht in der sinnlichen Welt den Keimboden für eine höhere. Und in einem gewissen Sinne wird ihm diese «höhere» ohne die «niedere» als eine mangelhafte erscheinen. Zwei Ausblicke eröffnen sich ihm. Der eine in die Vergangenheit, der andere in die Zukunft. In eine Vergangenheit schaut er, in welcher diese sinnliche Welt noch nicht war. Denn über das Vorurteil, daß die übersinnliche Welt sich aus der sinnlichen entwickelt habe, ist er längst hinweg. Er weiß, daß das Übersinnliche zuerst war und daß sich alles Sinnliche aus diesem entwickelt habe. Er sieht, daß er selbst, *bevor* er zum ersten Male in diese sinnliche Welt gekommen ist, einer übersinnlichen angehört hat. Aber diese einstige übersinnliche Welt *brauchte* den Durchgang durch die sinnliche. Ihre Weiterentwickelung wäre ohne diesen Durchgang nicht möglich gewesen. Erst wenn sich innerhalb des sinnlichen Reiches Wesen entwickelt haben werden mit entsprechenden Fähigkeiten, kann die übersinnliche wieder ihren Fortgang nehmen. Und diese Wesenheiten sind die Menschen. Diese sind somit, so wie sie jetzt leben, einer unvollkommenen Stufe des geistigen Daseins entsprungen und werden selbst innerhalb derselben zu derjenigen Vollkommenheit geführt, durch die sie dann tauglich sein werden zur Weiterarbeit an der höheren Welt. – Und hier knüpft der Ausblick in die Zukunft an. Er weist auf eine höhere Stufe der übersinnlichen Welt. In dieser werden die Früchte sein, die in der sinnlichen ausgebildet werden. Die letztere als solche wird überwunden; ihre Ergebnisse aber einer höheren einverleibt sein.

Damit ist das Verständnis gegeben für Krankheit und Tod in der sinnlichen Welt. Der Tod ist nämlich nichts anderes als der Ausdruck dafür, daß die einstige übersinnliche Welt an einem Punkte angekommen war, von dem aus sie durch sich selbst nicht weitergehen konnte. Ein allgemeiner Tod wäre notwendig für sie gewesen, wenn sie nicht einen neuen Lebenseinschlag erhalten hätte. Und so ist dieses neue Leben zu einem Kampf gegen den allgemeinen Tod geworden. Aus den Resten einer absterbenden, in sich erstarrenden Welt erblühten die Keime einer neuen. Deshalb haben wir Sterben und Leben in der Welt. Und langsam gehen die Dinge ineinander über. Die absterbenden Teile der alten Welt haften noch den neuen Lebenskeimen an, die ja aus ihnen hervorgegangen sind. Den deutlichsten Ausdruck findet das eben im Menschen. Er trägt als seine Hülle an sich, was sich aus jener alten Welt erhalten hat; und innerhalb dieser Hülle bildet sich der Keim jenes Wesens aus, das zukünftig leben wird. Er ist so ein Doppelwesen, ein sterbliches und ein unsterbliches. Das Sterbliche ist in seinem End-, das Unsterbliche in seinem Anfangszustand. Aber erst *innerhalb* dieser Doppelwelt, die ihren Ausdruck in dem Sinnlich-Physischen findet, eignet er sich die Fähigkeiten dazu an, die Welt der Unsterblichkeit zuzuführen. Ja, seine Aufgabe ist, aus dem Sterblichen selbst die Früchte für das Unsterbliche herauszuholen. Blickt er also auf sein Wesen, wie er es selbst in der Vergangenheit aufgebaut hat, so muß er sich sagen: Ich habe in mir die Elemente einer absterbenden Welt. Sie arbeiten in mir, und nur allmählich kann ich ihre Macht durch die neuauflebenden unsterblichen brechen. So geht des Menschen Weg vom Tode zum Leben. Könnte er mit vollem Bewußtsein in der Sterbestunde zu sich sprechen, so müßte er sich sagen: «Das Sterbende war mein Lehrmeister. Daß ich sterbe, ist eine Wirkung der ganzen Vergangenheit, mit der ich verwoben bin. Aber das Feld des Sterblichen hat mir die Keime zum Unsterblichen gereift. Diese trage ich in eine andere Welt mit hinaus. Wenn es bloß auf das Vergangene ankäme, dann hätte ich überhaupt niemals geboren werden können. Das Leben des Vergangenen ist mit der Geburt abgeschlossen. Das Leben im Sinnlichen ist durch den neuen Lebenskeim dem allgemeinen Tode abgerungen. Die Zeit zwischen Geburt und Tod ist nur der Ausdruck dafür, wieviel das neue Leben der absterbenden Vergangenheit abringen konnte.

Und die Krankheit ist nichts als die Fortwirkung der absterbenden Teile dieser Vergangenheit.»

Aus all dem heraus findet die Frage ihre Antwort, warum der Mensch erst allmählich sich aus Verirrung und Unvollkommenheit zu der Wahrheit und dem Guten durcharbeitet. Seine Handlungen, Gefühle und Gedanken stehen zunächst unter der Herrschaft des Vergehenden und Absterbenden. Aus diesem sind seine sinnlich-physischen Organe herausgebildet. Daher sind diese Organe und alles, was sie zunächst antreibt, selbst dem Vergehen geweiht. Nicht die Instinkte, Triebe, Leidenschaften usw. und die zu ihnen gehörigen Organe stellen ein Unvergängliches dar, sondern erst das wird unvergänglich sein, was als das Werk dieser Organe erscheint. Erst wenn der Mensch aus dem Vergehenden alles herausgearbeitet hat, was herauszuarbeiten ist, wird er die Grundlage abstreifen können, aus welcher er herausgewachsen ist und die ihren Ausdruck in der physisch-sinnlichen Welt findet.

So stellt der erste «Hüter der Schwelle» das Ebenbild des Menschen in seiner Doppelnatur dar, aus Vergänglichem und Unvergänglichem gemischt. Und klar zeigt sich an ihm, was noch fehlt bis zur Erreichung der hehren Lichtgestalt, welche wieder die reine geistige Welt bewohnen kann.

Der Grad der Verstricktheit mit der physisch-sinnlichen Natur wird dem Menschen durch den «Hüter der Schwelle» anschaulich. Diese Verstricktheit drückt sich zunächst in dem Vorhandensein der Instinkte, Triebe, Begierden, egoistischen Wünsche, in allen Formen des Eigennutzes usw. aus. Sie kommt dann in der Angehörigkeit zu einer Rasse, einem Volke usw. zum Ausdruck. Denn Völker und Rassen sind nur die verschiedenen Entwickelungsstufen zur reinen Menschheit hin. Es steht eine Rasse, ein Volk um so höher, je vollkommener ihre Angehörigen den reinen, idealen Menschheitstypus zum Ausdrucke bringen, je mehr sie sich von dem physisch Vergänglichen zu dem übersinnlich Unvergänglichen durchgearbeitet haben. Die Entwickelung des Menschen durch die Wiederverkörperungen in immer höher stehenden Volks- und Rassenformen ist daher ein Befreiungsprozeß. Zuletzt muß der Mensch in seiner harmonischen Vollkommenheit erscheinen. – In einer ähnlichen Art ist der Durchgang durch immer reinere sittliche und religiöse Anschauungsformen eine Vervollkommnung. Denn jede sittliche Stufe enthält noch die Sucht nach dem Vergänglichen neben den idealistischen Zukunftskeimen.

Nun erscheint in dem geschilderten «Hüter der Schwelle» nur das Ergebnis der verflossenen Zeit. Und von den Zukunftskeimen ist nur dasjenige darinnen, was in dieser verflossenen Zeit hineingewoben worden ist. Aber der Mensch muß in die zukünftige übersinnliche Welt alles mitbringen, was er aus der Sinnenwelt herausholen kann. Wollte er nur das mitbringen, was in sein Gegenbild bloß aus der Vergangenheit hinein verwoben ist, so hätte er seine irdische Aufgabe nur teilweise erfüllt. Deshalb gesellt sich nun zu dem «kleineren Hüter der Schwelle» nach einiger Zeit der größere. Wieder soll in erzählender Form dargelegt werden, was sich als Begegnung mit diesem zweiten «Hüter der Schwelle» abspielt.

Nachdem der Mensch erkannt hat, wovon er sich befreien muß, tritt ihm eine erhabene Lichtgestalt in den Weg. Deren Schönheit zu beschreiben ist schwierig in den Worten unserer Sprache. – Diese Begegnung findet statt, wenn sich die Organe des Denkens, Fühlens und Wollens auch für den physischen Leib so weit voneinander gelöst haben, daß die Regelung ihrer gegenseitigen Beziehungen nicht mehr durch sie selbst, sondern durch das höhere Bewußtsein geschieht, das sich nun ganz getrennt hat von den physischen Bedingungen. Die Organe des Denkens, Fühlens und Wollens sind dann die Werkzeuge in der Gewalt der menschlichen Seele geworden, die ihre Herrschaft über sie aus übersinnlichen Regionen ausübt. – Dieser so aus allen sinnlichen Banden befreiten Seele tritt nun der zweite «Hüter der Schwelle» entgegen und spricht etwa folgendes:

«Du hast dich losgelöst aus der Sinnenwelt. Dein Heimatrecht in der übersinnlichen Welt ist erworben. Von hier aus kannst du nunmehr wirken. Du brauchst um deinetwillen deine physische Leiblichkeit in gegenwärtiger Gestalt nicht mehr. Wolltest du dir bloß die Fähigkeit erwerben, in dieser übersinnlichen Welt zu wohnen, du brauchtest nicht mehr in die sinnliche zurückzukehren. Aber nun blicke auf mich. Sieh, wie unermeßlich erhaben ich über all dem stehe, was du heute bereits aus dir gemacht hast. Du bist zu der gegenwärtigen Stufe deiner Vollendung gekommen durch die Fähigkeiten, welche du in der Sinnenwelt entwickeln konntest, solange du noch auf sie angewiesen warst. Nun aber muß für dich eine Zeit beginnen, in welcher deine befreiten Kräfte weiter an dieser Sinnenwelt arbeiten. Bisher hast du nur dich selbst erlöst, nun kannst du als ein Befreier alle deine Genossen in der Sinnenwelt mitbefreien. Als einzelner hast du bis heute gestrebt; nun gliedere dich ein in das Ganze, damit du nicht nur dich mitbringst in die übersinnliche Welt, sondern alles andere, was in der sinnlichen vorhanden ist. Mit meiner Gestalt wirst du dich einst vereinigen können, aber ich kann kein Seliger sein, solange es noch Unselige gibt! Als einzelner Befreier möchtest du immerhin schon heute in das Reich des Übersinnlichen eingehen. Dann aber würdest du hinabschauen müssen auf die noch unerlösten Wesen der Sinnenwelt. Und du hättest dein Schicksal von dem ihrigen getrennt. Aber ihr seid alle miteinander verbunden. Ihr mußtet alle hinabsteigen in die Sinnenwelt, um aus ihr heraufzuholen die Kräfte für eine höhere. Würdest du dich von ihnen trennen, so mißbrauchtest du die Kräfte, die du doch nur in Gemeinschaft mit ihnen hast entwickeln können. Wären sie nicht hinabgestiegen, so hättest es auch du nicht können; ohne sie fehlten dir die Kräfte zu deinem übersinnlichen Dasein. Du mußt diese Kräfte, die du *mit* ihnen errungen hast, auch mit ihnen teilen. Ich wehre dir daher den Einlaß in die höchsten Gebiete der übersinnlichen Welt, solange du nicht *alle* deine erworbenen Kräfte zur Erlösung deiner Mitwelt verwendet hast. Du magst mit dem schon Erlangten dich in den unteren Gebieten der übersinnlichen Welt aufhalten; vor der Pforte zu den höheren stehe ich aber ‹als der Cherub mit dem feurigen Schwerte vor dem Paradiese› und wehre dir den Eintritt so lange, als du noch Kräfte hast, die unangewendet geblieben sind in der sinnlichen Welt. Und willst du die deinigen nicht anwenden, so werden andere kommen, die sie anwenden; dann wird eine hohe übersinnliche Welt alle Früchte der sinnlichen aufnehmen; dir aber wird der Boden entzogen sein, mit dem du verwachsen warst. Die geläuterte Welt wird sich über dich hinausentwickeln. Du wirst von ihr ausgeschlossen sein. So ist dein Pfad der *schwarze,* jene aber, von welchen du dich gesondert hast, gehen den *weißen* Pfad.»

So kündigt sich der «große Hüter» der Schwelle bald an, nachdem die Begegnung mit dem ersten Wächter erfolgt ist. Der Eingeweihte weiß aber ganz genau, was ihm bevorsteht, wenn er den Lockungen eines vorzeitigen Aufenthaltes in der übersinnlichen Welt folgt. Ein unbeschreiblicher Glanz geht von dem zweiten Hüter der Schwelle aus; die Vereinigung mit ihm steht als ein fernes Ziel vor der schauenden Seele. Doch ebenso steht da die Gewißheit, daß diese Vereinigung erst möglich wird, wenn der Eingeweihte alle Kräfte, die ihm aus dieser Welt zugeflossen sind, auch aufgewendet hat im Dienste der Befreiung und Erlösung dieser Welt. Entschließt er sich, den Forderungen der höheren Lichtgestalt zu folgen, dann wird er beitragen können zur Befreiung des Menschengeschlechts. Er bringt seine Gaben dar auf dem Opferaltar der Menschheit. Zieht er seine eigene vorzeitige Erhöhung in die übersinnliche Welt vor, dann schreitet die Menschheitsströmung über ihn hinweg. Für sich selbst kann er nach seiner Befreiung aus der Sinnenwelt keine neuen Kräfte mehr gewinnen. Stellt er ihr seine Arbeit doch zur Verfügung, so geschieht es mit dem Verzicht, aus der Stätte seines ferneren Wirkens selbst für sich noch etwas zu holen. Man kann nun nicht sagen, es sei selbstverständlich, daß der Mensch den weißen Pfad wählen werde, wenn er so vor die Entscheidung gestellt wird. Das hängt nämlich ganz davon ab, ob er bei dieser Entscheidung schon so geläutert ist, daß keinerlei Selbstsucht ihm die Lockungen der Seligkeit begehrenswert erscheinen läßt. Denn diese Lockungen sind die denkbar größten. Und auf der anderen Seite sind eigentlich gar keine besonderen Lockungen vorhanden. Hier spricht gar nichts zum Egoismus. Was der Mensch in den höheren Regionen des Übersinnlichen erhalten wird, ist nichts, was zu ihm kommt, sondern lediglich etwas, das von ihm ausgeht: die Liebe zu seiner Mitwelt. Alles, was der Egoismus verlangt, wird nämlich durchaus nicht entbehrt auf dem schwarzen Pfade. Im Gegenteil: die Früchte dieses Pfades sind gerade die vollkommenste Befriedigung des Egoismus. Und will jemand nur für sich die Seligkeit, so wird er ganz gewiß diesen schwarzen Pfad wandeln, denn er ist der für ihn angemessene. – Es darf daher niemand von den Okkultisten des weißen Pfades erwarten, daß sie ihm eine Anweisung zur Entwickelung des eigenen egoistischen Ich geben werden. Für die Seligkeit des einzelnen haben sie nicht das allergeringste Interesse. Die mag jeder für sich erreichen. Sie zu beschleunigen ist nicht die Aufgabe der weißen Okkultisten. Diesen liegt lediglich an der Entwickelung und Befreiung aller Wesen, die Menschen und Genossen des Menschen sind. Daher geben sie nur Anweisungen, wie man seine Kräfte zur Mitarbeit an diesem Werke ausbilden kann. Sie stellen daher die selbstlose Hingabe und Opferwilligkeit allen anderen Fähigkeiten voran. Sie weisen niemand geradezu ab, denn auch der Egoistischste kann sich läutern. Aber wer nur für sich etwas sucht, wird, solange er das tut, bei den Okkultisten nichts finden. Selbst wenn diese ihm nicht ihre Hilfe entziehen; er, der Suchende, entzieht sich den Früchten der Hilfeleistung. Wer daher wirklich den Anweisungen der guten Geheimlehrer folgt, wird nach dem Übertreten der Schwelle die Forderungen des großen Hüters verstehen; wer diesen Anweisungen aber nicht folgt, der darf auch gar nicht hoffen, daß er je zur Schwelle durch sie kommen werde. Ihre Anweisungen führen zum Guten oder aber zu gar nichts. Denn eine Führung zur egoistischen Seligkeit und zum bloßen Leben in der übersinnlichen Welt liegt außerhalb der Grenzen ihrer Aufgabe. Diese ist von vornherein so veranlagt, daß sie den Schüler so lange von der überirdischen Welt fernhält, bis dieser sie mit dem Willen zur hingebenden Mitarbeit betritt.

NACHWORT ZUM ACHTEN BIS ELFTEN TAUSEND

Der Weg zu übersinnlicher Erkenntnis, der in dieser Schrift gekennzeichnet wird, führt zu einem seelischen Erleben, demgegenüber es von ganz besonderer Wichtigkeit ist, daß, wer es anstrebt, sich keinen Täuschungen und Mißverständnissen über dasselbe hingibt. Und es liegt dem Menschen nahe, sich über dasjenige zu täuschen, was hier in Betracht kommt. Eine der Täuschungen, die besonders schwerwiegende, entsteht, wenn man das ganze Gebiet des Seelenerlebens, von dem in wahrer Geisteswissenschaft die Rede ist, so verschiebt, daß es in der Umgebung des Aberglaubens, des visionären Träumens, des Mediumnismus und mancher anderer Entartungen des Menschenstrebens eingereiht erscheint. Diese Verschiebung rührt oft davon her, daß Menschen, welche in ihrer von echtem Erkenntnisstreben abliegenden Art sich einen Weg in die übersinnliche Wirklichkeit suchen möchten und die dabei auf die genannten Entartungen verfallen, mit solchen verwechselt werden, die den in dieser Schrift gezeichneten Weg gehen wollen. Was auf dem hier gemeinten Wege von der Menschenseele durchlebt wird, das verläuft durchaus im Felde rein geistig-seelischen Erfahrens. Es ist nur dadurch möglich, solches zu durchleben, daß sich der Mensch auch noch für andere innere Erfahrungen so frei und unabhängig von dem Leibesleben machen kann, wie er im Erleben des gewöhnlichen Bewußtseins nur ist, wenn er sich über das von außen Wahrgenommene oder das im Innern Gewünschte, Gefühlte, Gewollte *Gedanken* macht, die nicht aus dem Wahrgenommenen, Gefühlten, Gewollten selbst herrühren. Es gibt Menschen, die an das Vorhandensein solcher Gedanken überhaupt nicht glauben. Diese meinen: der Mensch könne nichts denken, was er nicht aus der Wahrnehmung oder dem leiblich bedingten Innenleben herauszieht. Und alle Gedanken seien nur gewissermaßen Schattenbilder von Wahrnehmungen oder von inneren Erlebnissen. Wer dieses behauptet, der tut es nur, weil er sich niemals zu der Fähigkeit gebracht hat, mit seiner Seele das reine, in sich beruhende Gedankenleben zu erleben. Wer aber solches erlebt hat, für den ist es Erfahrung geworden, daß überall, wo im Seelenleben *Denken* waltet, in dem Maße, als dieses *Denken* andere Seelenverrichtungen durchdringt, der Mensch in einer Tätigkeit begriffen ist, an deren Zustandekommen sein Leib *unbeteiligt* ist. Im gewöhnlichen Seelenleben ist ja fast immer das Denken mit anderen Seelenverrichtungen: Wahrnehmen, Fühlen, Wollen usw. vermischt. Diese anderen Verrichtungen kommen durch den Leib zustande. Aber in sie spielt das Denken hinein. Und in dem Maße, in dem es hineinspielt, geht in dem Menschen und durch den Menschen etwas vor sich, an dem der Leib nicht mitbeteiligt ist. Die Menschen, welche dieses in Abrede stellen, können nicht über die Täuschung hinauskommen, welche dadurch entsteht, daß sie die denkerische Betätigung immer mit andern Verrichtungen vereinigt beobachten. Aber man kann im inneren Erleben sich seelisch dazu aufraffen, den denkerischen Teil des Innenlebens auch abgesondert von allem andern für sich zu erfahren. Man kann aus dem Umfange des Seelenlebens etwas herauslösen, das nur in *reinen* Gedanken besteht. In Gedanken, die in sich bestehen, aus denen alles ausgeschaltet ist, was Wahrnehmung oder leiblich bedingtes Innenleben geben. *Solche* Gedanken offenbaren sich durch sich selbst, durch das, was sie sind, als ein geistig, ein übersinnlich Wesenhaftes. Und die Seele, die mit solchen Gedanken sich vereinigt, indem sie während dieser Vereinigung alles Wahrnehmen, alles Erinnern, alles sonstige Innenleben ausschließt, weiß sich mit dem Denken selbst in einem übersinnlichen Gebiet und erlebt sich außerhalb des Leibes. Für denjenigen, welcher diesen ganzen Sachverhalt durchschaut, kann *die* Frage gar nicht mehr in Betracht kommen: gibt es ein Erleben der Seele in einem übersinnlichen Element außerhalb des Leibes? Denn für ihn hieße es in Abrede stellen, was er aus der Erfahrung weiß. Für ihn gibt es nur die Frage: was verhindert die Menschen, eine solche sichere Tatsache anzuerkennen? Und zu dieser Frage findet er die Antwort, daß die in Frage kommende Tatsache eine solche ist, die sich nicht offenbart, wenn der Mensch sich nicht vorher in eine solche Seelenverfassung versetzt, daß er die Offenbarung empfangen kann. Nun werden zunächst die Menschen mißtrauisch, wenn sie selbst etwas erst rein seelisch tun sollen, damit sich ihnen ein an sich von ihnen Unabhängiges offenbare. Sie glauben da, weil sie sich vorbereiten müssen, die Offenbarung zu empfangen, sie machen den Inhalt der Offenbarung. Sie wollen Erfahrungen, zu denen der Mensch nichts tut, gegenüber denen er ganz passiv bleibt. Sind solche Menschen außerdem noch unbekannt mit den einfachsten Anforderungen an wissenschaftliches Erfassen eines Tatbestandes, dann sehen sie in Seelen-Inhalten oder Seelen-Hervorbringungen, bei denen die Seele unter den Grad von bewußter Eigenbetätigung herabgedrückt ist, der im Sinneswahrnehmen und im willkürlichen Tun vorliegt, eine objektive Offenbarung eines *nicht* sinnlichen Wesenhaften. Solche Seelen-Inhalte sind die visionären Erlebnisse, die mediumnistischen Offenbarungen. – Was aber durch solche Offenbarungen zutage tritt, ist keine *übersinnliche*, es ist eine *untersinnliche* Welt. Das menschliche bewußte Wachleben verläuft nicht völlig *in dem Leibe;* es verläuft vor allem der bewußteste Teil dieses Lebens an der Grenze zwischen Leib und physischer Außenwelt; so das Wahrnehmungsleben, bei dem, was in den Sinnesorganen vorgeht, ebensogut das Hineinragen eines außerleiblichen Vorganges in den Leib ist wie ein Durchdringen dieses Vorganges vom Leibe aus; und so das Willensleben, das auf einem Hineinstellen des menschlichen Wesens in das Weltenwesen beruht, so daß, was im Menschen durch seinen Willen geschieht, zugleich Glied des Weltgeschehens ist. In diesem an der Leibesgrenze verlaufenden seelischen Erleben ist der Mensch in hohem Grade abhängig von seiner Leibesorganisation; aber es spielt die denkerische Betätigung in dieses Erleben hinein, und in dem Maße, als das der Fall ist, macht sich in Sinneswahrnehmung und Wollen der Mensch vom Leibe unabhängig. Im visionären Erleben und im mediumnistischen Hervorbringen tritt der Mensch völlig in die Abhängigkeit vom Leibe ein. Er schaltet aus seinem Seelenleben dasjenige aus, was ihn in Wahrnehmung und Wollen vom Leibe unabhängig macht. Und dadurch werden Seelen-Inhalte und Seelen-Hervorbringungen bloße Offenbarungen des Leibeslebens. Visionäres Erleben und mediumnistisches Hervorbringen sind die Ergebnisse des Umstandes, daß der Mensch bei diesem Erleben und Hervorbringen mit seiner Seele weniger vom Leibe unabhängig ist als im gewöhnlichen Wahrnehmungs- und Willensleben. Bei dem Erleben des Übersinnlichen, das in dieser Schrift gemeint ist, geht nun die Entwickelung des Seelen-Erlebens gerade nach der entgegengesetzten Richtung gegenüber der visionären oder mediumnistischen. Die Seele macht sich fortschreitend unabhängiger vom Leibe, als sie im Wahrnehmungs- und Willensleben ist. Sie erreicht diejenige Unabhängigkeit, die im Erleben reiner Gedanken zu fassen ist, für eine viel breitere Seelenbetätigung.

Für die hier gemeinte übersinnliche Seelenbetätigung ist es außerordentlich bedeutsam, in voller Klarheit das Erleben des reinen Denkens zu durchschauen. Denn im Grunde ist dieses Erleben selbst schon eine übersinnliche Seelenbetätigung. Nur eine solche, durch die man noch nichts Übersinnliches schaut. Man lebt mit dem reinen Denken im Übersinnlichen; aber man erlebt nur *dieses* auf eine übersinnliche Art; man erlebt noch nichts anderes Übersinnliches. Und das übersinnliche Erleben muß sein eine Fortsetzung desjenigen Seelen-Erlebens, das schon im Vereinigen mit dem reinen Denken erreicht werden kann. Deshalb ist es so bedeutungsvoll, diese Vereinigung richtig erfahren zu können. Denn von dem Verständnisse dieser Vereinigung aus leuchtet das Licht, das auch rechte Einsicht in das Wesen der übersinnlichen Erkenntnis bringen kann. Sobald das Seelen-Erleben unter die

Bewußtseinsklarheit, die im Denken sich auslebt, heruntersinken würde, wäre sie für die wahre Erkenntnis der übersinnlichen Welt auf einem Irrwege. Sie würde erfaßt von den Leibesverrichtungen; was sie erlebt und hervorbringt, ist dann nicht Offenbarung des Übersinnlichen durch sie, sondern Leibesoffenbarung im Bereich der untersinnlichen Welt.

*

Sobald die Seele mit ihren Erlebnissen in das Feld des Übersinnlichen eindringt, sind diese Erlebnisse von einer solchen Art, daß sich die sprachlichen Ausdrücke für sie nicht in so leichter Art finden lassen wie für die Erlebnisse im Bereiche der sinnlichen Welt. Man muß oftmals bei Beschreibungen des übersinnlichen Erlebens sich bewußt sein, daß gewissermaßen die Entfernung des sprachlichen Ausdruckes von dem ausgedrückten wirklichen Tatbestande eine größere ist als im physischen Erleben. Man muß sich ein Verständnis dafür erwerben, daß mancher Ausdruck wie eine Verbildlichung in zarter Weise auf das nur hinweist, auf das er sich bezieht. So ist es auf Seite 26 dieser Schrift gesagt: «Ursprünglich werden nämlich alle Regeln und Lehren der Geisteswissenschaft in einer sinnbildlichen Zeichensprache gegeben.» Und auf Seite 65 f. mußte von einem «bestimmten Schriftsystem» gesprochen werden. Es kann nun leicht jemandem beikommen, solche Schrift in einer ähnlichen Art lernen zu wollen, wie man Lautzeichen und deren Zusammenfügungen für die Schrift einer gewöhnlichen physischen Sprache erlernt. Nun muß allerdings gesagt werden: es hat gegeben und gibt geisteswissenschaftliche Schulen und Vereinigungen, welche im Besitze symbolischer Zeichen sind, durch die sie übersinnliche Tatbestände zum Ausdruck bringen. Und wer in die Bedeutung dieser Sinnbilder eingeweiht wird, der hat dadurch ein Mittel, sein Seelen-Erleben zu den in Frage kommenden übersinnlichen Wirklichkeiten hinzulenken. Aber ein für das übersinnliche Erleben Wesentliches ist vielmehr, daß im Laufe eines solchen übersinnlichen Erlebens, wie es durch die Verwirklichung des Inhaltes dieser Schrift von der Seele erreicht werden kann, diese Seele in der Anschauung des Übersinnlichen die Offenbarung einer solchen Schrift durch ihre eigene Erfahrung gewinnt. Das Übersinnliche sagt der Seele etwas, das sich diese in verbildlichende Zeichen übersetzen muß, damit sie es vollbewußt überschauen kann. Es kann gesagt werden: was in dieser Schrift mitgeteilt ist, das *kann* von jeder Seele verwirklicht werden. Und im Laufe der Verwirklichung, den sich nach den gemachten Angaben die Seele selbst bestimmen kann, stellen sich die Ergebnisse ein, die beschrieben sind. Man nehme doch ein solches Buch, wie dieses ist, wie ein Gespräch, das der Verfasser mit dem Leser führt. Wenn gesagt ist: der Geheimschüler bedürfe der persönlichen Anweisung, so fasse man dies doch so auf, daß das Buch selbst eine solche persönliche Anweisung ist. In früheren Zeiten gab es Gründe, solche persönliche Anweisungen dem mündlichen Geheim-Unterrichte vorzubehalten; gegenwärtig sind wir auf einer Entwickelungsstufe der Menschheit angelangt, in der das geisteswissenschaftliche Erkennen eine viel größere Verbreitung erfahren muß als früher. Es muß in ganz anderem Maße jedem zugänglich sein als in alter Zeit. Da tritt eben das Buch an die Stelle der früheren mündlichen Unterweisung. Der Glaube, daß man durchaus über das in dem Buche Gesagte hinaus noch eine persönliche Unterweisung brauche, hat nur eine bedingte Richtigkeit. Der eine oder der andere kann ja freilich ein persönliches Nachhelfen brauchen, und ein solches kann ihm bedeutungsvoll sein. Aber es führte in die Irre, wenn man meinte, es gäbe Hauptsachen, die man im Buche nicht finde. Man findet sie, wenn man recht und namentlich wenn man *vollständig* liest.

*

Die Schilderungen dieses Buches nehmen sich so aus, als ob sie Anweisungen wären zum völligen Anderswerden des ganzen Menschen. Wer sie richtig liest, wird aber finden, daß sie nichts anderes sagen wollen, als in welcher inneren Seelenverfassung ein Mensch sein muß in denjenigen Augenblicken seines Lebens, in denen er der übersinnlichen Welt gegenüberstehen will. Diese Seelenverfassung entwickelt er als eine zweite Wesenheit in sich; und die gesunde andere Wesenheit läuft in der alten Weise ihren Gang fort. Er weiß beide Wesenheiten in Vollbewußtheit auseinanderzuhalten; er weiß sie in rechter Art miteinander in Wechselwirkung zu setzen. Er macht sich nicht dadurch für das Leben unbrauchbar und untüchtig, daß er Interesse und Geschicklichkeit für dieses verliert und «den ganzen Tag Geistesforscher ist». Allerdings muß gesagt werden, daß die Erlebnisweise in der übersinnlichen Welt ihr Licht auf das ganze Wesen des Menschen ausstrahlen wird; aber dies kann nicht in einer von dem Leben ablenkenden Art sein, sondern in einer dieses Leben tüchtiger, fruchtbarer machenden Weise. – Daß trotzdem die Schilderung so gehalten werden mußte, wie es der Fall ist, das rührt davon her, daß allerdings jeder auf das Übersinnliche gerichtete Erkenntnisvorgang den ganzen Menschen in Anspruch nimmt, so daß in dem Augenblicke, in dem der Mensch an einen solchen Erkenntnisvorgang hingegeben ist, er dies mit seinem ganzen Wesen sein muß. Soviel der Farbenwahrnehmungsvorgang *nur* die Einzelheit des Auges mit seiner Nervenfortsetzung in Anspruch nimmt, soviel nimmt ein übersinnlicher Erkenntnisvorgang den ganzen Menschen in Anspruch. Dieser wird «ganz Auge» oder «ganz Ohr». Weil dies so ist, deshalb sieht es so aus, daß, wenn man von der Bildung von übersinnlichen Erkenntnisvorgängen Mitteilung macht, man von einer Umwandlung des Menschen spräche; man meine, der gewöhnliche Mensch sei nichts Rechtes; er müsse etwas ganz anderes werden.

*

Zu dem auf Seite 97 ff. «Über einige Wirkungen der Einweihung» Gesagten möchte ich noch etwas hinzufügen, was – mit einiger

Abänderung – auch für andere Ausführungen dieses Buches gelten kann. – Es könnte wohl jemand auf den Gedanken kommen: wozu solche Beschreibung von bildhaften Ausgestaltungen übersinnlichen Erlebens; könnte man nicht dieses Erleben in Ideen ohne solche Versinnlichung schildern? Darauf muß erwidert werden: Es kommt für das Erleben der übersinnlichen Wirklichkeit in Betracht, daß der Mensch sich im Übersinnlichen selbst als ein Übersinnliches weiß. Ohne das Hinblicken auf seine eigene übersinnliche Wesenheit, deren Wirklichkeit in der hier gegebenen Schilderung der «Lotusblumen» und des «ätherischen Leibes» vollkommen in ihrer Art zur Offenbarung kommt, erlebte sich der Mensch im Übersinnlichen so, wie wenn er im Sinnlichen nur so drinnen stände, daß ihm die Dinge und Vorgänge um ihn her sich offenbarten, er aber von seinem eigenen Leibe nichts wüßte. Was er in «Seelenleib» und «Ätherleib» als seine übersinnliche Gestaltung schaut, das macht, daß er seiner selbst bewußt im Übersinnlichen steht, wie er durch die Wahrnehmung seines Sinnenleibes seiner selbst bewußt in der Sinnenwelt steht.

HINWEISE DES HERAUSGEBERS

Zu dieser Ausgabe

Der Text der vorliegenden Ausgabe ist in seiner ersten Fassung erschienen als sechzehnteilige Aufsatzreihe in der von Rudolf Steiner herausgegebenen Zeitschrift «Lucifer – Gnosis» von Juni 1904 bis September 1905 (Nrn. 13–28). Ursprünglich hatte Rudolf Steiner offenbar weit weniger Folgen geplant: Schon am Schluß der vierten Folge (S. 62 in vorliegendem Band) hat er nicht wie üblich eine Fortsetzung angekündigt, sondern geschrieben «Schluß folgt». Diese Formel wurde dann noch zweimal, jeweils am Ende der folgenden zwei Aufsätze (S. 75 und 85 in vorliegendem Band) wiederholt, die weiteren Folgen wurden wieder mit einem Ausblick auf das kommende Heft oder mit «Fortsetzung folgt» beschlossen. Steiner hat also mit der zuerst als Schlußartikel gedachten siebten Folge (S. 86 ff. in vorliegendem Band) einen Neuansatz zur Weiterführung seiner Aufsatzreihe gemacht. Einen zweiten Neuansatz unternahm Rudolf Steiner mit der dreizehnten Folge (S. 142 ff. in vorliegendem Band), worauf er in einer Fußnote ausdrücklich hinwies: «Mit den folgenden Ausführungen gelangt die Beschreibung des Weges zur höheren Erkenntnis an einen ganz besonders wichtigen Punkt. Der Leser wird daher begreiflich finden, daß zwischen dem Neuen, was der obige Artikel bringt, mit wenigen Sätzen rückblickend an gewissen Stellen auf einiges hingedeutet wird, was in anderem Zusammenhange schon berührt worden ist. Auch konnte dadurch auf Leser Rücksicht genommen werden, welche etwa erst von diesem dritten Jahrgang ab die Zeitschrift ‹Lucifer – Gnosis› lesen. Es werden dadurch diese Artikel über die Erwerbung höherer Erkenntnisse auch von dieser Nummer ab in gewissem Sinne ein geschlossenes Ganzes bilden. Ein vollständiges intimes Eindringen wird natürlich auch die vorhergehenden Ausführungen nötig haben. Beim ernsten Beschäftigen mit wahrer Erkenntnis kann man eben nicht, wie das manche moderne Zeitschriften pflegen, in jeder Nummer ein ‹abgeschlossenes Ganzes› bringen.» (Lucifer – Gnosis, Nr. 25, Juni 1905, S. 388)

Diese Aufsätze hat Rudolf Steiner zusammen mit seinen anderen Beiträgen 1907 in Sonderdruck-Sammelheften von «Lucifer – Gnosis» gesammelt herausgegeben. Die erste Buchausgabe erschien 1909 ohne wesentliche Überarbeitung unter Verwendung des bestehenden Spaltensatzes von «Lucifer – Gnosis». Bis 1922 erschienen insgesamt acht Buchausgaben, wobei jeder Auflage die vorangegangene als Druckvorlage zugrunde gelegt wurde. Dadurch haben sich Eigenheiten der ursprünglichen Aufsatzform erhalten, und mögliche Druckfehler und Versehen der verschiedenen

Auflagen wurden weitertransportiert. So war etwa das Kapitel «Die Einweihung» (S. 63 ff. in vorliegendem Band) ursprünglich das dritte Unterkapitel des Hauptkapitels «Die Stufen der Einweihung» (S. 36 ff.). Diese Gliederung wird auch noch so (S. 35 u. 36 f.) vorgestellt, im Verlauf von Rudolf Steiners Überarbeitungen der verschiedenen Auflagen wurde dann aber aus dem Unterkapitel «Die Einweihung» ein Hauptkapitel, ohne daß die ursprüngliche Gliederung und Numerierung der Unterkapitel revidiert worden wäre.

Zum geplanten zweiten Teil: Alle acht zu Rudolf Steiners Lebzeiten erschienenen Buchausgaben trugen auf dem Titelblatt in Klammern den Vermerk: *I. Bändchen* (3. und 4. Auflage, 1909 und 1910) bzw. *I. Teil* (5.–11. Auflage, 1914–1922). Der Text der 5.–7. Auflage (1914) wurde sogar abgeschlossen mit der Notiz: *Ende des ersten Teiles.* Auch in den Vorreden zur dritten Auflage (S. 7 in vorliegendem Band) und zur fünften Auflage wird eine Fortsetzung angekündigt, die «weitere Ausführungen über die Seelenverfassung bringen [soll], welche den Menschen zum Erleben der höheren Welten führt.» (S. 13) – Eine Fortsetzung mit demselben Titel und dem ausdrücklichen Vermerk *II. Teil* ist zwar nie erschienen, doch sind die Artikel «Die Stufen der höheren Erkenntnis» (GA 12) als eine solche zu betrachten. Diese Fragment gebliebene fünfteilige Artikelreihe erschien in unmittelbarem Anschluß an die vorhergehenden Aufsätze in «Lucifer –Gnosis» (Nrn. 29, 30, 32, 34, 35, Oktober 1905 bis Mai 1908). Der Bezug wurde im Untertitel ausdrücklich gekennzeichnet: *Als Zwischenbetrachtung zu dem Artikel* «*Wie erlangt man Erkenntnisse höherer Welten?*» Marie Steiner schreibt im Vorwort zur ersten Buchausgabe (1931) von «Die Stufen der höheren Erkenntnis» über diese zweite Artikelreihe: «Es war gedacht, sie späterhin zu einem zweiten Bande zu gestalten, als Weiterführung der in ‹Wie erlangt man Erkenntnisse der höheren Welten?› begonnenen Betrachtungen. Die Überfülle der Arbeit jedoch, die außerordentliche Inanspruchnahme Rudolf Steiners durch Vortragstätigkeit, machte es allmählich unmöglich, sich der Zeitschrift in genügendem Maße zu widmen, obgleich sie an Verbreitung stetig gewann. Aus Mangel an Zeit mußte sie eingestellt werden.» – In den Auflagen nach Rudolf Steiners Tod wurde die Bezeichnung I. Teil auf dem Titelblatt von «Wie erlangt man ...» weggelassen. Für die 24. Auflage (1993) wurde sie erstmals wiedereingefügt, weil damit auch gekennzeichnet wird, daß Rudolf Steiner das Thema mit diesem einen Band nicht erschöpft wissen wollte.

Textgrundlage: 11. Auflage (28.–37. Tausend), Berlin: Philosophisch-Anthroposophischer Verlag 1922 (= Ausgabe letzter Hand)

Für die 24. Auflage (1993) wurde der Text von David Hoffmann mit der Ausgabe letzter Hand (1922) genau verglichen. Alle seit dieser Ausgabe von Herausgebern vorgenommenen Änderungen wurden geprüft und entweder rückgängig gemacht oder, wo notwendig, beibehalten. Die rückgängig gemachten Korrekturen der früheren Ausgaben sind im entsprechenden Band der Gesamtausgabe (GA 10) nachgewiesen. Verzeichnet sind nur die inhaltlich bedeutenden Stellen, nicht besonders erwähnt sind Druckfehlerkorrekturen sowie die behutsamen Korrekturen in Orthographie und Interpunktion. Bei Zweifelsfällen wurde auf die früheren Auflagen und die wenigen noch vorhandenen Manuskriptblätter zurückgegriffen. Weiter wurden die Hinweise ergänzt und der Text «Zu dieser Ausgabe» sowie ein Namenregister hinzugefügt.

Textkorrekturen

Für diese Taschenbuchausgabe wurden ein paar wenige orthographische Korrekturen vorgenommen, die auf Druckfehlern beruhten. Rückkorrekturen gegenüber früheren Auflagen (vor 1992), d. h. Wiederherstellungen des Textes der Ausgabe letzter Hand und Korrekturen gegenüber der Ausgabe letzter Hand (1922) finden sich im entsprechenden Band der Gesamtausgabe (GA 10).

Hinweise zum Text

Werke Rudolf Steiners innerhalb der Gesamtausgabe (GA) werden in den Hinweisen mit der Bibliographie-Nummer nachgewiesen. Siehe auch die Übersicht am Schluß des Bandes.

Zu Seite

7 *meine Ausführungen, welche ursprünglich als einzelne Aufsätze ... abgedruckt waren:* Siehe oben «Zu dieser Ausgabe», S. 188.

Zunächst wird dieser Band den ersten Teil bringen; ein folgender wird die Fortsetzung enthalten: Siehe oben «Zu dieser Ausgabe», S. 188.

12 *«Die Geheimwissenschaft im Umriß»* (1910), GA 13.

«Die geistige Führung des Menschen und der Menschheit» (1911), GA 15.

«Ein Weg zur Selbsterkenntnis des Menschen. In acht Meditationen» (1912), GA 16.

«Die Schwelle der geistigen Welt. Aphoristische Ausführungen» (1913), GA 17.

auch in anderen meiner Schriften: Zum Beispiel in «Die Stufen der höheren Erkenntnis» (1905–08), GA 12. Siehe oben «Zu dieser Ausgabe», S. 188.

13 *An diesen ersten Teil soll sich ein zweiter anschließen:* Siehe oben «Zu dieser Ausgabe», S. 188.

19 f. *«Prüfet alles und das Beste behaltet»:* Nach 1. Thessalonicher 5,21.

22 *im letzten Abschnitt meiner ... «Theosophie»:* «Theosophie. Einführung in übersinnliche Welterkenntnis und Menschenbestimmung» (1904), GA 9, Kap. «Der Pfad der Erkenntnis», S. 172–194.

36 f. Die dritte der hier genannten Stufen, die Einweihung, war in der ersten Fassung des Textes, in Lucifer – Gnosis, ein numieriertes Unterkapitel des Hauptkapitels «Die Stufen der Einweihung», wurde aber im Verlaufe der verschiedenen Auflagen zu einem selbständigen Kapitel, wobei auch die Numerierung als dritte Stufe verlorengegangen ist. Vgl. auch oben «Zu dieser Ausgabe», S. 188.

84 *Bhagavad-Gita:* «Gesang des Erhabenen» (sanskrit), Lehrgedicht im 6. Buch des Mahabharata-Epos.

Thomas von Kempen, 1379/80–1417. Hiermit ist auf die ihm zugeschriebenen anonyme mystische Schrift «De imitatione Christi» («Von der Nachfolge Christi») hingewiesen.

97 *eine Beschreibung findet man in des Verfassers «Theosophie»:* «Theosophie. Einführung in übersinnliche Welterkenntnis und Menschenbestimmung» (1904), GA 9, Kap. «Von den Gedankenformen und der menschlichen Aura», S. 158–171.

109 *«Glaube, der Berge zu versetzen vermag»:* Nach Matth. 17,20 und 1. Kor. 13,2.

himmelhoch-jauchzend, zu Tode betrübt. Nach Klärchens Lied in J. W. Goethes «Egmont», 3. Aufzug.

116 *in des Verfassers «Theosophie»:* «Theosophie. Einführung in übersinnliche Welterkenntnis und Menschenbestimmung» (1904), GA 9, Kap. «Das Wesen des Menschen», v. a. S. 37

118 *zu den acht-, sechs- und vierblätterigen Lotusblumen:* In dieser Aufzählung wäre eigentlich die zehnblätterige Lotusblume zu erwarten, über die Rudolf Steiner auf den vorangegangenen Seiten schreibt. Stattdessen nennt er (in allen Auflagen) die achtblätterige Lotusblume, die nach alter indischer Tradition in unmittelbarer Nähe zur zehnblätterigen liegt.

121 *Buddhas Reden:* «Die Reden Gotama Buddhos», aus der mittleren Sammlung Majjhimanikāyo des Pāli-Kanons zum ersten Mal übersetzt von Karl Eugen Neumann, 3 Bände, München 1922.

122 *Alles Vergängliche ist nur ein Gleichnis:* J. W. Goethe, «Faust» II, 5. Akt, Bergschluchten, Verse 12104 f.

124 *«Wenn die Rose selbst sich schmückt ...»:* Schlußzeilen aus Friedrich Rückerts Gedicht «Welt und Ich».

165 *In Bulwers «Zanoni»:* Verfaßt von Sir Edward George Bulwer-Lytton (1803-1873), 1842 erstmals erschienen.

177 *Der Cherub mit dem feurigen Schwerte vor dem Paradiese:* Vgl. 1. Mose 3,24.

NAMENREGISTER

Buddha 105, 121

Bulwer-Lytton, Edward George 165

Johannes (Evangelist) 84

Steiner Rudolf, Werke:

    Theosophie (GA 9) 22, 97, 116

    Die Geheimwissenschaft im Umriß (GA 13) 12

    Die geistige Führung des Menschen und der Menschheit (GA 15) 12

    Ein Weg zur Selbsterkenntnis des Menschen (GA 16) 12

    Die Schwelle der geistigen Welt (GA 17) 12

Thomas von Kempen 84

LITERATURHINWEIS

GA = Rudolf Steiner Gesamtausgabe / TB = Rudolf Steiner Taschenbücher

Zur Weiterführung und Vertiefung der Darstellungen des vorliegenden Bandes sei auf folgende Ausgaben von Rudolf Steiner verwiesen:

Schriften

Wahrheit und Wissenschaft. Vorspiel einer «Philosophie der Freiheit» (1892). GA 3 (TB 628)

Die Philosophie der Freiheit. Grundzüge einer modernen Weltanschauung. Seelische Beobachtungsresultate nach naturwissenschaftlicher Methode (1894). GA 4 (TB 627)

Theosophie. Einführung in übersinnliche Welterkenntnis und Menschenbestimmung (1904). GA 9 (TB 615)

Die Stufen der höheren Erkenntnis (1905–08). GA 12 (TB 641)

Die Geheimwissenschaft im Umriß (1910). GA 13 (TB 601)

Vier Mysteriendramen (1910–1913). GA 14 (TB 607 und 608)

Die geistige Führung des Menschen und der Menschheit. Geisteswissenschaftliche Ergebnisse über die Menschheitsentwickelung (1911). GA 15 (TB 614)

Ein Weg zur Selbsterkenntnis des Menschen. In acht Meditationen (1912). GA 16 (in TB 602)

Die Schwelle der geistigen Welt. Aphoristische Ausführungen (1913). GA 17 (in TB 602)

Anthroposophische Leitsätze. Der Erkenntnisweg der Anthroposophie – Das Michael-Mysterium (1924/25). GA 26

Vorträge

Von der Initiation. Von Ewigkeit und Augenblick. Von Geisteslicht und Lebensdunkel. Acht Vorträge, München 25. bis 31. August 1912. GA 138

Welche Bedeutung hat die okkulte Entwicklung des Menschen für seine Hüllen – physischen Leib, Ätherleib, Astralleib – und sein Selbst? Zehn Vorträge, Den Haag 20. bis 29. März 1913. GA 145

Die Geheimnisse der Schwelle. Acht Vorträge, München 24. bis 31. August 1913. GA 147

Okkultes Lesen und okkultes Hören. Elf Vorträge, Dornach 3. bis 7. Oktober, 12. bis 26. Dezember 1914, Basel 27. Dezember 1914. GA 156

Philosophie, Kosmologie und Religion. Zehn Vorträge, Dornach 6. bis 15. September 1922. GA 215

Das Initiaten-Bewußtsein. Die wahren und die falschen Wege der geistigen Forschung. Elf Vorträge, Torquay 11. bis 22. August 1924. GA 243

Anweisungen für eine esoterische Schulung. Aus den Inhalten der «Esoterischen Schule», Sonderausgabe, Best.-Nr. 5515

RUDOLF STEINER – LEBEN UND WERK

1861–1879 Kindheit und Jugend in Österreich

Am 27. Februar 1861 wird Rudolf Josef Lorenz Steiner als erstes Kind der aus Niederösterreich stammenden Eheleute Franziska und Johann Steiner in Kraljevec (damals Ungarn, heute Kroatien) geboren.

Der Vater arbeitete als Telegraphist, dann als Stationsvorsteher bei der Österreichischen Südbahn, was immer wieder Wohnortwechsel zur Folge hatte: nach Mödling 1862, Pottschach 1863 und Neudörfl im Burgenland 1869. Die Schwester Leopoldine wird 1864, der Bruder Gustav 1866 geboren.

Fasziniert von der Technik, beschäftigte er sich schon als Schüler intensiv mit der Mathematik und Geometrie, galt als begabter Zeichner und entdeckte im Alter von sechzehn Jahren seine Leidenschaft für die Philosophie.

1879 Abitur mit Auszeichnung.

1879–1890 Student, Goethe-Herausgeber, Hauslehrer und Redakteur in Wien

Studium an der Technischen Hochschule 1879–1882. Hauptfächer: Mathematik, Physik, Botanik, Zoologie, Chemie, daneben Studium der Literatur, Geschichte, Philosophie u. a. bei Franz Brentano.

Auf Empfehlung des Literaturhistorikers und Goetheforschers Prof. Karl Julius Schröer Berufung als Herausgeber von Goethes Naturwissenschaftlichen Schriften in Kürschners «Deutsche National-Litteratur».

Abhandlung *Einzig mögliche Kritik der atomistischen Begriffe*. Steiner bezeichnet sie später als den «Grundnerv» seiner Forschungen.

Hauslehrer in der Wiener Kaufmannsfamilie Ladislaus Specht 1884–1890. Dort auch Begegnungen mit dem Hausarzt der Familie, dem berühmten Wiener Internisten Josef Breuer, der als Wegbereiter der Psychoanalyse gilt.

Der erste Band von *Goethes Naturwissenschaftlichen Schriften* erscheint. Die Bände II–IV erscheinen zwischen 1887 und 1897.

Freundschaft mit der Dichterin und späteren Frauenrechtlerin Rosa Mayreder («Kritik der Weiblichkeit») und Friedrich Eckstein (später Sekretär und Biograph Anton Bruckners). Briefwechsel mit dem Philosophen Eduard von Hartmann.

Neben der Arbeit an der Goethe-Ausgabe zahlreiche Artikel für verschiedene Lexika (u. a. in Pierers Konversations-Lexikon) im Auftrag von Prof. Kürschner.

Erste Buchveröffentlichung *Grundlinien einer Erkenntnistheorie der Goetheschen Weltanschauung* 1886.

Anfrage des Weimarer Archivdirektors Erich Schmidt wegen Mitarbeit an der Sophien-Ausgabe von Goethes Werken.

Abhandlung *Die Natur und unsere Ideale.*

Redakteur bei der Wiener «Deutschen Wochenschrift». Zahlreiche Artikel und Kommentare zu politischen Ereignissen in Österreich-Ungarn 1888.

Vortrag im Wiener Goethe-Verein *Goethe als Vater einer neuen Ästhetik* 1888.

1890–1897 Goethe-Herausgeber und Nietzsche-Forscher in Weimar

Mitarbeiter am Goethe- und Schiller-Archiv. Herausgabe einiger Abteilungen der Naturwissenschaftlichen Schriften Goethes im Rahmen der *Sophien-Ausgabe,* die zwischen 1891 und 1896 erscheinen.

Begegnungen mit Herman Grimm, Ernst Haeckel und Eduard von Hartmann, Freundschaft mit der Dichterin Gabriele Reuter, dem Liszt-Schüler Conrad Ansorge, dem Stirner-Biographen John Henry Mackay und dem Nietzsche-Herausgeber Fritz Koegel.

Für die «Cotta'sche Bibliothek der Weltliteratur» besorgt Rudolf Steiner eine zwölfbändige Ausgabe sämtlicher Werke Schopenhauers sowie eine Jean-Paul-Ausgabe in acht Bänden. In der Reihe «Berliner Klassiker Ausgaben» (mit «Einleitungen namhafter Literaturhistoriker») erscheinen die Werke Wielands und Uhlands, herausgegeben und eingeleitet von Rudolf Steiner.

Promotion zum Dr. phil. an der Universität Rostock bei Prof. Heinrich von Stein mit einer Arbeit über «Die Grundfrage der Erkenntnistheorie mit besonderer Rücksicht auf Fichtes Wissenschaftslehre. Prolegomena zur Verständigung des philosophierenden Bewußtseins mit sich selbst», sie erscheint 1892 unter dem Titel *Wahrheit und Wissenschaft. Vorspiel einer Philosophie der Freiheit,* Eduard von Hartmann gewidmet.

Im Herbst 1893 erscheint sein philosophisches Hauptwerk *Die Philosophie der Freiheit.*

Besuche und Arbeitsaufenthalte im Nietzsche-Archiv in Naumburg. Bekanntschaft mit Elisabeth Förster-Nietzsche, die Steiner als Mitherausgeber der Werke ihres Bruders gewinnen will. Begegnung mit dem kranken Friedrich Nietzsche. 1895 erscheint Steiners Nietzsche-Monographie *Friedrich Nietzsche, ein Kämpfer gegen seine Zeit.*

Eine zusammenfassende Darstellung seiner bisherigen Goethe-Studien gibt Rudolf Steiner in seinem Buch *Goethes Weltanschauung 1897.*

1897–1905 Redakteur, Lehrer, Vortragender und Publizist in Berlin

Herausgeber und Redakteur des «Magazin für Litteratur» und der «Dramaturgischen Blätter», dem offiziellen Organ des Deutschen Bühnenvereins 1897–1900. Dort und in anderen Zeitungen erscheinen zahlreiche Aufsätze zu literarischen und philosophischen Fragen sowie Theaterkritiken und Buchbesprechungen.

Vorträge in der «Freien Literarischen Gesellschaft», im «Giordano Bruno-Bund» und im Literatenkreis «Die Kommenden». Begegnungen mit Else Lasker-Schüler, Peter Hille, Stefan Zweig, Käthe Kollwitz, Erich Mühsam, Paul Scheerbart, Frank Wedekind sowie mit den «Friedrichshagenern». Freundschaft mit Ludwig Jacobowski und Otto Erich Hartleben.

Eheschließung mit Anna Eunike 1899; sie stirbt 1911.

Lehrtätigkeit an der von Wilhelm Liebknecht begründeten Arbeiterbildungsschule in Berlin, ab 1902 auch in Spandau. Unterrichtsfächer: Geschichte, Redeübungen, Literatur, Naturwissenschaft 1899–1904. Begegnung mit Kurt Eisner und Rosa Luxemburg.

Der erste Band *Welt- und Lebensanschauungen im neunzehnten Jahrhundert* erscheint; ein Jahr später folgt der zweite 1900/1901. Überarbeitet und erweitert erscheint dieses Werk 1914 unter dem Titel *Die Rätsel der Philosophie*.

Festrede anläßlich des 500 jährigen Gutenberg-Jubiläums vor 7000 Setzern und Druckern in einem Berliner Zirkus.

Im Herbst 1900 Vorträge in der Theosophischen Bibliothek: über Nietzsche, Goethes «Märchen» und die Mystik und ihr Verhältnis zur Gegenwart.

Erste Begegnung mit Marie von Sivers 1900, die ab 1902 engste Mitarbeiterin Rudolf Steiners wird. Sie hatte zuvor eine Ausbildung in Rezitationskunst am Pariser Konservatorium und in dramatischer Kunst in Petersburg absolviert. Übersetzerin mehrerer Werke von Edouard Schuré.

Es erscheint *Die Mystik im Aufgange des neuzeitlichen Geisteslebens und ihr Verhältnis zu modernen Weltanschauungen.* – Auch der zweite, 1901/02 in der Theosophischen Bibliothek gehaltene Vortragszyklus erscheint überarbeitet in Buchform unter dem Titel *Das Christentum als mystische Tatsache*.

Rudolf Steiner wird Mitglied der 1875 von Helena Petrowna Blavatsky und Henry Steel Olcott begründeten *Theosophischen Gesellschaft* und ab Oktober 1902 Generalsekretär der Deutschen Sektion der Theosophischen Gesellschaft. Begegnung mit Annie Besant.

Lehrtätigkeit an der von den «Friedrichshagenern» Bruno Wille und Wilhelm Bölsche gegründeten Freien Hochschule 1902–1904.

1902–1912 Von der Theosophie zur Anthroposophie. Vortragsreisen im In- und Ausland

Zusammen mit Marie von Sivers Aufbau theosophischer Logen im In- und Ausland. Rege Vortragstätigkeit sowohl öffentlich als auch im Kreise der Mitglieder der Theosophischen Gesellschaft. Ab 1904 Einrichtung einer Esoterischen Schule.

Begründung, Herausgabe und Redaktion der Monatsschrift «Luzifer», später «Lucifer – Gnosis» (1903). Dort erscheinen grundlegende Aufsatzfolgen, darunter *Wie erlangt man Erkenntnisse der höheren Welten?/Aus der Akasha-Chronik/Theosophie und soziale Frage/Die Erziehung des Kindes/Die Stufen der höheren Erkenntnis.* – Sie erscheinen später auch in Buchform.

Freundschaft mit Christian Morgenstern und Edouard Schuré. Begegnung mit Wassily Kandinsky 1908.

Jeweils im Winterhalbjahr – ab 1903/04 – öffentliche Vortragsreihen im Berliner Architektenhaus, u. a. über: *Ursprung und Ziel des Menschen/Metamorphosen des Seelenlebens/Antworten der Geisteswissenschaft auf die großen Fragen des Daseins.*

Es erscheint das Grundlagenwerk *Theosophie. Einführung in übersinnliche Welterkenntnis und Menschenbestimmung* 1904.

Vorträge in Paris, Budapest, Holland, Skandinavien, Italien und in verschiedenen Städten Deutschlands und der Schweiz. Inszenierung von Dramen Edouard Schurés in München.

Veröffentlichung seiner Forschungsergebnisse zu kosmologischen und evolutionsgeschichtlichen Fragen in *Die Geheimwissenschaft im Umriß* 1910.

Uraufführungen seiner vier *Mysteriendramen* unter seiner Leitung in München 1910–1913.

Entwurf eines Gebäudes für Theateraufführungen und Vorträge. Die Realisierung dieses Projektes in München-Schwabing scheitert am Widerstand einiger Anlieger und der Behörden.

Es erscheinen *Die geistige Führung des Menschen und der Menschheit/Ein Weg zur Selbsterkenntnis des Menschen/Die Schwelle der geistigen Welt.* Das 1910 begonnene Werk *Anthroposophie* bleibt unvollendet. Intensive Studien zur Sinneslehre.

In Köln 1911 Begegnung mit dem russischen Schriftsteller Andrej Belyj («Petersburg»), die Belyjs Leben und Werk nachhaltig prägen sollte. In Prag Begegnung mit Franz Kafka, Max Brod und Hugo Bergmann.

Beginn der Entwicklung einer neuen Bewegungskunst «Eurythmie» 1911.

1912-1918 Gründung der Anthroposophischen Gesellschaft. Architekt, Künstler und Vortragender

Trennung von der Theosophischen Gesellschaft und Gründung der Anthroposopischen Gesellschaft 1912/13. Aufbau anthroposophischer Zweige im In- und Ausland.

Vorträge in verschiedenen Städten des In- und Auslandes über Reinkarnation und Karma/Evangelien/Leben zwischen Tod und neuer Geburt/Mysterien-Geschichte/Sinneslehre/Evolutionsgeschichte u.a.

Unter seiner Leitung und der Mitarbeit zahlreicher Künstler aus verschiedenen Ländern Errichtung des für Theater- und Eurythmieaufführungen sowie Vorträge von ihm entworfenen *Goetheanum* in Dornach/Schweiz 1913 – 1919, ein plastisch-organisch in Holz gestalteter Doppelkuppelbau. Künstlerische Arbeiten Steiners: Plastische Innen- und Außengestaltung (Entwürfe), Deckenmalereien (Entwürfe und teilweise Ausführung), Glasfenster (Entwürfe für die Motive), Holz-Skulptur (9 m hoch) «Der Menschheitsrepräsentant» (Entwürfe und teilweise Ausführung).

Eheschließung mit Marie von Sivers 1914.

Im Umkreis des *Goetheanum* entsteht auf dem Dornacher Hügel nach und nach ein einzigartiges Ensemble von Wohn- und Zweckbauten nach Entwürfen Rudolf Steiners: Glashaus, Heizhaus, Haus Duldeck, Transformatorenhaus, Haus van Blommestein; Anfang der zwanziger Jahre Haus Vreede (in Arlesheim), drei Eurythmiehäuser, Haus de Jaager (Atelier u. Wohnhaus), Eurythmeum (Anbau an ein bestehendes Wohnhaus), Verlagshaus, Haus Wegman (Arlesheim), Haus Schuurman. In Stuttgart die Eurythmieschule (im 2. Weltkrieg zerstört).

Zahlreiche Vorträge über Kunst, Architektur, Zeitgeschichte und Geisteswissenschaft im In- und Ausland.

Unter dem Titel *Von Seelenrätseln* erscheinen Steiners Forschungsergebnisse über die Dreigliederung des menschlichen Organismus (Nerven-Sinnessystem, Rhythmisches System, Stoffwechsel-Gliedmaßensystem) und Ausführungen über das Verhältnis Anthropologie und Anthroposophie 1917.

1917-1923 Sozialreformer, Schulgründer und Publizist

Nach Gesprächen mit dem Politiker Otto Graf Lerchenfeld über die Situation Mitteleuropas entstehen zwei Memoranden, in denen Steiner Perspektiven für eine soziale Neugestaltung des öffentlichen Lebens entwickelt. Diese werden an einflußreiche politische Persönlichkeiten in Deutschland (Kühlmann, Prinz Max von Baden) und Österreich (Kaiser Karl) vermittelt 1917.

Eine in Zürich gehaltene Vortragsreihe über «Die soziale Frage» erscheint überarbeitet im April als Buch unter dem Titel *Die Kernpunkte der sozialen Frage in den Lebensnotwendigkeiten der Gegenwart und Zukunft* 1919. Leitgedanke ist die «Dreigliederung des sozialen Organismus», d.h. die Entflechtung des Einheitsstaates in ein freies Geistesleben, ein demokratisches Rechtsleben und ein assoziatives Wirtschaftsleben.

In Vorträgen und zahlreichen Besprechungen mit Vertretern der Arbeiterschaft wie auch mit Industriellen im Großraum Stuttgart engagiert sich Steiner für die Begründung von Betriebsräten.

Nach intensiven Vorbereitungen wird im Herbst 1919 in Stuttgart die Freie Waldorfschule als einheitliche Volks- und Höhere Schule eröffnet. Die Schirmherrschaft liegt in den Händen des Direktors der Waldorf-Astoria-Zigarettenfabrik, Emil Molt, ein Schulfreund von Herrmann

Hesse. Die Leitung wird Rudolf Steiner übertragen, der diese bis zu seinem Tod 1925 innehat. – In pädagogischen Kursen werden die Lehrer geschult.

Am 24. Februar 1919 erste öffentliche Eurythmieaufführung unter der Leitung von Marie Steiner im Pfauentheater in Zürich.

1920–1925 Vortragender, Künstler und Impulsgeber

Zahlreiche öffentliche Vorträge in Deutschland und im Ausland sowie Vortragszyklen für Mitglieder der Anthroposophischen Gesellschaft, u. a. *Entsprechungen zwischen Mikrokosmos und Makrokosmos / Anthroposophie als Kosmosophie / Der Mensch als Zusammenklang des schaffenden, bildenden und gestaltenden Weltenwortes / Esoterische Betrachtungen karmischer Zusammenhänge.* Daneben wird Steiner immer häufiger gebeten, Vorträge und Kurse über fachspezifische Themen zu halten: über Pädagogik, Medizin, Theologie, Nationalökonomie, Landwirtschaft (= Begründung der Biologisch-Dynamischen Landwirtschaft), Physik, Schauspielkunst, Heilpädagogik u. a. – In Wien 1922 Ost-West-Kongreß, an dem Steiner Hauptvortragender ist.

Als Schulungsgrundlage für Maler schafft er eine Folge von Pastellskizzen und Aquarellbildern *(Naturstimmungen, Friedwartskizzen).* Zahlreiche graphische Entwürfe für Buchumschläge, Plakate, Programme, Briefbögen, Verpackungen von Heilmitteln und Kosmetika.

Zahlreiche Eurythmieaufführungen an verschiedenen Theatern in Deutschland und im Ausland, die Rudolf Steiner häufig mit einem kurzen Vortrag über die Grundaspekte dieser neuen Bewegungskunst einleitet.

Unter Mitwirkung von Rudolf Steiner im Herbst 1922 Gründung der «Bewegung für religiöse Erneuerung» (Die Christengemeinschaft).

Anthroposophische Forschungsinstitute, Kliniken und weitere Schulen entstehen. Gründung der *Weleda AG,* ein heute weltweit arbeitendes Unternehmen zur Herstellung von Heilmitteln und Kosmetika.

In den Zeitschriften «Dreigliederung des sozialen Organismus» und «Das Goetheanum» erscheinen regelmäßig Aufsätze Steiners.

In der Silvesternacht 1922/23 wird das Goetheanum durch Feuer zerstört. Die Arbeit – künstlerische Veranstaltungen und Vorträge – wird in der Schreinerei in unmittelbarer Nähe der Brandruine unvermindert fortgeführt. Für einen zweiten, in Beton gestalteten Goetheanum-Bau (Fertigstellung 1928) kann Rudolf Steiner infolge seiner Erkrankung im Herbst 1924 nur noch ein Außenmodell schaffen.

Angesichts des Wachstums der anthroposophischen Bewegung im In- und Ausland kommt es Weihnachten 1923 in Dornach zu einer Neukonstituierung der Anthroposophischen Gesellschaft, deren Vorsitz Rudolf Steiner übernimmt, sowie zu einer Neugestaltung der Freien Hochschule für Geisteswissenschaft, ebenfalls unter seiner Leitung. Die Hochschule wird gegliedert in drei Klassen, in denen eine vertiefte esoterische Arbeit angestrebt wird, sowie in Fachsektionen für Medizin, Schöne Wissenschaften, Bildende Künste, Redende und musikalische Künste, für das Geistesstreben der Jugend, Mathematik und Astronomie, Naturwissenschaften, Pädagogik und Anthroposophie.

Im Herbst 1924 Beginn des Krankenlagers. Die immens angewachsene Vortrags- und Kurstätigkeit bricht jäh ab.

Während des Krankenlagers Fortsetzung der Niederschrift seiner Autobiographie *Mein Lebensgang* und in Zusammenarbeit mit der Ärztin Ita Wegman des posthum erschienenen Buches *Grundlegendes für eine Erweiterung der Heilkunst*.

Am 30. März 1925 stirbt Rudolf Steiner in Dornach bei Basel. Sein Grab befindet sich auf dem Goetheanumgelände in Dornach, wo auch Christian Morgensterns Urne beigesetzt ist.

RUDOLF STEINER GESAMTAUSGABE
Überblick über das literarische und künstlerische Werk

Erste Abteilung: Die Schriften

I. Werke

Goethes Naturwissenschaftliche Schriften, eingeleitet und kommentiert von Rudolf Steiner, 5 Bände, Nachdruck Dornach 1975 (GA 1a–e); separate Ausgabe der Einleitungen (GA 1)

Editorische Nachworte zu Goethes naturwissenschaftlichen Schriften in der Weimarer Ausgabe, 1891–1896 (GA 1f)

Grundlinien einer Erkenntnistheorie der Goetheschen Weltanschauung (GA 2)

Wahrheit und Wissenschaft. Vorspiel einer «Philosophie der Freiheit» (GA 3)

Die Philosophie der Freiheit (GA 4)

Friedrich Nietzsche, ein Kämpfer gegen seine Zeit (GA 5)

Goethes Weltanschauung (GA 6)

Die Mystik im Aufgange des neuzeitlichen Geisteslebens und ihr Verhältnis zur modernen Weltanschauung (GA 7)

Das Christentum als mystische Tatsache u. die Mysterien des Altertums (GA 8)

Theosophie. Einführung in übersinnliche Welterkenntnis und Menschenbestimmung (GA 9)

Wie erlangt man Erkenntnisse der höheren Welten? (GA 10)

Aus der Akasha-Chronik (GA 11)

Die Stufen der höheren Erkenntnis (GA 12)

Die Geheimwissenschaft im Umriß (GA 13)

Vier Mysteriendramen: Die Pforte der Einweihung – Die Prüfung der Seele – Der Hüter der Schwelle – Der Seelen Erwachen (GA 14)

Die geistige Führung des Menschen und der Menschheit (GA 15)

Anthroposophischer Seelenkalender (in GA 40)

Ein Weg zur Selbsterkenntnis des Menschen (GA 16)

Die Schwelle der geistigen Welt (GA 17)

Die Rätsel der Philosophie in ihrer Geschichte als Umriß dargestellt (GA 18)

Vom Menschenrätsel (GA 20)

Von Seelenrätseln (GA 21)

Goethes Geistesart in ihrer Offenbarung durch seinen «Faust» und durch das «Märchen von der Schlange und der Lilie» (GA 22)

Die Kernpunkte der Sozialen Frage in den Lebensnotwendigkeiten der Gegenwart und Zukunft (GA 23)

Aufsätze über die Dreigliederung des sozialen Organismus und zur Zeitlage 1915–1921 (GA 24)

Drei Schritte der Anthroposophie: Philosophie, Kosmologie, Religion (GA 25)

Anthroposophische Leitsätze (GA 26)

Grundlegendes für eine Erweiterung der Heilkunst nach geisteswissenschaftlichen Erkenntnissen. Von Dr. Rudolf Steiner und Dr. Ita Wegman (GA 27)

Mein Lebensgang (GA 28)

II. Gesammelte Aufsätze

Gesammelte Aufsätze zur Dramaturgie 1889–1900 (GA 29)

Methodische Grundlagen der Anthroposophie. Gesammelte Aufsätze zur Philosophie, Naturwissenschaft, Ästhetik und Seelenkunde 1884–1901 (GA 30)

Gesammelte Aufsätze zur Kultur- und Zeitgeschichte 1897–1901 (GA 31)

Gesammelte Aufsätze zur Literatur 1886–1902 (GA 32)

Biographien und biographische Skizzen 1894–1905 (GA 33)

Lucifer – Gnosis. Grundlegende Aufsätze zur Anthroposophie und Berichte aus den Zeitschriften «Luzifer» und «Lucifer – Gnosis» 1903–1908 (GA 34)

Philosophie und Anthroposophie. Gesammelte Aufsätze 1904–1918 (GA 35)

Der Goetheanumgedanke inmitten der Kulturkrisis der Gegenwart. Gesammelte Aufsätze aus der Wochenschrift «Das Goetheanum» 1921–1925 (GA 36)

Schriften zur Geschichte der anthroposophischen Bewegung und der anthroposophischen Gesellschaft 1902–1925 (GA 37)

III. Veröffentlichungen aus dem Nachlaß

Briefe – Wahrspruchworte – Bühnenbearbeitungen – Entwürfe zu den vier Mysteriendramen 1910–1913 – Anthroposophie. Ein Fragment aus dem Jahre 1910 – Gesammelte Skizzen und Fragmente – Aus Notizbüchern und -blättern (GA 38–47)

Zweite Abteilung: Das Vortragswerk

I. Öffentliche Vorträge

Die öffentlichen Berliner Vortragsreihen (Architektenhaus-Vorträge) 1903/04 bis 1917/18 (GA 51–67)

Öffentliche Vorträge, Vortragsreihen und Hochschulkurse an andern Orten Europas 1906–1924 (GA 68–84)

II. Vorträge vor Mitgliedern der Anthroposophischen Gesellschaft

Vorträge und Vortragszyklen allgemein-anthroposophischen Inhalts – Evangelien-Betrachtungen – Christologie – Geisteswissenschaftliche Menschenkunde – Kosmische und menschliche Geschichte – Die geistigen Hintergründe der sozialen Frage – Der Mensch in seinem Zusammenhang mit dem Kosmos – Karma-Betrachtungen (GA 91–244)

Vorträge und Schriften zur Geschichte der anthroposophischen Bewegung und der Anthroposophischen Gesellschaft (GA 250–263)

Veröffentlichungen zur Geschichte und aus den Inhalten der esoterischen Lehrtätigkeit (GA 264–270)

III. Vorträge und Kurse zu einzelnen Lebensgebieten

Vorträge über Kunst: Allgemein-Künstlerisches – Eurythmie – Sprachgestaltung und Dramatische Kunst – Musik – Bildende Künste – Kunstgeschichte (GA 271–292)

Vorträge über Erziehung (GA 293–311)

Vorträge über Medizin (GA 312–319)

Vorträge über Naturwissenschaft (GA 320–327)

Vorträge über das soziale Leben und die Dreigliederung des sozialen Organismus (GA 328–341)

Vorträge und Kurse über christlich-religiöses Wirken (GA 342–346)

Vorträge für die Arbeiter am Goetheanumbau (GA 347–354)

Dritte Abteilung: Das künstlerische Werk

Reproduktionen und Veröffentlichungen aus dem künstlerischen Nachlaß

Originalgetreue Wiedergaben von malerischen und graphischen Entwürfen und Skizzen Rudolf Steiners in Kunstmappen, als Einzelblätter oder in Buchform: Entwürfe für die Malerei des Ersten Goetheanum – Entwürfe für die Fenster des Ersten Goetheanum – Schulungsskizzen für Maler – Programmbilder für Eurythmie-Aufführungen – Eurythmieformen – Entwürfe zu den Eurythmiefiguren – Wandtafelzeichnungen aus dem Vortragswerk u. a.

Die Bände der Rudolf Steiner Gesamtausgabe sind innerhalb einzelner Gruppen einheitlich ausgestattet. Jeder Band ist einzeln erhältlich. Ausführliche Verzeichnisse können beim Verlag angefordert werden:

Rudolf Steiner Verlag, St. Johanns-Vorstadt 19–21, CH-4056 Basel
verlag@steinerverlag.com, www.steinerverlag.com